부모라는 기회

부모의 성장과 연결을 함께 합니다.
저자들과 함께하는 클래스에 참여해보세요.
https://zaramcampus.com

부모라는 기회
: 아이와 함께, 나로 잘 살 수 있는

초판 발행 2022년 11월 15일

지은이 이성아 / **엮은이** 김아연 / **펴낸이** 김태헌
총괄 임규근 / **책임편집** 권형숙 / **편집** 김희정, 윤채선 / **교정교열** 김소영
일러스트 버터와소 / **디자인** 어나더페이퍼
영업 문윤식, 조유미 / **마케팅** 신우섭, 손희정, 김지선, 박수미, 이해원 / **제작** 박성우, 김정우

펴낸곳 한빛라이프 / **주소** 서울시 서대문구 연희로 2길 62 한빛빌딩
전화 02-336-7129 / **팩스** 02-325-6300
등록 2013년 11월 14일 제25100-2017-000059호 / **ISBN** 979-11-90846-50-9 13590

한빛라이프는 한빛미디어(주)의 실용 브랜드로 우리의 일상을 환히 비추는 책을 펴냅니다.

이 책에 대한 의견이나 오탈자 및 잘못된 내용에 대한 수정 정보는 한빛미디어(주)의 홈페이지나 아래 이메일로 알려 주십시오. 잘못된 책은 구입하신 서점에서 교환해 드립니다. 책값은 뒤표지에 표시되어 있습니다.
한빛미디어 홈페이지 www.hanbit.co.kr / **이메일** ask_life@hanbit.co.kr
한빛라이프 페이스북 facebook.com/goodtipstoknow / **포스트** post.naver.com/hanbitstory

Published by HANBIT Media, Inc. Printed in Korea
Copyright © 2022 이성아&김아연&HANBIT Media, Inc.
이 책의 저작권은 이성아, 김아연과 한빛미디어(주)에 있습니다.
저작권법에 의해 보호를 받는 저작물이므로 무단 복제 및 무단 전재를 금합니다.

지금 하지 않으면 할 수 없는 일이 있습니다.
책으로 펴내고 싶은 아이디어나 원고를 메일(writer@hanbit.co.kr)로 보내 주세요.
한빛라이프는 여러분의 소중한 경험과 지식을 기다리고 있습니다.

아이와 함께, 나로 잘 살 수 있는

이성아 지음 | **김아연** 엮음

부모라는 기회

한빛라이프

프롤로그

부모가 되고
더 잘 살고 싶어진 당신에게

상담 수련 중 하나인 내담자 체험을 하는 날이었습니다.

지도교수님은 코 끝에 걸린 안경 너머로 제 눈을 지그시 바라보시더니 무심한 듯 한마디를 툭 던지셨어요.

"그래. 이성아 선생은 오늘 어떤 이야기가 하고 싶소?"

내가 하고 싶은 이야기? 그 순간 머릿속이 하얘졌습니다.

"저는… 저는요…. 저는 정말 잘 살고 싶거든요. 그러려고 했는데… 진짜 노력했는데… 근데…"

세상에! 그 비싼 상담료를 내고 한 시간 내내 울다 나왔습니다. 왜 그렇게 서러웠는지는 미처 다 이해하지 못했지만, 제가 하고 싶은 이야기가 '정말 잘 살고 싶어요'라는 걸 그날 처음 깨달았습니다. 부부이면서 부모로, 세 아들의 엄마로 26년을 살아왔습니다. 엄마가 된 덕분에 좋은 어른이 되고 싶다는 열망이 생겼고, 부모로서 잘 사는 방법을 찾고 싶었습니다. 그런데 대부분의 부모 교육은 아이를 키우는 기능적 역할만 강조하고 있었어요. 버겁고 아쉬웠습니다. 나도 온전한 한 사람으로 잘 살아가고 싶다는 열망이 아이를 잘 키우고 싶다는 마음보다 강했으니까요. 그렇게 '부모'에 대한 저의 질문이 시작되었고, 그 대답을 하기 위해 공부하고 나누며 오늘도 조금씩 자라는 중입니다.

부모라는 기회

오랜만에 남편과 둘이 나들이를 했습니다. 아이 셋의 부모이고 각자의 생활도 바쁘다 보니 둘만의 시간을 갖는 게 쉽지 않거든요. 강을 따라 걷고 있다가 예닐곱 살 된 아이가 발이 미끄러져 물에 빠지는 광경을 목격했습니다. 뒤따르던 엄마가 바로 물로 뛰어들었습니다. 가죽으로 된 신발을 벗을 새도 없이 곧장요. 다행히 물이 그리 깊지 않아 크게 위험한 상황은 아니었지만 10월의 차가운 강물에 흠뻑 젖은 모자의 모습에 마음이 뭉클했습니다. 남편은 그 모습을 보며 "내가 아빠가 아니었다면 저 엄마가 어떤 마음인지 지금처럼 이해할 수는 없었을 거야. 돌아보면 내 인생은 현우를 낳기 전과 후로 나뉘는 것 같아. 가족이 얼마나 사랑스럽고 소중한지, 어떻게 대해야 하는지 현우를 키우면서 알게 됐지. 그 덕분에 당신도, 건우도, 진우도 더 많이 사랑하게 됐고"라고 했어요.

부모가 자녀를 낳고 기르는 이유에 대한 의식을 '자녀 가치'라고 말합니다. 가문을 승계하거나 부모를 돕는 역할을 하는 '도구적 가치'와 부모로서의 역할과 지위를 가지게 해주는 '사회적 가치', 친밀감과 심리적 만족감을 주는 '정서적 가치', 그리고 사회적 활동에 제약이 생기고 경제적·심리적 부담감이 커지는 것과 같은 '부정적 가치'도 있습니다. 삶에 밝은 면이 있으면 필연적으로 어두운 면이 있는 것처럼 부모로 사는 것도 예외가 아닙니다.

저와 남편이 부모라는 삶을 선택하지 않았다면 경제적 부담도 덜하고, 조금 더 편안하게 지냈을 수도 있지만 그날 감동의 깊이도 달랐을 것입니다. 어느 쪽에 더 의미를 두고 살아갈 것인지는 나의 선택입니다. 저에게 부모의 삶은 나와 깊이 연결되고 내가 사랑하는 사람들과 연결될 수 있게 해준 '기회'였습니다. 부모가 되지 않았다면 이렇게까지 나에 대해 이해하고 싶었을까? 이렇게까지 대답하려고 노력했을까? 그리고 이렇게까지 잘 살고 싶었을까 하는 생각이 들거든요.

10년 전의 나에게 하는 대답

자람패밀리를 시작하고, 부모님들을 만나 온 지 올해로 만 10년이 되었습니다. 헤아려보니 그동안 다양한 프로젝트와 상담, 워크숍 등을 통해 만난 부모님이 대략 10만여 명은 됩니다. 부모 교육을 들으러 오셨다가 활동가가 되신 분도 있고, 자람에서 하는 활동이라면 몇 번이고 반복해서 참여하는 분들도 계십니다. 이렇게 꾸준히 함께하고 계신 분들의 공통점이 하나 있습니다. 그건 '잘 살고 싶다'는 욕구가 꽤나 강하다는 겁니다. 아연님도 그랬습니다. 2017년 봄, 서점 신간 코너에서 우연히 아연님의 책을 보고 한 육아지에 짧은 추천글을 썼습니다. 남들은 그 책 속에서 워킹맘의 애환을 봤다지만, 저는 삶을 정성껏 살아가는 한 엄마의 일상 속 행복과 성장해가는 모습이 보였거든요. 작년 여름, 틈틈이가 아닌 김아연으로 찾아온 그는 11년차 부모로서의 질문을 한가득 품고 있었습니다. 그 질문은 부모가 된 첫 10년간 제가 품었던 질문이고, 그 이후 17년간 풀어오고 있는 질문들이었습니다. 같은 질문을 하고 있을 분들과 나눌 수 있게 우리가 주고받는 이야기를 정리해보자고 한 지 딱 1년, 돌아보니 그 시간은 10년 전의 저에게 지금의 제가 그간의 경험과 생각을 모아서 대답하는 과정이었습니다.

 이 책은 아연님이 묻고, 제가 답을 했지만 10년간 우리와 질문을 주고받은 10만여 명의 부모와 함께 쓴 책이고, 오늘, 부모로 살아가고 있는 우리 모두가 궁금해하는 이야기를 담았습니다.
 Part 0은 지금 부모로 살고 있는 나의 일상을 떠올리며, Part 1은 부모와 연결된 개념에 대해 나는 어떤 생각들을 가지고 있는지를 점검하며 읽어보면 좋겠습니다. Part 2는 부모가 되어 나는 어떻게 성장해왔고 지금은 부모 발달의 어느 단계에 있는지를 내 아이의 발달과 연결해 살펴보시면 됩니다. 각 주제를 마무리하면서 '부모ASK(부모인 내 삶에 대한 탐색과 성장을 돕는 Attitude_태도, Skill_기술, Knowledge_지식)'

도 담았습니다. 내 삶과 연결해 당신의 답을 찾아보세요. 부모살이에는 정답이 없습니다. Part 3에 나다운 삶을 살아가려 애쓰는 다섯 분의 이야기에서 삶의 힌트를 얻어보세요.

부모인 내가 궁금하고, 부모가 되고 더 잘 살고 싶어진 분들께 이 책이 '부모인 나의 답'을 찾는 데 도움이 되길 바랍니다. 부디 부모라는 삶의 기회를 마음껏 누리시길 바랍니다.

이성아

차례

프롤로그 부모가 되고 더 잘 살고 싶어진 당신에게 • 5

Part 0.
부모를 다시 보다

요즘 부모 : 오늘, 당신은 어떤 모습입니까? • 18

부모 1주차 육아가 편해진 세상인데 저는 왜 이렇게 힘들죠? • 19
편해진 것도 사실, 힘든 것은 진실
돌봄의 본질 인정하기

부모 2주차 저는 아무래도 좋은 부모가 아닌 것 같아요 • 24
나를 지배하고 있는 이상적인 부모상
나의 최선책으로 애쓰고 있다면 좋은 부모

부모 3주차 부모라는 역할만 남고 나는 사라지는 것 같아요 • 29
역할의 틀로 퉁 쳐지는 개인의 고유성
내 안의 좋은 부모 존중하기

부모 4주차 사회적 나와 부모인 내가 너무 달라요 • 36
엄마가 된 알파걸들
부모라는 새로운 영역의 성장 방식

부모 5주차 혼자 다 해내는 건 '독립'이 아니라 '단절'이라고요? • 41
독립된 태도 vs 단절된 태도
심리적 안전지대가 줄어든 요즘 부모들
부모 ASK

Part 1. 부모를 묻다

부모성 : 좋은 부모가 되는 힘 • 50

부모 6주차 좋은 부모가 되는 방법이 있나요? • 51
내 안의 힘, 부모성
부모가 되어 만나는 놀라운 나

부모 7주차 부모성이 없어 보이는 순간도 마주해요 • 60
나의 부모성을 덮고 있는 것
나 자신을 믿을 때 드러나는 부모성

부모 8주차 마음처럼 안 될 때는 어떻게 해야 하죠? • 73
심리적 에너지가 고갈될 때
부모인 나 이해하고 지지하기
부모 ASK

부모 정의 : 아이와 더불어 성장하는 사람 • 80

부모 9주차 부모는 어떤 사람이에요? • 81
부모=아이를 키우는 사람?
페어런팅의 정의를 바꿉니다

부모 10주차 부모교육 대신 부모학이 필요해요 • 87
나와 아이, 모두의 삶에 중요한 부모
부모가 주인공이 되는 부모학

부모 11주차 늘 아이에게 미안한 것이 많아요 • 96
프레임을 바꾸면 달리 보이는 것들
고마움을 주고받으며 더불어 성장하기
부모 ASK

부모 역할 : 삶의 본보기가 되어 사랑하기 • 102

부모 12주차 아이를 위해서만 해주고 싶은 걸까요? • 103
욕심을 내려놓으려 해도 욕심이 생길 때
내가 해주고 싶은 일과 아이에게 필요한 일 구분하기

부모 13주차   상처받지 않고 자랐으면 좋겠어요 · 110

상처 없이 자라는 아이 vs 상처를 이겨내며 자라는 아이
아이를 보호하고 싶은 마음이 강해질 때

부모 14주차   아이에게 강한 모습만 보여주고 싶어요 · 118

아이보다 더 떨고 있는 나
아이에게 좋은 본보기가 된다는 것

부모 ASK

부모 목표 : 나는 어떤 부모로 기억될까 · 124

부모 15주차   왜 유독 아이에게만 더 화가 날까요? · 125

아이에게 갖는 기대의 속뜻
아이와 나는 개별적 존재

부모 16주차   최선을 다하면 되는 게 아니었다니… · 132

부모가 원인, 아이가 결과?
내 몫과 아이 몫 구분하기

부모 17주차   행복한 아이로 키우는 게 부모의 목표가 될 수 없다고요? · 137

부모 목표의 주어는 나
내 몫에 집중하며 최선을 다하기

부모 ASK

부모살이 : 희생이 아닌 함께 누리는 삶 · 144

부모 18주차   부모의 삶은 '의자 뺏기 게임'이 아니에요 · 145

나를 미루며 적응해가는 부모살이
부모로 산다는 건 우리로 확장되는 것

부모 19주차   어떻게 하면 우리라는 이름으로 잘 살 수 있어요? · 154

서로를 돌보는 우리 세상
가족, 같이 잘 사는 방법을 탐험하는 장

부모 20주차 아이와 부모가 조화롭게 살아가는 게 가능한가요? • 160

아이를 위해 사는 도구적 부모
아이와 함께 살아가는 전인적 부모
부모 ASK

Part 2.
부모로 자라다

부모 발달 : 6단계로 알아보는 부모 발달 • 170

부모 21주차 왜 계속 예상치 못한 일이 생기나요? • 171

상상 그 이상의 부모살이
아이와 함께 태어나는 부모

부모 22주차 내 나이 말고 부모 나이요? • 176

내 부모 나이만큼 성장하기
아이와 같이 잘 해 나가기

부모 23주차 부모인 나도 발달단계가 있다고요? • 184

부모로 자라는 부모 발달 6단계
내 부모님과의 동반자적 관계

부모 24주차 부모인 내가 잘 자라는 건 어떻게 알 수 있죠? • 191

문제가 아닌 성장 신호 받아들이기
부모가 겪어야 하는 성장통
부모 ASK

돌봄 : 보호자·양육자로 성장하는 시간 • 198

부모 25주차 아이를 잘 돌볼 자신이 없어요 • 199

돌보는 사람으로 성장하는 첫 걸음마
배우자와 함께 준비하는 부모됨

부모 26주차 **몸은 피곤하고, 마음은 불안해요** • 206

아이를 돌보며 나도 돌보기
부모의 불안, 소중함이 담긴 자연스러운 마음

부모 27주차 **세상에 이런 존재가 존재했네요** • 216

전부를 내어주고, 전부가 되는 경험
어린 시절의 상처를 바라보는 태도

부모 28주차 **어른인 부모도 아이에게 애착을 형성한다고요?** • 223

애착, 세상에 대한 신뢰
부모와 자녀, 서로의 안전지대

부모 ASK

성장 : 훈육자·격려자로 성장하는 시간 • 230

부모 29주차 **사랑하는데 왜 힘들고 화가 나는 걸까요?** • 231

부모 역할은 딱 두 가지
사랑, 내 마음이 너에게 가 닿기를
가시장미를 건네는 부모
사랑할 만해서 사랑하세요?

부모 30주차 **훈육이 필요한 순간, 큰 산을 마주한 것처럼 막막해요** • 244

훈육하려다 주고받는 상처
기억하는 훈육 vs 하고 싶은 훈육

부모 31주차 **훈육의 기준을 알려주세요** • 252

당연한 것들에 다시 질문해보기
건강한 훈육을 위한 3가지 기준

부모 32주차 **아이가 자라는 게 기특하면서도 허전해요** • 261

아이를 세상에 내보내고 내 세상으로 돌아오기
잔소리대신 보내는 힘이 되는 말
격려와 지지를 하고 싶다면

부모 ASK

독립 : 상담자·동반자로 성장하는 시간 • 274

부모 33주차 아이방의 닫힌 문을 열게 하고 싶어요 • 275
방문을 여는 가장 간단한 방법
청소년기 부모는 상담자처럼
내 이야기를 나누고 싶은 부모

부모 34주차 심리적 출산을 맞이할 준비는 어떻게 해야 할까요? • 286
건강한 관계를 위한 따로 또 같이
부모가 견뎌야 할 두 번째 출산

부모 35주차 저는 부모님으로부터 독립을 했을까요? • 298
심리적 독립의 4가지 차원
부모살이의 종착역, 아이에게 의미 있는 사람 되기

부모 36주차 아이에게 좋은 동반자로 성장한 어른이 되고 싶어요 • 308
매우 귀중하게 대해야 하는 다른 마음
거절은 나의 존재를 거절하는 게 아니다
나와 타인을 존중하는 마음
이상적 관계 : 너와 함께 있을 때의 내가 좋아
부모 ASK

Part 3.
부모로 살다

부모로 살아가는 우리들의 이야기 먼저 나에게 집중하기. 그래야 내가 사랑하는 사람도 보입니다 • 320
들어가는 이야기_그래 내가 원하는 모습으로 오늘을 살아갑니다 • 321
나의 이야기_프리 성취 중심의 사고방식에 균열이 생긴 순간, 내 삶이 궁금해졌어요 • 325
나의 이야기_조이 그냥 80점짜리 엄마면 충분한 거라 결심했어요 • 332
나의 이야기_올리브 엄마가 준 상처로부터 자유로워지고 싶었어요 • 340
나의 이야기_설리 특별한 엄마, 특별한 아이를 꿈꿨어요 • 348
나의 이야기_우산 엄마는 엄마예요 • 356

에필로그 '좋은 부모'를 넘어 '좋은 어른'이 되고 싶습니다 • 364
참고 문헌 및 기타 자료 • 368

Part 0.

부모를 다시 보다

요즘 부모
: 오늘, 당신은 어떤 모습입니까?

요즘 아이, 요즘 세대, 요즘 부부 그리고 요즘 부모.
'요즘'이라는 단어로 시작하는 단어는 묘하게 불편합니다.
이어지는 말들이 '지나치다' '유별나다' 등 부정적인 어감의 말들이 연상되기 때문일까요?
한편으로는 궁금하기도 합니다. 나는 '요즘 부모'일까? '요즘 부모'는 어떤 부모일까? '요즘 부모'인 나는 부모로 살아가며 어떤 생각을 하고, 어떤 고민을 가지고 있는지 말이지요. 여러분은 어떤가요?

부모
1주차

육아가 편해진 세상인데 저는 왜 이렇게 힘들죠?

아연 친정에서 산후조리를 할 때, 엄마는 "세상 좋아졌다. 너희들 키울 때만 해도 일회용 기저귀는 상상도 하지 못했어. 세탁기도 없어서 온종일 기저귀를 빨고 널었는데…"라고 말씀하셨어요. 집으로 돌아와서 신생아를 키워보니 하루가 어떻게 가는지 모를 정도로 정신이 없더라고요. 기저귀까지 손으로 빨았을 엄마를 떠올리니 얼마나 고단하셨을까 싶었죠. 부모님 세대에 비하면 분명 육아가 편해진 세상이잖아요. 그런데 전 왜 이렇게 힘든지 모르겠어요.

그래 뭐가 가장 힘드세요?

아연 너무 피곤해요. 아이가 없을 땐 먹고 자는 일 모두 내 마음대로였는데, 부모가 된 뒤로는 아이가 깨면 피곤해도 일어나야 하고, 아이가 잠자리에 들어야 밀린 일을 하니 늘 잠이 부족해요.

아이는 쉬지 않고 저를 찾아요. <워싱턴포스터>에서 열두 살, 여덟 살 두 아이를 키우는 외국인 부부가 아이들이 부모를 얼마나 자주 찾는지를 체크한 게 화제가 된 적이 있어요. 한 시간 동안 무려 열다섯 번이나 "엄마~!", "아빠~!"를 부르더래요. 초등학생도 4분에 한 번꼴로 부모를 찾은 셈인데, 우리 집도 별반 다르지 않아요. 아이들이 더 어렸을 때는 더 심했고요.

그래 누가 들어도 힘들 만한 상황 아닌가요? 그런데 '왜 이렇게 힘든 걸까'라고 스스로 되묻고 있네요.

● 편해진 것도 사실, 힘든 것은 진실

아연 … 힘들긴 해요.

그래 그러니까요. 그런데도 스스로에게 힘든 이유를 묻는 건, 아마도 이 정도는 힘든 게 아니라고, 힘들어하면 안 되는 거라고 스스로를 설득하려 애쓰는 게 아닐까요?

저도 그랬어요. 엄마가 되고 나서 가장 많이 들었던 말이 '세상 참 좋아졌다', '뭐가 힘들다고 그러냐'였거든요. 억울하긴 한데 딱히 뭐라고 반박하기도 어렵더라고요. <u>예전보다 편리해진 환경에서 육아를 하는 건 사실이니까요. 그런데 내가 힘든 것도 100퍼센트 진실이에요.</u> 제가 그때 미처 깨닫지 못했던 건 바로 이 부분이었어요.

아연 맞아요. 힘들어도 힘들어하면 안 되는 것 같아요. 남들도 다 이러면서 사는데, 나만 툴툴대는 것 같아서 이런 내가 못마땅해요.

그래 제가 작년에 간단한 어깨 수술을 했어요. 입원실에는 저보다 아픈 분들이 참 많았어요. 그렇다고 제가 안 아픈 건가요? 정말 아팠어요. 겁도 났고요. 무서운 건 무서운 거예요. 그럴 때 내가 해야 할 일은 '더한 사람도 많은데 이 정도 수술이 뭐가 무섭냐'고 스스로를 다그치는 게 아니라, '주사도 무서워하는 내가 수술을 받으려고 입원을 했네. 몸을 돌보려고 용기를 냈구나' 하고 나를 알아주는 거예요. <u>힘든 건 비교급이 아니에요. 힘들면 힘들다고 말하고 살아요. 내가 힘들면 힘든 거예요.</u>

나를 알아주고 인정해주세요. 그래야 지치지 않게 나를 돌보고 힘을 낼 수 있어요.

아연 아무리 힘을 내려고 해도 힘이 나지 않았어요. '나는 의지가 약해'라고 나를 다그쳤는데, 힘든 걸 알아주는 게 먼저였네요.

● 돌봄의 본질 인정하기

그래 우리는 '지금보다 더 노력해라', '남들 하는 만큼은 해야 한다', '나보다 어려운 사람을 생각하며 감사해라'와 같은 사회적인 메시지를 교육받으며 자랐어요. 비교가 익숙해지면서 내 마음마저도 타인과 비교해 판단하고, 타인의 마음은 내 경험을 기준으로 판단하게 돼요.

이런 경험들 때문에 우리는 마음을 솔직하게 표현하기 어려워해요. 힘들면 힘들다고, 도움이 필요하다고 말할 수 있어야 해요. 그걸 외면하지 않는 사이가 건강한 관계예요.

돌봄은 육체적·정신적 노동이 필수적으로 요구되는 활동이라는 것에 동의하시죠? 육아뿐 아니라 주변 사람, 더 나아가 동·식물에 이르기까지 모두에게 해당이 돼요. 심지어 집과 물건들까지도 말이죠. 그게 돌봄의 본질이거든요. 대가족이 함께 살던 시절에 '애 볼래? 밭 갈래?'라고 물으면 다들 밭 간다고 하는 이야기도 있어요. 그만큼 <u>돌봄은 많은 에너지를 소모하는 힘들고 전문적인 일이에요. 이 사실을 인정하면 돌봄의 가치를 다르게 보게 되고, 양육자를 존중하게 되지요. 돌봄에 임하는 태도도 달라질 거예요.</u> 누군가를 돌보는 일은 엄청난 에너지를 소모하는 일인데, 부모가 되면 자연스레 아이를 잘 돌볼 거라고 생각해요. 그래서 더 힘든 경우가 많아요. 결코 당신이 부족하거나 문제가 있어서가 아니에요.

아연 부모가 되고 나서야 '눈에 넣어도 안 아픈 자식'이라는 말의 의미를 알게 되었어요. 그리고 아무리 '눈에 넣어도 안 아픈 자식'이라도 하루 세끼 챙기며 돌보는 건 매우 힘들다는 사실도 깨달았고요.

그래 사랑하는 건 사랑하는 거고, 힘든 건 힘든 거예요. 사랑한다고 힘들지 않은 건 아니죠. 나를 힘들게 하는 것들은 대부분 내가 사랑하는 것들이고, 나에게 의미가 있는 것들이에요. 사랑하니까 더 잘해주고 싶고, 더 많은 걸 주고 싶잖아요. 그러니 더 힘들지 않겠어요? <u>육아는 원래 힘든 거고, 그 힘든 육아를 잘하려고 하니 더 힘든 거예요.</u> 부모님들이 아이를 돌보고 키우는 게 힘들다고 할 때, 잘 키우고 싶은 마음과 애쓰고 있는 부분에 초점을 맞추고 이야기를 들어보면 그 정성이 보여서 애틋하면서도 참 예뻐요.

아연 내가 부족해서 힘든 게 아니라 사랑하기 때문에 더 힘들고, 힘들어도 더 애쓰게 되는 거였다니….

그래 '우린 그렇게 안 키웠어도 잘 컸는데 요즘 부모들은 유별나다'라는 말은, 사회 환경의 변화를 고려하지 않고 내 경험의 잣대로만 타인을 평가하는 위험한 태도예요. 그런 말에 말려들어 억울해하지 마세요. 많은 것이 빠르게 변해가는 세상 속에서 내가 오늘, 어떤 모습으로 살고 있는지 살펴보는 계기로 받아들이면 어떨까요? (그래도 계속 그런 잔소리를 하는 사람이 있다고요? 그러면 그러라고 그래요.)

부모
2주차

저는 아무래도
좋은 부모가 아닌 것 같아요

 아연 저는 제가 좋은 엄마까지는 아니어도 괜찮은 엄마는 될 줄 알았어요. 어렸을 때부터 아이를 워낙 좋아했고, 크게 부족하지 않게 가정교육 잘 받으면서 자랐거든요. 엄마는 '해준 게 없어서 늘 미안하다'고 말씀하셨지만 전 우리 엄마 같은 엄마가 되고 싶었어요.

 그래 어린 시절을 그렇게 기억할 수 있다는 건 큰 축복이네요. 내가 닮고 싶어 하는 '우리 엄마 같은 엄마'는 어떤 모습인가요?

아연 아침밥을 거른 기억이 없어요. 늘 갓 지은 밥에 따뜻한 국을 차리고 저를 깨우셨거든요. 엄마는 밥을 먹는 제 옆에서 과일을 깎아주시며 이런저런 이야기를 하셨어요. 저는 기껏해야 토스트, 큰 마음 먹어야 유부초밥 정도가 아이들 아침이에요. 아이들이 밥을 먹고 있을 때면, 제가 어릴 때 먹던 아침밥이 생각나면서 '이러고도 내가 엄마 소리를 듣네' 싶을 때가 있어요.

나를 지배하고 있는 이상적인 부모상

그래 얼마 전 진행한 '버킷리스트 워크숍'에 참석하신 분이 이런 이야기를 하셨어요. 아이가 중학생이 되는데 그동안 일을 하느라 남의 손을 빌려 아이를 키웠고, 따뜻한 밥 한 끼 차려준 적이 없다고요. 그래서 올해 아이가 좋아하는 된장국을 최소한 열 번은 끓여줄 거라고 하셨어요. 엄마 노릇을 해보고 싶으시다고….

아연 딱 제 마음이 그래요. 저도 아이들 밥 한 끼 제대로 못해 먹이는 게 그렇게 아쉽고 미안하더라고요.

그래 제대로라… 더 자고 싶은 마음을 누르고 일어나 토스트나 유부초밥을 만들고, 그 밥 먹고 아이들이 잘 자라고 있지 않아요?

아연 그건 그렇죠.

그래 우리 부모님 세대는 맞벌이하는 가정이 적고, 역할 구분이 안팎으로 나누어져 있는 경우가 많았어요. 90년대만 해도 맞벌이 가구의 비율은 20퍼센트 남짓이었으니, 80년대생 요즘 부모들이 기억하는 부모님은 맞벌이인 경우가 더 적었겠죠. 당시 드라마에서 보여주는 부모의 모습은 아빠는 출근하고 엄마는 살림과 육아를 하는 모습이었어요. 우리가 이상적으로 기억하는 엄마, 아빠, 가족은 대부분 그런 모습이었죠.

아연   제 기억도 그래요. 아빠가 늦게 퇴근하셔서 같이 저녁을 먹는 날이 많진 않았지만, 엄마는 늘 집에서 우리 삼남매를 보살펴 주셨고, 집 안에는 음식 냄새가 가득했어요.

그래   지금 아연님네 가족의 저녁은 어떤 풍경이에요?

아연   남편이 먼저 퇴근해서 아이들과 놀고 있으면 제가 집에 도착해 간단히 저녁을 차려요. 저녁을 먹으면서 오늘 하루를 각자 어떻게 보냈는지 나누고, 다 먹으면 남편은 뒷정리를 하고 저는 아이들과 놀죠.

그래   편안하세요?

아연   네…. 크게 불만스러운 부분은 없어요.

● 나의 최선책으로 애쓰고 있다면 좋은 부모

그래   그럼 충분하지 않나요? 나와 나의 어머니는 서로 다른 세대의 엄마예요. 엄마라는 역할은 같지만 엄마로 사는 환경이 달라요. 그렇다면 엄마로 사는 방법 역시 다른 게 자연스럽지 않을까요?

<u>부모 역할의 본질은 아이들을 사랑하고 보살피는 거예요. 반찬가게에서 반찬을 사고, 밀키트로 생일상을 차린다고 부족한 건 아니지요.</u> 내가 아이들을 사랑하지 않거나 돌보지 않는 게 아니잖아요. 어머니는 어머니의 방식으로, 어머니 시대에 맞게

엄마 역할을 수행하셨고, 나는 내 방식으로, 요즘 시대에 맞게 엄마 역할을 수행하는 것뿐이에요. 전통적인 부모 역할을 기준값으로 설정하고 양육법을 똑같이 따라 하려 한다면 무척 버거울 거예요.

출근하면서 죄책감을 갖는다는 엄마들이 꽤 많아요. 죄책감은 잘못에 대해 책임을 느끼는 건데, 출근하는 게 잘못인가요? 내가 사는 오늘은 예전의 '그때'가 아니잖아요. <u>내가 생각하는 부모의 기준을 곰곰이 생각하고 정리해보면 괜한 비교나 죄책감에서 벗어날 수 있어요.</u>

아연 그러고 보니 하루는 아이들에게 너무 미안해서 새벽부터 일어나 엄마가 저에게 해줬던 것처럼 아침상을 차려준 적이 있어요. 그때 아이들이 "엄마 이거 다 먹어? 어린이집 가면 간식 주는데…" 하면서 좀 난처해하더라고요.

그래 아이들도 우리 어릴 때와는 다른 환경에서 자라고 있으니, 그때 내가 좋았던 행동이 오히려 적절하지 않을 수도 있겠네요. <u>내가 나의 부모와 다를 수 있다는 걸 수용하면 아이가 나와 다를 수 있다는 걸 존중할 수 있어요.</u>

부모가 되면 좋은 부모가 되고 싶다는 강렬한 바람이 생기지요. 매우 자연스러운 일이에요. 하지만 좋은 부모는 세상이 말하는 좋은 것을 모두 해주어야 하는 사람이 아니에요. 아이가 바라는 모든 걸 들어주고, 어린 시절 내가 좋았던 기억을 똑같이 구현해주거나, 내가 느꼈던 결핍이나 아쉬운 것들을 채워주려고 애쓰는 건 지금의 나와 아이에게는 좋은 게 아닐 수 있거든요. 좋은 부모의 기준은 지금의 나와 내 아이 사이에 있어요. 가족과 함께 행복하게 살기 위해 나에게 적절한 최선책을 찾고, 그걸 실천하려 노력하고 있다면 충분히 좋은 부모예요.

부모

3주차

부모라는 역할만 남고
나는 사라지는 것 같아요

아연   부모님이 살아오신 그때는 그때의, 오늘은 오늘의 삶과 방식이 존재한다는 걸 머리로는 알겠어요. '오늘, 나다운 부모로 살자'고 마음먹은 적도 많아요. 그런데도 종종 위축되곤 해요.

어제 만난 친구만 해도 그래요. 첫돌 지나고 아이를 어린이집에 보내기 시작했더니, 주변에서 "그 어린아이를 꼭 보내야겠니?" "직장생활을 하는 것도 아닌데 왜…?"라고 묻더래요. 엄마도 숨 돌릴 시간이 필요하잖아요. 잠시라도 맘 편히 쉬거나, 책을 읽거나 친구를 만나며 충전하는 시간이요. 그런데 그렇게 질문을 받으니 아이에게 못할 짓을 한 것 같고, 나만 생각하는 이기적인 엄마가 된 것 같더래요.

그래   저도 그 점이 참 아쉬워요. 지금 우리는 21세기를 살고 있는데 사회가 부모에게 들이대는 잣대는 조선시대인 것 같을 때가

Part 0. 부모를 다시 보다

있죠. 사회가 점점 개인의 다양성을 존중하고 개개인을 배려하는 방향으로 변하고 있지만 부모, 특히 '엄마'에게 당연하게 기대하는 것들은 크게 달라지지 않았어요.

엄마라면 아이가 태어난 순간부터 애정이 샘솟는 게 당연하고, 모유 수유를 해내는 게 당연하고, 엄마 자신보다 아이를 먼저 생각하는 걸 당연시해요. 그렇지 않을 땐 '엄마라는 사람이…'라는 따가운 시선이 따라오죠. 그러니 엄마들은 사회에서 요구하는 '엄마'라는 틀에 나를 맞추려 더 애쓰고, 그렇지 못하면 스트레스를 받아요.

● 역할의 틀로 퉁 쳐지는 개인의 고유성

아연 엄마라는 그 틀이 참 갑갑해요. 어릴 때 '네가 중요하다', '너답게 살아라'는 말을 많이 듣고 자랐거든요. 내 이름 석 자로 살아오다가 임신을 한 순간 엄마로 '퉁' 쳐진 느낌? 제 또래 부모들은 비슷한 감정을 느낄 거예요.

그래 상담이나 워크숍을 진행할 때 제일 먼저 '어떻게 불러드릴까요?'라고 여쭤봐요. 닉네임에는 많은 의미가 담겨 있거든요. 우산, 조이, 오월, 산들, 풍경, 미소, 셜리, 올리브… 새로운 닉네임을 정하고 즐거워하기도 하고, 내 이름 그대로를 불러 달라는 분들도 꽤 많아요.

아연 왜인지 알 것 같아요. 부모가 되고 내 이름으로 불리는 일이 거의 없거든요. '웅이 엄마', '결이 엄마'로 불리죠. 그러다 보니 누군가의 엄마만 남고 나는 사라진 것 같을 때가 있어요.

그래 아연님은 직장에서 뭐라고 불리셨어요?

아연 직급을 부르죠. "김과장~" 이렇게요.

그래 그때도 내가 사라진 것 같았어요?

아연 아뇨. 그러고 보니 김과장으로 불리면서 내 이름을 되찾고 싶다는 생각을 한 적은 없네요. 웅이 엄마로 불릴 때와 김과장으로 불릴 때, 조금 다르게 느껴져요.

그래 '○○의 엄마'로 불릴 때 내가 없어진다고 느끼는 건, 단순한 호칭의 문제가 아니라 나에 대한 인정과 존중이 느껴지지 않는다는 뜻일 거예요. 나의 고유성에 대한 존중 없이 오로지 '엄마'라는 역할만 요구받는다고 생각되는 거죠.

내 안의 좋은 부모 존중하기

아연 친구들과 '우리가 엄마인 것도 맞고 엄마라는 걸 부정하고 싶지도 않은데, 사회에서 '○○ 엄마'로 불리는 건 왜 이렇게 싫지?'에 대해 이야기를 나눈 적이 있어요. 아이들이 "엄마~" 하고 부를 땐 내가 되게 큰 사람인 것 같고, 엄마라는 이름이 무척 뿌듯하거든요. 그런데 사회에서 '○○ 엄마'로 불릴 때는 한 개인으로서 나에 대한 존중이 느껴지지 않으니 엄마라는 이름을 벗어버리고 싶다는 생각까지 들어요.

그래 사회가 부모를 유독 전통적인 잣대로 대하며 고정된 틀을 요구하니까요. 사회적 인식이 조금씩 바뀌고 있지만 더 많은 노력이 필요해요. 부모 스스로도 '부모'에 대해서 알게 모르게 전통적인 기준을 가지고 판단하는 경우가 적지 않아요. <u>내가 어떤 사람이고 무얼 잘하는 부모인지를 이해하고 인정해주는 게 필요해요.</u>

아연님은 무얼 잘하는 부모예요?

아연 전 침대에서 뒹굴거리면서 노는 몸놀이를 잘해요. 아이들도 좋아해서 밤마다 '장난 파워!' 하면서 침대로 가자고 해요.

그래 아연님은 몸놀이를 잘하는 부모네요. 부모들에게 이 질문을 하면 '저는 잘하는 게 없는 것 같아요. 다른 엄마들은 그림책도 잘 읽어주고 기다려주는 것도 잘하던데 저는 다 어려워요. 저는 좀 이상한 엄마 같아요'라는 식으로 말씀하실 때가 많아요. 이미 좋은 부모에 대한 정형화된 기준이 있고, 기준과 다른 나를 이상하다고 여기는 거예요.

아이를 바라보면 '오구오구 내 새끼'가 저절로 나오는 부모도, 묵묵히 아이를 지켜봐주는 힘이 있는 부모도, 아이가 먹는 입만 봐도 배부르다며 열심히 요리를 하는 부모도, 바깥에서 같이 노는 걸 더 좋아하는 부모도, 아이 친구들 이름을 다 외우는 부모도 각각 다른 모습으로 좋은 부모예요.

'좋은 부모'의 모습은 하나의 정답이 있는 게 아니에요. 나부터 좋은 부모의 다양성을 발견하고 존중하는 자세가 필요해요.

뭐든지 열심히 하면 된다고 배우며 자랐어요.

결혼하고 나서도 자신감 뿜뿜이었는데

아기가 태어나니 너무 막막해요.

예전과 비교해보면 세상이 편해졌다고 하지만

초보 부모는 많은 순간이 낯설고 힘들어요.

돌봄의 본질은 변하지 않았거든요.
힘든 건 힘든 거예요. 비교급이 아닙니다.

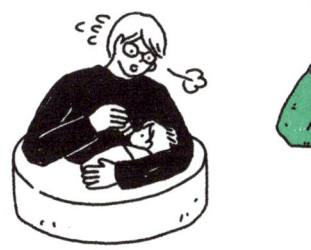 

사회적 나와
부모인 내가 너무 달라요

 아연   부모가 되고 내가 너무 낯설었어요. 직장에서는 꽤 인정받는 직원이었거든요. 일은 척척 잘하는데 육아는 아주 엉망진창이에요. 내가 무언가를 이렇게까지 엉망진창으로 할 수 있다는 게 지금도 놀라워요.

 그래   부모가 되고 나서 내가 몰랐던 내 모습을 마주하게 된다는 분들이 참 많아요. 안타까운 건 그 새롭게 만나는 내가 대부분 마음에 들지 않는 모습이라는 거예요. '짜증이 이렇게 많았나?', '못하는 게 왜 이렇게 많지?'처럼요.

아연   다 제 이야기 같아요. 예전엔 똑 부러지게 결정도 잘했는데, 지금은 '이게 맞나? 최선인가?' 하는 생각이 들어서 주저하게 될 때도 많아요.

엄마가 된 알파걸들

그래 2000년대 중반에 등장한 '알파걸'이란 단어가 있어요. 하버드대 아동심리학 교수인 댄 킨들런이 《알파걸 : 새로운 여자의 탄생》이란 책에서 처음 사용한 용어예요. 댄 킨들런 교수는 알파걸을 "성실하고, 낙천적이고, 실용적이고, 이상적이며, 개인주의자이면서 동시에 평등주의자인, 그러면서 관심 영역이 광범위해 인생의 모든 가능성에 열린 마음을 갖고 있는 유능한 소녀 집단"이라고 정의했어요. 우리나라에서는 능력을 갖춘 젊은 여성을 지칭하는 단어로 쓰이기 시작했지요.

요즘 부모들은 대부분 알파걸로 성장한 세대에 해당할 거예요. 알파걸의 특징 중 하나가 자신의 능력을 믿는 것이죠. 요즘 부모들은 '할 수 있다'라는 말을 듣고 자랐고, 실제로 노력해서 이뤄낸 것들이 많아요. 그렇기에 자연스레 자신의 능력을 믿게 되는 것이죠. 아연님도 부모 역할을 잘 해낼 자신이 있었다고 하셨지요?

아연 처음부터 잘하지 못해도 잘할 때까지 열심히 노력할 자신이 있었어요. 그런데 출산일이 다가오니 '내가 과연 아이를 잘 키울 수 있을까?' 불안하더라고요. 그때부터 육아서를 찾아 읽으며 육아를 열심히 공부했어요. 책 내용을 그대로 실천하려고 노력했는데, 그럴수록 뭔가 꼬이는 것 같았어요. 수유는 3~4시간 간격으로 양쪽 젖을 15분씩 물리라길래 시간표를 만들고 알람을 설정해뒀는데, 아이는 시간표대로 움직이지 않더라고요. 시간표를 수정해봤지만 전혀 통하지 않았어요.

그래 이전에는 열심히 한 만큼 성과가 나왔고, 어느 정도의 '정답'이란 게 존재했는데 부모가 되니 내가 배운 기존의 방식이 잘 통하지 않지요? 많은 부모들이 비슷한 이야기를 해요. 열심히 노력했고, 사회에서 인정받으며 지금까지 잘 해왔는데 아이와 있을 때는 아무것도 할줄 모르는 초보가 된다고요. 직장으로 치면 신입사원도 아니고 만년인턴이 된 느낌이라는 분들도 많습니다.

아연 맞아요. 내가 자꾸 부족해 보이고 마음이 편치가 않았어요. 아이가 울면 따라 울고 싶더라고요.

그래 요즘 부모들은 결혼을 늦게 하고 첫 아이를 낳는 연령도 높아졌죠. 그러다 보니 예전보다 사회적 성취가 더 높은 상태에서 부모가 돼요. 그렇기 때문에 사회에서의 유능한 나와 부모로서의 서툰 나 사이의 레벨 차를 더 크게 느낄 수도 있어요.

차이가 크면 혼란스럽지요. 그 혼란을 해결하려고 부모들은 더 열심히 노력하거나, 반대로 실패를 피하고 싶어서 전문적이고 더 잘할 수 있는 사람에게 육아를 '외주' 주고 싶은 마음이 들 수도 있어요. 단순히 육아에 대한 책임 회피라기보다는 이것이 혼란을 해결하는 최선이라고 생각하는 경우가 많아요.

아연 저도 뭔가 서툴고 막막한 그 상황에서 조금이라도 빨리 벗어나고 싶었어요. 육아에 서툰 나를 받아들이는 게 쉽지 않았거든요. 어서 빨리 적응해서 척척 잘 해내고 싶었어요.

🌑 부모라는 새로운 영역의 성장 방식

아연 가끔 육아가 '업무'처럼 느껴질 때가 있어요. 그것도 아주 잘 해내야 하는 핵심 업무요. 그러다 보니 직장에서 업무를 파악하고, 목표를 정하고, 계획을 세우고, 노력해서 달성하려고 하는 것처럼 육아도 그렇게 접근했던 것 같아요. 내가 해낸 업무에 상사가 만족하고 외부에서 좋은 평가를 받을 때 뿌듯했던 것처럼 아이가 만족하고 주변에서 '너는 참 좋은 엄마야'라는 평을 들어야 안심이 됐어요.

그래 부모가 되기 전부터 우리에게 익숙한 방식이어서 그래요. 성취와 경쟁에 익숙해져 있다 보니, 나도 모르게 육아에서도 더 많은 것을 이뤄내고 다른 부모들이 하는 만큼은 해야 한다고 생각하는 거죠.

사회가 개인을 역할 수행의 '도구'로 보는 것처럼, 내가 나 자신을 부모라는 역할을 수행하는 '도구'로 쓰는 거예요. 사회에서 인정받기 위해 노력한 것처럼 부모로 인정받기 위해 열심히 노력하는 거고요.

아연 아이를 위해 최선을 다하는 것뿐이라고 생각했는데, 깊이 들여다보니 무언가 씁쓸하네요.

그래 사회인인 나와 부모인 나 사이의 차이가 크다고 했지요? 사회와 가정은 다른 영역이니까 차이가 느껴지는 게 자연스러운 거 아닐까요? 직장일은 오랜 기간 해왔기에 유능하고 익숙할 수밖에 없지만, 아이가 태어나면 부모로서는 '초보'잖아요. 새로운 영역에 들어섰으니 그에 맞는 태도가 필요해요. 부모의 삶은 출근과 퇴근이 없고, 심지어 정년도 없어요. 내가 이 세상을 떠난 후에도 아이들이 나를 부모로 기억하는 한 나는 부모예요. 그러니 조급해하지 말고 천천히 같이 탐색해봐요.

부모는 아이를 키우는 '도구'가 아닌 아이와 삶을 나누는 '존재'입니다. 아이는 부모를 역할로 평가하지 않아요. 부모를 통해 삶을 배우죠. 아이는 나의 말과 행동, 살아가는 태도를 공유하며 성장하고 있어요. 그러니 우리는 '무엇을 아이에게 해줘야 할까?' 대신 '부모인 나는 아이에게 어떤 모습을 보여주고, 아이와 어떤 경험을 나눌 수 있을까?'를 탐색해야 해요. 역할을 넘어 내가 '한 사람으로서의 나'를 보게 될 때, 진짜 어른으로 성장할 수 있어요. 부모로 산다는 건 성숙하고 좋은 사람으로 성장해가는 여정입니다.

혼자 다 해내는 건
'독립'이 아니라 '단절'이라고요?

아연 아이들이 어렸을 때 유행병이 돌면 피해 가지 않고 꼭 걸리더라고요. 둘째가 독감에 걸렸다 나아질 즈음에 첫째가 옮고, 남편과 저는 번갈아 휴가를 내며 아이들을 돌봤죠. 남편은 출근할 때 저에게 "옮지 말고 잘 간호해"라는 인사를 하고 집을 나섰어요. 그때 전 꼭 전쟁에서 끝까지 살아남아야 하는 미션을 받은 '전사'가 된 것 같았고, 남편은 유일한 동지 같았어요. 서로에게 '우리 전우애가 쌓이고 있다'며 토닥이던 기억이 나요.

그래 아이들 아플 때 많이 힘들었을 텐데… 도움이 필요하지 않으셨어요?

아연 우리 가족 일인걸요. 우리끼리 해결해야죠. 부모님께 폐를 끼치고 싶지도 않았어요.

그래 나중에 아이들이 부모가 되어 같은 상황에 처하면 어떻게 할

	것 같으세요?
아연	도와줘야죠! 얼마나 힘든지 아는데요. 가서 밥이라도 챙겨줄 것 같아요. 저희 부모님도 제가 도움을 청했다면 기꺼이 도와주셨겠지만, 그건 제 욕심 같아요. 어른이고 가정을 꾸려서 독립했으니 스스로 해내야죠.

● 독립된 태도 vs 단절된 태도

그래	독립을 '혼자 판단하고, 혼자 책임지고, 혼자 해내는 거'라고 생각하기 쉽지요? 독립과 단절의 차이를 정확히 이해할 필요가 있어요. 주변의 도움을 받지 않고 혼자서 모든 걸 해내려 하는 건 독립된 태도가 아니라 단절된 태도예요. 단절된 태도는 스스로를 고립시키고 힘들게 만들어요. 건강하게 잘 독립한 사람은 도움을 주고받는 데도 유능해요.
아연	혼자서 해내려는 게 나를 고립시키는 태도라고요? 갑자기 혼란스러워요. 독립된 태도는 구체적으로 어떤 거죠?
그래	독립은 상대와 나 사이의 경계선을 인정하고 유지할 수 있는 힘이에요. 내가 상대와 다른 개별적인 존재이고, 상대 역시 나와 다른 개별적인 존재라는 걸 인정하고 존중하는 태도를 유지하는 거지요. 상대방이 '난 이게 좋아'라고 할 때 '저 사람은 저게 좋구나. 저

런 의견을 가지고 있구나'라고 인정하고, '나는 이게 좋아. 나는 이런 생각을 가지고 있어' 하고 내 경계를 유지할 수 있는 것이 독립의 출발점입니다. 물론 독립을 하려면 스스로 자신의 삶을 유지할 수 있는 적정치의 능력을 갖춰야 해요. 부모님이 도와주지 않는다고 원망하거나 당연하게 해결해주길 바라는 태도는 독립하지 못한 미숙한 모습이에요. 하지만 <u>주변에 도움을 요청하고 같이 의논해보는 것, 도움을 당연히 여기지 않고 감사한 마음을 갖는 것, 다양한 다른 방법을 찾아보는 것 등은 충분히 독립적인 모습이에요.</u>

아연 단순히 혼자 해낼 수 있고 말고가 독립의 기준은 아니군요. 도움이 필요할 때 정중히 부탁을 드리되, 거절하시면 물러서서 다른 방법을 찾아보는 게 진정한 독립이겠어요.

그래 그렇죠. 마찬가지로 부모님도 도움이 필요하실 때 나에게 도와달라고 하실 수 있고, 나는 흔쾌히 도와드릴 수도, 여의치 않을 땐 양해를 구하고 거절할 수도 있어요. 독립적인 관계에서는 도와달라고 하는 것도, 거절하는 것도 자연스럽습니다.

아연 도움과 거절을 편하게 주고받는 상상을 하니 훨씬 어깨가 가벼워져요. 저는 웬만해서는 도움을 받지 않으려고 하고, 거절도 잘 못하겠거든요. '도와달라는 게 얼마나 힘든데 오죽하면 말을 꺼냈을까' 싶어 가급적 들어주려고 했어요. 도움도 거절도 모두 어려웠는데, 이제는 마음을 좀 편하게 먹고 도와달라고 해봐야겠어요.

그래   도움과 거절이 어려운 이유 중 하나가 도와달라는 말을 '너는 나를 도와줘야 해!'라는 압박으로 받아들이기 때문이에요. '상대방의 시간과 에너지는 상대방 것, 내 시간과 에너지는 내 것'이라는 걸 인정하면 도움과 거절이 편해질 거예요. 오늘은 집에 돌아가서 아이들에게 도와달라고 해보세요. 머리로 아는 것과 그걸 경험하는 건 완전히 다르거든요.

아연   그러고 보니 아이들에게도 혼자 해내는 것의 중요성만 가르치고 있었어요! 아이들에게 도와 달라고도 하고, 아이들이 도와 달라고 할 때 거절도 하다 보면 아이들도 도움과 거절을 건강하게 주고받는 데 익숙해지겠어요.

● 심리적 안전지대가 줄어든 요즘 부모들

그래   우리가 이렇게 혼자 해내려고 애쓰게 된 이유 중 하나가 도움받을 곳이 줄어들고 혼자 감당해야 하는 영역이 커졌기 때문이란 생각에 안타까운 마음도 들어요. 제가 어릴 때만 해도 엄마 심부름으로 옆집에 반찬을 가져다드리는 게 자연스러웠고, 동생들이 태어났을 때 동네 할머니가 오셔서 엄마를 돌봐주시기도 했고, 김장철에는 아주머니들이 서로 품앗이를 하는 게 자연스러웠어요. 서로 실질적인 도움을 주고받은 것도 크지만, '우리 동네'는 서로에게 심리적 안전지대였다는 생각이 들어요.

요즘 부모들은 아이를 혼자 놀이터에 보내는 것도 쉽지 않아요. 예전에는 아이가 혼자 나가 놀아도 동네 사람 누군가의 시야에는 그 아이가 들어 있는 셈이었으니 어느 정도의 안전이 확보되었지만, 요즘은 그렇지 못한 상황이 더 많잖아요. 그만큼 요즘 부모들은 실제로 감당해야 하는 부분이 커졌어요. 상담과 워크숍을 통해 만난 부모들은 육아를 혼자 감당하고 있다고 느껴질 때 가장 버겁다고 하세요.

아연 동감해요. 가끔 남편과 아이들 어릴 때 사진을 보면서 '우리 이때 진짜 똘똘 뭉쳐서 버텼다'는 이야기를 해요. 도움받을 생각을 하지 않았던 것도 맞지만, 도움받을 곳이 없었던 것도 맞아요. 아침에 웃으며 등원한 아이가 갑자기 열이 난다며 병원에 가야 할 것 같다고 어린이집에서 연락이 와도 당장 부탁할 곳이 없었죠. 남편도 저도 아무리 빨라도 한 시간 후에나 어린이집에 도착할 텐데, 마음은 급하고 다른 방법은 보이지 않았어요. 그때를 떠올리면 어린이집에서 엄마, 아빠만 기다리고 있는 아이도 짠하고, 눈물을 참으며 아이에게 뛰어가던 저도 짠해요.

그래 많은 부모들이 단절된 환경 안에서 최선을 다하려고 해요. 그렇지만 한 개인이 감당할 수 있는 몫에는 한계가 있습니다. 혼자 해내려고 할수록 삶의 긴장도가 높아져요. 저는 부모들에게 나로서의 삶이 단절되지 않도록 좀 더 적극적으로 연결 기회를 만들어보자고 권해요. 부모들이 함께 삶의 이야기를 공유하는 것만으로도 심리적 안전지대가 되어줄 수 있어요. 건강한 부모 커뮤니티가 필요한 이유기도 하지요.

육아 지원의 필요성에 대한 사회적 인식이 확산되고 있어요. 육아휴직, 육아기 근로시간 단축제, 돌봄교실 확대, 국공립어린이집 확충 등 다양한 제도들이 마련되고 있죠. 저는 이러한 '육아'에 대한 관심과 지원이 '부모의 삶'으로까지 넓어져야 한다고 생각해요. 아이를 대신 돌봐주는 게 아니라 부모가 아이와 함께할 수 있도록 부모를 도와주는 사회로 나아가는 거죠. 부모가 되어 아이를 돌보고 아이와 함께하는 경험은 부모에게 커다란 기쁨과 성장의 기회거든요. 부모들이 이 기회를 충분히 누릴 수 있도록 부모를 돌보는 사회로 성장해가길 바랍니다.

부모 ASK

지금, 이 시대에 부모로 살고 있는 내가 '요즘 부모'입니다. 부모님 세대는 부모님 세대의 '요즘 부모'이고, 우리는 우리 아이들 세대의 '요즘 부모'인 것이죠. 부모의 본질은 변하지 않지만, 부모로 살아가는 방식은 시대마다, 개인마다 다릅니다. 나만의 최선책을 찾고 실천하고 있는 나를 존중하며 지지해주세요.

ask 1 요즘 힘들고 버겁게 느껴지는 순간이 있으세요? '더 힘내자'는 말 대신 '힘들다'고 소리 내어 말해보세요. 그리고 힘들어하는 나에게 다정하게 말을 건네주세요. '네가 힘들면 힘든 거야. 애쓰고 있으니 대견해'라고요. 다른 누구와도 비교하지 말고 오롯이 내가 먼저 나의 애씀을 알아주세요.

_____

_____

_____

ask 2 딱 1분 동안 내가 부모이기에 '하고 있는 것'을 최대한 많이 적어보세요. 그중 나의 부모님과 다르게 잘 하고 있는 것, 다르게 해도 괜찮은 것, 다르게 해보고 싶은 것은 무엇인가요?

_____

_____

_____

* 부모 ASK : 나에게 필요한 것, 우리에게 좋은 것을 스스로 선택하기 위해 필요한 세 가지 요소_Attitude(태도), Skill(기술), Knowledge(지식) 앞 글자를 따서 만든 약자입니다. 부모 ASK에 대한 대답하는 과정은 부모에게 필요한 A.S.K를 익히게 도와줍니다.

Part 1. 부모를 묻다

Part 1.

부모를 묻다

부모성
: 좋은 부모가 되는 힘

이제 막 태어난 아이를 처음 안았을 때, 벅참과 동시에 막연한 두려움이 밀려왔습니다. 시간이 지나면 점점 나아질 거라 믿었는데, 아이가 초등학교에 가니 초등학생 부모는 처음이라, 사춘기가 되니 사춘기 부모는 처음이라 또 낯설고 부족하다는 생각이 듭니다.
좋은 부모가 되기 위해 이렇게 애쓰는데, 나는 왜 여전히 부족해 보이는 걸까요? 무엇부터 채워야 할지 몰라 마음이 바쁩니다. '채워지긴 하는 걸까?' 하는 생각이 들어 막막하기도 하고요. 더 채우고 노력하면 정말 좋은 부모가 될 수 있는 걸까요?

부모
6주차

좋은 부모가 되는
방법이 있나요?

 아연 첫째가 부쩍 사춘기에 다가가는 것 같아요. 사춘기 부모가 되는데, 아직 부족한 게 많은 것 같아서 슬슬 불안해져요. 사춘기를 잘 지나려면 뭘 더 배워야 할까요?

 그래 좋은 부모가 되기 위해 필요한 게 뭔지 궁금한 거죠? 저도 그게 참 알고 싶었어요. 그 출발점에 대해 저에게 인사이트를 준 이야기가 있어요. <생각하는 사람>이라는 조각품으로 유명한 프랑스 조각가이자 화가인 오귀스트 로댕의 일화예요. 사람들이 그에게 평범한 돌덩어리에서 어떻게 저렇게 살아 숨 쉬는 것 같은 멋진 작품을 만들 수 있냐고 물었어요. 로댕이 대답해요. "나는 단지 돌에서 불필요한 부분만을 덜어냈을 뿐"이라고요.

대학원 때 우연히 듣게 된 이야기인데, 로댕이 진짜 이렇게 말을 했는지 아닌지도 중요하지 않았어요. 이 이야기를 듣는 순간 내가 좋은 부모로 살아가는 데 가장 중요한 걸 놓치고 있다는 걸 깨달았거든요.

🟢 내 안의 힘, 부모성

그래 사람들은 로댕이 특별한 기술을 지녔기에 명작을 만들어낼 수 있다고 생각했어요. 우리가 '좋은 부모'에 대해 생각하는 것과 비슷하지요? 좀 더 많은 육아 지식을 배우고 부족한 부분을 채우면 좋은 부모가 될 거라 생각하잖아요. 그런데 로댕은 다른 관점으로 대답해요. 뛰어난 기술이 있거나 엄청난 노력을 해서 명작을 만들어낸 게 아니라, 돌덩이는 이미 걸작을 품고 있고, 불필요한 부분을 덜어내니 감춰져 있던 모습이 드러났다고요. (숨겨진 명작을 볼 수 있을 정도로 더 큰 능력이 있다는 의미의 자랑일 수도 있겠다는 생각이 나중에 들었어요. 내 안의 숨어 있는 부모성을 발견하고 믿는 게 그렇게 쉬운 일만은 아니니까요.)

아연 제가 이미 좋은 부모인데 모르고 있다는 건가요?

그래 네. 우리 자신을 그렇게 바라보자는 거예요. 우리는 좋은 부모가 될 수 있는 충분한 능력을 이미 가지고 있어요. 저는 그걸 '부모성父母性'이라고 불러요. 부모는 뭔가를 더 채워야 하는 부족한 대상이 아니라, 이미 충분한 힘을 가진 존재예요. 단지 그

<u>힘을 드러내지 못하는 경우가 있을 뿐이지요.</u>

부모인 내가 나 자신을 어떤 관점으로 보는지에 따라 많은 게 바뀝니다. 이미지 트레이닝을 해보세요. "나는 부족하기에 더 채워야 하는 사람이 아니라 이미 충분한 사람이다"라고요. "상상은 현실이 된다"는 말이 있잖아요. 정말 그렇게 될 거예요.

아연 제가 부족한 존재가 아니라 이미 충분한 사람이라니, 솔직히 인정하기 어렵지만 그렇게 믿고 싶네요. 무언가 느낌이 달라요. 그럼 제 안에 훌륭한 부모성이 있는데, 아직 드러나지 않고 있는 걸까요?

그래 이미 드러난 부분도 있고, 무언가에 덮여 드러나지 못한 부분도 있겠지요? 같이 찾아볼까요? 아이가 첫걸음마를 시작하던 순간을 떠올려보세요. 그때 어떠셨어요?

아연 물개 박수를 치며 환호했어요. 그 조그만 아이가 저를 보고 주춤주춤 일어서서 걸어오던 모습이 생생해요. 팔을 벌려 아이를 안으며 뭉클했던 기억이 나요.

그래 저도 그래요. 그 순간에 우리를 움직인 것이 '지식'인가요? 예를 들어 '아이가 첫걸음마를 시작한다는 건 엄청난 도전이니 그 순간 손을 내밀어 안아주고 열렬하게 호응해주는 것이 아이의 성취감에 도움이 된다'와 같은 거요. 그렇게 배워서 반응한 거 아니잖아요. 그 순간 우리를 움직인 힘이 부모성이에요. 부모성은 우리 안에 이미 가득해요. 부모가 된 후 '내가 이런 사람이었어?' 하고 <u>스스로가 놀라웠던 순간</u>을 찾아보세요.

아연   저는 성격이 급해서 걸음이 무척 빨라요. 일행들에게 빨리 가자고 재촉하곤 하는데, 아이들과 있을 땐 신기하게도 걸음이 느려져요. 아이가 길을 걷다 주저앉아 개미를 보면 저도 같이 앉아 개미를 보고, 민들레 홀씨를 날리면 박수 치며 지켜봐요. 의식한 게 아닌데 나도 모르게 아이들 속도에 맞추고 있는 제가 신기해요.

그래   '부모는 아이의 속도에 맞춰야 한다'고 배워야만 할 수 있는 일일까요? 아이와 함께하고 싶은 내 안의 '부모성'이 발현되어서 나도 모르게 저절로 속도를 늦춘 거죠. 오히려 어떤 지식에 의존하다 보면 매 순간 혼란스럽고 주저하게 될 거예요. 부모성은 배우거나 누가 시켜서 생기는 게 아니에요. 그 힘은 부모인 내 안에 이미 있었어요.

아연   이야기를 나누다 보니 '내가 이렇게까지 할 수 있는 사람이었어?' 싶어 뿌듯했던 순간이 하나하나 떠올라요. 그동안 이런 순간을 떠올려보거나 나눈 경험이 별로 없었네요. 아쉬운 부분에 더 집중했던 것 같아요.

● 부모가 되어 만나는 놀라운 나

그래   저도 그 부분이 제일 아쉽습니다. 그래서 부모들을 만나거나 현장 전문가들을 만날 때 가장 열심히 이야기하는 게 바로 이 부분이에요. 부모성은 특별한 게 아니에요. 우리 모두에게 내재되어 있는 부모로서의 본성이죠. 우리는 아이에게 진정으로 필요한 것을 이미 알고 있고, 필요한 순간 발휘할 수 있어요.

아연 그래님은 언제 부모성을 경험하셨어요?

그래 제가 처음으로 부모성을 강렬하게 경험한 순간은 첫 아이를 낳을 때였어요. 자연분만 도중 응급 상황이 발생했어요. 아기 머리가 골반뼈에 끼면서 아기도 저도 위험한 상태가 되었지요. 저는 이미 보름간의 가진통까지 겪고, 열여섯 시간을 진통하고, 자연분만을 위해 분만대에 올라가서도 한참을 견뎌 거의 탈진된 상태였는데, 응급 수술이 결정되었어요. 남편이 급하게 불려 들어와 설명을 듣고 수술 동의서에 사인을 하는데, 의료진이 '만일의 경우 아기와 아내 중 한 명만 살려야 한다면 누굴 살리겠느냐'고 물으니 '무조건 아내'라고 하는 거예요. 그때 거의 정신을 잃어가면서도 온 힘을 다해 안 된다고, 아기를 살려달라고 부탁했던 기억이 나요.

아연 부모가 되면 아이를 위해서는 목숨도 아깝지 않다고 하잖아요. 진짜 그렇게 하셨네요.

그래 저도 그런 제가 참 신기해요. 아직 얼굴도 못 본 아기이고, 내 몸이 만신창이가 된 상태였지만, 나 자신은 그 순간이 순도 100퍼센트의 진심이었다는 것을 알 수 있잖아요. 다행히 아기도 저도 무사했어요. 물론 그 고통은 태어나 처음 겪는 고통이었지만요.

다음날 아기를 처음 품에 안았는데 머리가 정말 지구본처럼 동그래요. 게다가 4.2 킬로그램…. 못 나올 만했지요? 아기를 보는 가족들마다 "넌 진짜 엄마에게 효도해라. 엄마가 목숨을 걸고 널 낳았어"라고 했어요. 하지만 당사자인 저는 이렇게 건강하게 태어나 준 것만으로 모든 게 감사했어요. 내가 이 아기를 위해 0.1초의 망설임도 없이 내 모든 걸 내어놓을 수 있는 사람이라는 경험을 한 것도 신기하고 뿌듯했고요.

<u>동시에 제가 꽤 좋은 사람이라는 믿음이 생겼어요.</u> 이전에는 주위 사람들에게 '착하다, 좋은 사람이다'라는 말을 들어도 선뜻 내가 좋은 사람이라는 생각이 안 들었어요. 내 안에는 질투나 억울함처럼 선뜻 드러내기 힘든 마음이 있다는 걸 나 자신은 알고 있었으니까요. 오히려 애쓰지 않으면 그런 불편한 내 모습을 들킬 수 있다는 두려움이 있었지요. 그런데 아이를 통해 내 안에 순도 100퍼센트의 이타성이 있다는 걸 경험하고 나니 나 자신에 대한 신뢰가 단단해지더라고요.

아연 출산을 넘어 한 사람인 나에 대한 놀라운 경험이네요. 그래서 부모로 태어났다는 표현을 쓰시는 거군요.

그래 정말 새롭게 태어난 것 같았어요. 아연님도, 저도, 부모들은 모두 크고 작은 경험들을 가지고 있어요. 배워야만 할 수 있는 게 아니에요. 스스로 해냈지요.

처음 아이를 가졌다는 사실을 알게 된 순간이나 아이를 낳던 순간을 떠올려보세요. 그때의 경험이 나의 부모성을 확인하는 걸 도와줄 거예요. 우리 안에는 이렇게 아이와 더불어 잘 살아갈 수 있는 힘이 있어요. 그러니 우리는 이미 충분히 좋은 부모예요.

편안하고 여유로운 날에는

아이에게도 너그럽지만

내가 힘들고 지친 날에는

아이에게도 날카롭게 돼요.

그런 날에는 내 안에 부모성이 있다는 걸 믿기 어려워요.

> 부모
> **7주차**

부모성이 없어 보이는
순간도 마주해요

아연 제 안에 부모성이 있는 것 같긴 해요. 분명 그런 순간들이 있었어요. 그런데 아닌 순간들도 많아요. 폭주하는 기차처럼 화를 쏟아낸 적도 있고요. 차라리 아이를 낳지 말 걸 하고 생각한 적은 수도 없이 많아요.

아이만 집에 두고 부모가 외출해서 사고가 나거나 아이들을 앞세워 범죄를 저지르는 부모의 뉴스도 끊임없이 나오잖아요. 아동 학대는 어떻고요. 아이 몸 곳곳에 상처가 증거로 남아 있는데도 그런 적 없다며 발뺌하는 부모들도 있어요. 할 수만 있다면 부모 자격을 박탈해버리고 싶은 부모들이 있는데 모든 부모에게 부모성이 있다고요?

그래 그런 뉴스들을 접할 때면 너무 기가 막히고 화가 나지요. 이해하기 쉽지 않지만 그분들에게도 부모성은 존재한다고 믿어요.

다만 여러 가지 불필요한 것들이 부모성을 겹겹이 덮고 있을 수 있지요. 불필요한 껍데기를 벗겨내면 부모성은 분명히 발현되고 좋은 부모가 될 수 있어요.

🟢 나의 부모성을 덮고 있는 것

아연 저의 부모성을 덮고 있는 '불필요한 것들'을 걷어내고 싶어요. 그게 구체적으로 무엇인지 궁금해요.

그래 이해하기 쉬운 것부터 살펴볼까요? 앞서 아기를 처음 만날 때 경험했던 부모성에 대해 나눴는데, '난 그때 안 그랬는데…' 하시는 분도 많아요. 너무 아파서 아무 생각도 안 나고, 짜증나고 억울한 기억만 있다고 해요. 극도의 물리적 피로감이 내 부모성을 덮고 있는 상황인 거예요.

아연 아…. 몸이 너무 힘들고 피곤하면 마음과 다르게 아이들에게 짜증을 내게 되는 것처럼요? 아이는 같은 행동을 하는데, 어느 날은 짜증이 나고, 어느 날은 흐뭇하게 바라보고 있는 제가 못마땅했어요. '비일관성이 아이에게 가장 나쁜 양육 태도라는 걸 알면서도 왜 이러니' 하고 저 자신을 다그쳤는데, 물리적 피로감이 내 부모성을 덮고 있다고 생각하니 나를 비난하지 않고 격려해주고 싶어요.

그래 맞아요. '내가 문제가 있어서 이런 거야'와 '내 안의 부모성이 발현되는 걸 방해하는 게 뭘까'는 큰 차이가 있지요. '나를 비난하지 않고!'가 핵심입니다. 그러면 아이나 나를 몰아세우지 않고 '회복과 해결책'을 찾는 데 집중할 수 있어요.

어린 시절의 경험이 나의 부모성이 발휘되는 걸 덮고 있을 때도 있어요.

첫째 건우가 스무 살이 되던 해였어요. 사춘기에도 큰 문제없이 잘 지냈고, 이제 성인이 되었으니 부모로서 홀가분해질 줄 알았는데 제 마음이 그렇지 않더라고요. 어느 날 남편이 저에게 "당신, 예전엔 안 그랬는데 요즘 유난히 건우에게만 예민하고 더 엄격한 것 같아. 왜 그러는지 모르겠어"라고 했어요. 그 순간엔 "내가 언제? 건우가 그렇게 행동하니까 그렇지!"라고 반박하고 싶은 마음이 올라왔어요. 그런데 남편은 이런 이야기를 쉽게 하는 사람이 아니에요. 저도 무언가 찝찝한 마음이 있어서 며칠간 제 행동과 마음을 잘 들여다봤어요. 가만히 보니 저는 제 아이를 무척 사랑하고 친밀한 사이가 되고 싶으면서도 못마땅하게 보는 순간이 있더라고요. 고맙다는 말도 잘 안 하고, 자기 하고 싶은 대로만 하는 것 같아 불편했어요. 도대체 왜 그런지 이유를 찾고 싶었어요. 비난하지 않고 나의 부모성을 존중하면서 스스로에게 물었어요. '나는 충분히 좋은 엄마인데 무엇이 이런 내 마음을 덮고 있을까'.

그랬더니 첫째아이처럼 내 마음대로 하고 싶어 하는 제 마음이 보였어요. 저는 오남매의 장녀예요. '네가 잘해야 동생들이 잘 한다', '동생에게 양보해라'라는 이야기를 들으며 자랐고, 대학시절 엄마가 돌아가신 후론 맏딸로서의 책임과 부담이 항상 저를 따라다녔어요. 가족을 위해 스스로 포기한 것들도 있지요. 그렇게 살아온 스무 살의 제가 건우에게 눈을 흘기며 말하고 있더라고요. '난 그렇게 못했는데 넌 왜 그렇게 너 하고 싶은 대로 다 하고 사니! 너무 한 거 아니니!'라고요. 그날 스무 살의 내가 스무 살의 건우를 샘내고 있다는 걸 깨달았어요. 스무 살의 내가 억누르고 살았던 것들을 마주하면서 눈물이 났어요. 건우의 엄마인 저는 건우가 하고 싶은 걸 마음껏 하며 자기답게 살기를 바라요. 그런 제 마음이 어린 날의 아쉬움과 질투에 덮여서 제대로 나타나지 못했던 거지요.

이렇듯 <u>물리적인 피로감이나 어린 시절의 경험 등이 부모성을 덮어버리는 경우가 있어요</u>. 사회적 기준과 분위기도 한몫을 하고, 그 외에도 개별적이고 다양한 것들이 부모성을 덮고 있어요. <u>무엇이 나의 부모성을 덮고 있는지를 찾고, 그것을 걷어내는 게 부모인 우리에게 꼭 필요한 핵심 작업입니다.</u>

아연 부모성을 덮고 있는 원인은 사람마다 다르겠군요. 하나가 아니라 여러 가지 복합적인 걸 수도 있고요. 사회적 기준이나 분위기가 부모성을 덮을 수 있다는 건 어떤 경우인가요?

그래 우리는 사회적 관계 속에서 살아가고 있어요. 의식하지 못할 정도로 많은 영역에 사회적 환경과 가치관의 영향을 받고 있지요. 그중 우리 삶의 기준이 되는 '신념'에 대한 이야기를 해볼게요. 누구에게나 신념이 있어요. 신념은 우리 삶에 방향성을 제시하고 기준이 되어줍니다. 우리는 신념에 따라 상황을 해석하고 행동해요. 부모살이에서도 마찬가지고요. 문제는 우리가 가지고 있는 신념 중에 비현실적이고 경직되어 융통성이 없는 것들이 있다는 거예요. 심리학에서는 이러한 신념들을 '비합리적 신념'이라고 불러요. 비합리적 신념은 개인의 삶뿐 아니라 타인과의 관계도 불편하게 만들고 성장을 방해하지요. 물론 내가 가지고 있는 신념은 대부분 타당하다고 생각하기 때문에 비합리적일 거라고 생각하긴 쉽지 않아요.

합리정서행동치료REBT, Rational Emotive Behavior Therapy를 고안한 임상심리학자 앨버트 엘리스는 대표적인 '비합리적 신념'을 11가지로 정리했어요. 이 비합리적 신념은 부모성을 두껍게 덮고 있는 대표 요인이기도 해요.

아연 신념은 꼭 지켜야 한다고 생각하는데, 그게 비합리적일 수 있다니 갑자기 긴장되네요. 비합리적 신념을 구별하는 방법이 있을까요?

그래 합리적 신념과 비합리적 신념을 구별하는 건 의외로 단순해요. 지금 '꼭 지켜야 한다'라고 표현하셨잖아요. 이렇게 '<u>꼭</u>', '<u>항상</u>', '<u>절대</u>', '<u>당연히</u>'가 조건처럼 붙는 것들이 내가 가지고 있는 비합리적 신념일 때가 많습니다. 어떤 것들이 있을지 한번 찾아보세요.

아연 가장 먼저 떠오른 건 부모는 절대 화를 내선 안 되고, 아이가 불편함 없이 자랄 수 있게 항상 준비되어 있어야 한다고 생각해요. 그래서 화는 무조건 참으려고 하고, 앞으로 일어날 상황을 예상해서 불편할 일 없이 미리 준비해두곤 해요.

그래 우리는 완벽한 부모가 되고 싶어 해요. 완벽하지 못하면 부족한 부모라고 생각하죠. 인지심리학자인 버지니아 워터스가 부모들이 가지고 있는 공통적인 비합리적 신념을 밝힌 적이 있는데요. 그중 하나가 '나는 완벽한 부모가 되어야 하고, 늘 옳은 행동을 알고 있어야 한다'는 거였어요.

아연 맞아요. 완벽해야 한다는 생각에 늘 긴장이 돼요. 그런데 아이를 키우며 아무리 애서도 완벽한 건 불가능하다는 걸 알았어요. 내가 아무리 잘 보살펴도 아이는 넘어져 다치고, 내가 아무리 애서도 아이는 떼를 쓰며 울더라고요. 속상하고 화도 나고 난감하긴 한데, 지나고 보면 그렇다고 해서 큰일이 나진 않았어요. 부족한 대로 괜찮을 때도 있고, 없었던 일처럼 흘러가기도 하고요. 그런 경험들이 쌓이면서 조금씩 조금씩 '그래도 괜찮네' 하게 되는 것 같아요.

그래 그런 순간에 자주 머물면 좋겠어요. 완벽한 부모가 되려는 마음과 그 바람이 비현실적이고 건강하지 않다는 걸 인정하는 순간, 부모로 사는 게 살짝 편안해지고 유연성을 갖기 시작하거든요. 내 신념이 절대적이지 않다는 걸 깨닫게 되면 아이를 대하는 태도가 너그러워지고 판단하지 않는 마음으로 아이의 이야기를 듣게 됩니다. '완벽주의'를 걷어 내면 부모성이 드러나며 나도 아이도 편안해질 수 있어요.

완벽주의는 대표적인 비합리적인 신념이에요. 앨버트 엘리스의 11가지 비합리적 신념을 간단히 알아볼까요? 어떤 상황에서 비합리적 신념이 올라오는지, 다른 관점으로 유연하게 바꿀 수 있는 방법이 무엇인지 찾아보는 데 도움이 될 거예요.

11가지 비합리적 신념

◆ 완벽주의

☐ 모든 문제에는 적절하고 완벽한 해결책이 있고, 해결책을 찾지 못하면 인생은 괴로워진다.

"아이와의 관계에서 이런 생각 자주 하지 않나요? 부모로 살다 보면 어떤 순간들은 그냥 잘 견디고 흘려보내는 것이 최선이란 걸 깨닫게 돼요. 이 부분만 유연해져도 나와 아이를 다정하고 편하게 대할 수 있어요."

◆ 인정욕구

☐ 내가 중요하다고 생각하는 주변 모든 사람들로부터 항상 사랑과 인정을 받아야 한다.

"아이가 "엄마 미워!"라고 말할 때나 시댁이나 친정 가족들 혹은 배우자가 나를 존중하지 않는 것 같다는 생각에 괴로울 때, 내가 이런 인정욕구에 몰두하고 있는 건 아닌지 점검해보세요. 소중한 사람들로부터의 사랑과 인정은 감사한 축복이지 당연한 건 아니에요."

◆ 높은 기대감

☐ 가치 있는 사람이 되기 위해서는 모든 면에서 유능하고 성취적이어야 한다.

"부모가 되고 나서 승진의 기회, 사회적 성취의 기회를 잃었다는 생각에 아쉬운 마음이 들 수 있지요. 하지만 그게 억울함이나 꼭 이뤄야 하는 궁극적 목표가 되면 만족스러운 삶을 살기 어려워져요. 유능감과 성취를 중요하게 여기면 SNS에 올라오는 사진들이 내 삶의 기준이 되고 점점 더 타인의 평가에 집착하게 됩니다. 유능해야 가치 있다는 신념은 나와 사랑하는 사람을 기능과 조건으로 평가하는 가장 무서운 잣대가 될 수 있어요."

◆ 비난 경향성

☐ **악한 행동이나 옳지 않은 행동을 한 사람은 그것에 대해 혹독한 비난과 벌을 받아야 한다.**

"함께 사는 가족이 매일 나를 평가하고 지적한다고 상상해보세요. 상상만 해도 끔찍하지요? 더 잘되길 바라는 마음이 상대를 향한 처벌과 비난으로 드러나기 쉬운 게 부모살이예요. 모든 상황에는 내가 미처 이해하지 못하는 부분이 분명히 있어요. 누군가를 비난하고 계몽해야 한다는 생각을 자주 한다면 '나만 옳다'는 벽에 갇혀서 분노의 노예가 되어 가고 있는 건 아닌지 살펴봐야 해요."

◆ 좌절 반응

☐ **일이 내가 바라는 대로 되지 않는 것은 끔찍하고 아무런 가치가 없다.**

"부모가 되고 나서 내가 바라는 대로 되지 않는 일이 정말 많지요? 반대로 내가 기대하지 못했던 기쁨도 느끼는 일이 꽤 많지 않나요? 내가 바라는 대로 되지 않으면 긴장되고 불편할 수도 있지만, 그 덕분에 예상치 못한 것들을 누리는 기회를 만나기도 한다는 걸 기억하세요."

◆ 정서적 무책임

☐ **인간의 불행은 외부로부터 오는 것이므로 그로 인한 불안과 슬픔 등의 감정은 개인이 어떻게 할 수 없다.**

"부모로 살아가면서 예전엔 상상도 못한 감정의 파고를 마주할 때가 많을 거예요. '내가 이렇게 화가 많았나?', '내 인내심이 이 정도밖에 안 되나?', '내가 이렇게까지 무기력해질 수 있나?' 등등. 낯선 감정으로 인해 혼란스러운 과정을 겪지요. 이때 자신을 비난하거나 회피하지 말고, 다정하게 바라보고 도와주세요. 나에게도 배우자에게도요.
외부적 요인이 나에게 영향을 주는 중요한 요인인 건 맞아요. 하지만 같은 상황에서도 사람마다 느끼는 감정과 강도가 다르잖아요. 내 마음의 주인은 나라는 걸 기억하세요."

◆ 과잉불안

☐ **어떤 일이 위험하거나 두려운 것으로 보이며, 그 일이 일어날 가능성이 언제든지 존재한다.**

"부모가 되고 나서는 두렵고 불안한 게 더 많아졌지요? 그만큼 내 삶에 소중한 것이 많아진 증거예요. 부모인 우리의 성장은 이 불안을 어떻게 잘 다룰 수 있는지와 아주 밀접한 관계를 맺고 있어요. 무엇이 불안한지, 왜 불안한지 스스로에게 물어봐주세요. 불안은 모호할 때 그 위력이 점점 더 세지거든요. 실체를 마주하면 어떤 대응이 필요한지 알 수 있어요."

◆ 문제 회피

☐ **삶의 어려움이나 책임을 직면하는 것보다 회피하는 것이 더 쉽다.**

"부부싸움 후에 입을 닫거나 힘든 일이 있으면 동굴로 들어가시나요? 어차피 바뀔 게 없으니까, 갈등을 크게 만드느니 참는 게 낫다고 생각하며 상황을 외면하는 경우가 많으신가요? 회피는 나의 안전을 지켜주지 못해요. 상대방과 나, 모두를 외면하는 대신 필요한 게 무엇인지 생각해보세요. 내가 나를 내버려두면 어느 순간 그 분노와 상처를 누군가에게 퍼붓게 됩니다."

◆ 의존성

☐ **타인에게 의존해야 하고, 자신이 의존할 만한 더 강한 누군가가 있어야 한다.**

"건강한 의존은 안정감과 친밀감을 가지고 세상을 살아갈 힘이 되어줍니다. 하지만 지나친 의존은 계속해서 의지할 상대를 찾게 되고, 상대방을 부담스럽게 만들어요.

또한 의존할 상대를 찾기 위해 위장된 친절을 베풀며 버거워하고, 과한 요구에도 거절을 잘 못하지요. 건강한 의존성을 키우기 위해서는 내 삶을 책임질 수 있을 만큼 건강하게 성장해야 합니다."

◆ 무력감

☐ **현재의 행동과 운명은 과거 경험이나 사건에 의해 결정되며 사람은 과거의 영향에서 벗어날 수 없다.**

"과거에 있었던 일과 경험이 현재와 연결되는 부분이 왜 없겠어요. 마찬가지로 지금의 내 선택 역시 미래와 연결되겠지요. 오늘 나는 완전히 다른 선택을 할 수 있고, 그것이 내일의 내 삶이 될 겁니다."

◆ 지나친 타인 염려

☐ **타인의 문제나 곤란함이 크게 다가오기 때문에 주위 사람이 문제에 직면했을 때 그 고통을 자신의 일처럼 괴로워하며 신경 쓴다.**

"배우자나 아이의 삶을 전부 공유해야 하고, 하나하나 신경 써야 한다고 생각하나요? 물론 아이의 연령이나 여러 상황에 따른 변수가 있지만, 지나치게 타인의 삶에 관심을 가지고 챙기는 이유는 둘 중 하나입니다. 타인을 나보다 못한 사람이라고 여겨 신뢰하지 못하거나, 타인을 내 기대대로 움직이며 통제하고 싶은 욕구가 강한 인에이블러enabler*일 수 있습니다. 부모가 되고 나면 아이가 힘들어하는 모습을 보게 될까 봐 두려운 거예요. 그럴수록 아이와 나를 믿어보세요. 아이는 아이의 몫을, 나는 나의 몫을 잘 해낼 겁니다."

* 인에이블러 : 조장자enabler. '허용'과 '조장'의 두 가지 의미로 해석될 수 있는 심리학 용어. 긍정적 의미는 개인에게 힘이나 권한을 부여하는 권한부여empowerment와 비슷하다. 부정적 의미로는 문제를 해결하는 데 도움을 주는 듯 보이지만 오히려 문제를 지속시키거나 악화시키는 이상 행동을 의미한다. 여기서는 무엇이든 자신이 다 해주려고 하는 행동을 보이면서 자기가 원하는 것(상대방에 대한 통제, 세상의 좋은 평판 등)을 얻어내는 '조장자'의 의미로 사용하였다.

나 자신을 믿을 때 드러나는 부모성

아연 육아를 하며 무언가에 부딪힐 때마다 '이번엔 또 뭐가 문제일까? 뭐가 부족하지?'라는 생각이 들면서 기운이 빠졌어요. 그런데 부모성을 이해하고부터는 '나는 왜 이 상황이 불편하지? 뭐가 어려운 걸까?'라고 생각하게 되네요.

그래 내가 부족해서 생긴 일이라고 자책하면 힘도 빠지고 마음이 조급해지죠. 불안도가 올라가니 시야는 점점 좁아지고요. 거듭 말하지만 우리는 부족하지 않아요. 부족하지 않은데 부족한 것만 찾으려고 하니 찾아지겠어요?

내가 부모성을 지닌 충분히 좋은 사람이라는 걸 믿으면 달라질 수 있어요. 내가 부족하기 때문이라는 생각에서 벗어나 문제와 나를 구분하면 '문제 해결력'이 높아져요. 문제를 대하는 태도가 달라지는 거니 '성장의 기회'로 볼 수 있죠.

아연 문제가 '성장의 기회'라고요?

그래 완벽주의를 내려놓았더니 삶이 편안해졌다고 하셨죠? 완벽주의를 문제로 느낀 덕분에 기존과 다른 삶의 방식을 선택해봤고, 그 선택이 내 삶과 마음을 편안하게 한다는 걸 경험했어요. 그렇게 새로운 삶의 방식을 받아들이고 적응해가는 게 어른의 성장입니다.

간단한 예를 들어볼게요. 부모가 되고 처음으로 부딪히는 어려움 중 하나가 '잠'이잖아요. 저도 참 힘들었던 것 중 하나였어요. 이럴 때 어떻게 생각하기 쉬울까요?

아연 '다들 이렇게 아이 키울 텐데, 왜 나만 이렇게 힘들어할까? 모성애가 부족한가?' 하다가 내가 원래 게으르고 잠이 많았다고 자책하게 되고…. 남편은 잘 자는 것 같아 얄밉고, 수시로 깨는 아이가 밉다가도 부모로 살아갈 능력도 안 되는데 덥석 아이를 낳아 애까지 고생시키는 것 같아 미안해하죠. 아… 정말 이야기하다 보니 무슨 '늪'에 빠져드는 기분이에요.

그래 아이를 덜 사랑해서 꾸벅꾸벅 졸고 짜증이 나는 게 아니에요. 이런 상황에서 신체적인 피로감을 처리하고, 물리적으로 나를 돌보는 방법에 익숙하지 않아서 잠이 부족하고 힘든 거지요. 잠을 우선순위에 두고 수면 시간을 확보할 수 있는 방법을 찾으면 해결할 수 있어요.

워크숍에서 만난 한 분 덕분에 웃었던 기억이 나요. 기저귀 100원 더 싼 곳을 찾기 위해 핸드폰을 들여다보고 있는 것보다 내가 10분 더 자는 게 더 비싼 가치가 있다는 걸 깨닫고 최저가 검색 대신 잠을 선택했다고 하셨어요. 이렇게 문제를 해결해나가는 과정을 통해 육아를 넘어 삶에 더 중요한 걸 선택하고, 서로를 돌보는 어른으로 성장해갈 수 있어요.

아연 부모성을 덮고 있는 것들을 걷어낼수록 삶이 편안해지겠어요. 빨리 걷어내고 싶은데 방법이 없을까요?

그래 저도 그러고 싶은데 단기간에 할 수 있는 게 아니더라고요. 로댕도 정과 망치로 하나하나 조각하는 시간이 필요했어요. 그보다 내 부모성을 발현시키는 데 가장 중요한 것을 알려드릴 게요. 긴 과정을 잘 버텨내려면 내 안에 명작이 있다는 걸 믿고 나를 그렇게 대해야 해요. 내 부모성에 대한 신뢰는 내 삶의 터전을 '늪'으로 만들지 않고 단단하게 딛고 서는 출발점입니다. 힘든 순간이 오면 나 스스로에게 다정하게 물어보세요.

- ☐ **난 충분히 좋은 부모이고 잘할 수 있는 사람인데, 무엇 때문에 힘들지?**
- ☐ **나는 어떻게 하고 싶지?**
- ☐ **내가 뭘 할 수 있을까?**

'내가 나를 잘 알아주면 나는 나와 우리에게 가장 좋은 선택을 한다'.

이 문장은 이런 순간 스스로 떠올리는 '선언문'이에요. 내가 나를 잘 알아주면 부모성이 발현됩니다. 부모성이 발현될 때 나와 아이에게 가장 좋은 선택을 할 수 있어요.

마음처럼 안 될 때는
어떻게 해야 하죠?

 아연 지금까지 제가 읽은 육아서가 500권은 되는데, 그동안 허튼짓만 한 것 같아요.

 **그래** 육아서도 필요하죠. 양육자에게 분명 도움이 되는 육아 지식이 담겨 있어요. 가령 어제까지만 해도 그렇지 않았던 아이가 갑자기 "싫어", "안 해!"라고 하면 부모는 아이의 행동을 반항으로 받아들여 "아니, 얘가 왜 이래! 말 좀 들어!"라고 하기 쉬워요. 그런데 아이의 발달 과정을 이해하고 있으면, 자아가 발달하는 과정임을 이해하고 "어떻게 하고 싶어?"라고 물으며 아이를 존중할 수 있잖아요. 이럴 때 육아 지식은 큰 도움이 되죠.

심리적 에너지가 고갈될 때

아연 아이의 행동이 이해되면 마음도 편해지고 여유가 생겨요. 그런데 이상해요. 머리로 알고 있는 건 똑같은데 어느 때는 화가 나고, 어느 때는 이해가 되거든요. 왜 그럴까요?

그래 나와 아이의 상태가 언제나 똑같은 건 아니니까요. 육아는 머리로만 하는 게 아니라 지속되는 일상이고, 사람과의 관계 속에서 일어나요. 또 돈과 물건 같은 물질적 자원, 지식과 환경 등은 다양한 자원이 필요하죠. 환경은 양육자의 신체적 에너지와 심리적 에너지 모두를 포함하는 표현이에요.

괜히 지치고 예민해지는 날이 있지요? 이런 날은 아이가 딱히 잘못을 한 것도 아니고, 평소처럼 행동해도 유독 거슬리고 불편하게 느껴질 수 있어요. 그럴 때는 아이를 다그치거나 '내가 문제'라고 단정 짓지 말고, 나의 신체적 에너지부터 살펴보세요.

잠깐이라도 쉬면 괜한 일로 아이와 충돌하지 않을 수 있어요. 적극적으로 피로를 관리하고 몸을 돌보는 건 매우 중요해요. 그런데 많은 부모들이 나를 돌보는 일에 소홀해요. 부모가 되면 해야 할 일은 많고 여력은 줄어드니까요.

아연 부모가 되고 '아프지 말아라. 네가 아프면 아이를 돌볼 사람도 없다'는 말을 종종 들어요. 썩 기분 좋게 들리지는 않지만 저 스스로도 내가 아프면 육아에 큰 영향을 주는 걸 아니까 건강에 신경을 쓰고 있어요.

그래 '부모니까', '아이를 돌봐야 하니까'가 아니라 '나'는 잘 돌봐야 하는 존재예요. 마음을 돌보는 일은 더더욱 그래요. 심리적 에너지가 고갈되어도 잘 모르는 경우가 많지요. 심리적 에너지는 육아 지식을 아무리 쌓아도, 영양제를 아무리 먹어도, 잠을 충분히 자도 채워지지 않아요. 충분한 이해와 지지를 받을 때 채워져요.

지난해 초에 한 국제NGO의 의뢰를 받아 아동학대 경험이 있는 부모들을 대상으로 재학대 방지를 위한 프로그램을 개발하고 관련 교육도 진행했어요. 기존 자료들을 살펴보니 부모가 양육 지식이 부족해서, 올바른 양육법을 몰라서 학대를 한다는 판단이 깔려 있었어요. 아동학대에 대한 잘못된 인식과 행동을 변화시키고 양육에 필요한 지식과 기술을 습득시키는 쪽으로만 접근하고 있었죠. 물론 그런 경우도 있어요. 우리가 어릴 때만 해도 체벌을 '사랑의 매'라고 했으니까요. 하지만 현장 연구를 통해 실제 부모들의 이야기를 들어보면 아이를 때리고 싶지 않았고, 때리지 않겠다고 다짐했는데도 불구하고 그 순간의 분노를 조절하지 못해 벌어진 경우가 상당수예요.

● **부모인 나 이해하고 지지하기**

아연 머리로는 알고 있는데 조절이 안 될 때가 있죠. 그럴 땐 저 자신에게 더 화가 나요. 모르면 배우면 되는데, 아는데도 안 되니 어떻게 해야 할지 모르겠어요.

그래 심리적 에너지가 고갈되어 이성이 작용하기 어려운 상태라고 이해해보세요. 뇌과학적으로도 몸과 마음이 지치면 도덕적 판단을 내릴 수 있는 전두엽 기능이 마비되고, 감정과 충동 중심의 변연계는 흥분도가 높아져요. 그럴 때 나를 다그치고 자책하면 심리적 에너지는 더 바닥이 나고 충동적인 행동을 하죠. 학대 행위를 한 부모들 중 상당수는 자신의 행동이 옳지 않다는 걸 알고 있어요. 심리적 에너지가 고갈되어 나도 모르게 아이를 때리거나 방임하는 경우가 많지요. 그래서 재학대 방지 프로그램의 핵심을 심리적 에너지를 충전하는 데 뒀어요.

아동을 학대하는 일이 되풀이되지 않으려면 지식뿐 아니라 그 지식을 실천할 힘도 함께 키워야 해요. 상당수의 부모들은 때리고 싶지 않았고, 때리고 나서도 마음 아파하세요. 하지만 이런 마음을 드러낼 염치가 없고 비난이 쏟아지니 자신을 지키려고 '잘 가르치려고 그랬다'라고 우기고 정당화하며 버티는 거죠. 이런 부모들에게 "때리고 싶지 않으셨을 텐데요", "아이와 함께 잘 살아간다는 게 참 쉽지 않지요?"와 같은 말을 건네면 눈물을 펑펑 쏟아요. 정말 때리고 싶지 않았는데, 그걸 알아주는 사람이 한 명도 없다면서요. 진짜 이야기는 그때부터 시작됩니다.

<u>충분한 이해와 지지를 받으면 심리적 에너지가 채워지니 상황</u>

을 돌아볼 힘이 생겨요. 내가 어떤 상황이었는지, 왜 원하지 않는 행동을 하게 되는지, 진짜 원하는 게 무엇인지를 스스로 찾을 수 있어요. 나를 폭발하게 만든 자극점이 무엇이었는지, 무엇에 화가 나고 불안해졌는지를 알게 되면 부모 스스로 아이 문제가 아니었다는 걸 깨우칩니다. 아이를 잘 보살피고 싶은 부모성의 발현을 막은 게 무엇인지를 찾는 거죠. 그러고 나면 변화가 시작됩니다. 힘이 생기니 스스로 깨우치고 스스로 변하는 거예요.

아연 조절에 필요한 심리적 에너지를 먼저 채워줘야 하는 거군요. 머리로는 아는데 행동은 다르게 나갈 때 해야 할 일은 나의 심리적 에너지를 살피는 거겠어요.

그래 하나 짚고 넘어가고 싶은 게 있어요. '때리고 싶지 않았죠?'와 '때리고 싶지 않았던 거니까 괜찮아요. 그럴 수도 있죠'는 달라요. 때리고 싶지 않았던 '마음'과 때린 '행동'은 구분해야 해요. 우리가 공감하고 이해와 지지를 보내는 건 때리고 싶지 않았던 '마음'이에요. 때린 '행동'까지 괜찮다거나 그럴 수 있다고 정당화해주는 것과는 달라요. 나 자신에게도 그렇습니다.

아연 아이에게 화를 내 속상하고 미안하다고 하면, 주변에서 '너도 사람인데 화 낼 수 있지. 괜찮아'라고 위로를 해줘요. 그런데 그 말이 위로도 되지 않고 힘도 나지 않았어요. 저에게 필요했던 건 화 내고 싶지 않았던 마음을 알아주는 지지였네요.

그래 잘못했다는 걸 나도 잘 알고 있는데 주변에서 괜찮다고 하면 더 이상 내 마음을 드러낼 수도 없어져요. 힘이 나지 않는 건 당연하고요. 아이의 마음을 읽어줄 때도 마찬가지입니다. 마음과 행동을 구분해서 이야기하면 훨씬 도움이 되실 거예요.

얼마 전 진행한 워크숍에서 한 분이 이런 말씀을 하셨어요. "제가 부족한 게 많은 엄마라고만 생각하며 살았어요. 하지만 아이를 키우며 정신줄을 놓은 적은 있지만 사랑을 놓은 적은 없어요. 오늘 그런 제 마음을 만났습니다"

아연 뭉클해요. 저 역시 서툰 부모이고 부족한 행동을 할 때도 있지만 사랑을 놓은 적은 없어요.

그래 저도 그래요. 그리고 부모들이 이 마음을 기억하길 바라요. 부모인 내가 얼마나 최선을 다해 아이를 사랑하고 있는지를 알아주면, 부모 스스로 그 사랑을 건강하게 잘 실천할 방법을 찾을 수 있어요. 우리 사회가 부모를 몰아세우고 불안을 부추기기보다 부모의 사랑을 믿어주고 응원해주기를 바라봅니다.

> **부모 ASK**
>
> 부모로 태어난 그 순간 우리 안에는 이미 빛나는 부모성이 존재합니다. 우리는 아이에게 진정으로 필요한 것을 알고 있고, 필요한 순간 발휘해왔어요. 부모인 나는 부족한 존재가 아닙니다. 부족한 걸 채우는 대신 무엇이 나의 빛나는 부모성을 덮고 있는지를 탐색해보세요.

ask 3 내가 충분히 좋은 부모라고 믿는 게 어려우세요? 그럴 수 있어요. 부모가 되고 나서 '나에게 이런 면이 있었어?' 하고 나 자신이 새롭게 보였던 구체적인 순간을 10개만 찾아보세요. 그동안 미처 보지 못했던 내 안의 부모성을 만나게 될 거예요.

_____

_____

_____

ask 4 내가 충분히 좋은 부모이고 잘할 수 있는 사람이라는데, 왜 자꾸 나 자신이 못마땅하고 부족하게 느껴질까요? 부족한 모습에 초점을 맞추게 하는 내 안의 비합리적 신념을 찾아보세요.

* 이 문장을 완성해보세요.   * 작성한 문장을 바꿔볼까요?

부모는 꼭 _____ 해야 한다.   부모는 _____ 하면 좋다.

부모는 항상 _____ 해야 한다.   부모는 _____ 하면 좋다.

부모는 언제나 _____ 해야 한다.   부모는 _____ 하면 좋다.

당신이 꼭 해내고 싶은 것들은 그래야만 하는 이유가 있을 거예요. 하지만 '꼭', '항상', '언제나' 그러지 않아도 당신은 충분히 좋은 부모라는 사실을 기억하세요.

부모 정의

: 아이와 더불어 성장하는 사람

어렸을 때 부모님은 세상에 못하는 게 없는 대단한 사람이었습니다. 조금 자라서는 내 마음은 모르면서 잔소리를 하는 사람, 어른이 된 지금은 애틋하고 그리운 사람입니다. 여러분은 어떠신가요?

부모를 잘 아는 줄 알았는데 막상 부모가 되니 부모는 어떤 사람인지, 아이는 어떻게 키워야 하고, 부모가 된 나는 어떻게 살아야 잘 사는 건지 도통 모르겠습니다. 세상은 부모를 '아이 키우는 사람'이라고 정의하지만, 부모로 살고 있는 나는 그 정의에서부터 의문이 생깁니다. '부모'는 어떤 사람일까요?

부모
9주차

부모는
어떤 사람이에요?

 아연 부모는 대체 어떤 사람이에요? 아무리 생각해도 정의를 내리기 어려워요. 학생은 배우는 사람, 직장인은 직장에 소속되어 일하는 사람이잖아요. 그동안 제가 맡았던 역할들은 이렇게 정의해도 크게 틀린 것 같지 않았어요. 할 일도 학생은 공부, 직장인은 일이라는 게 명확했는데, 부모는 잘 모르겠어요. 부모는 '아이가 있는 사람, 아이를 키우는 사람'이라고 생각했거든요. 이야기를 나누다 보니 딱히 틀린 건 아닌데 그렇다고 맞는 것도 아닌 것 같아요.

 그래 저도 부모가 되고 나서 비슷한 의문을 품었어요. 어쩌면 이 질문이 지금까지 이 일을 하게 만든 바탕이 된 걸 수도 있고요. 부모가 어떤 사람이냐고 물으면 보통 어떻게 대답할까요?

아연 아이를 키우는 사람이요. 그런데 막상 부모가 되어보니, 이 대

Part 1. 부모를 묻다

답은 코끼리 다리만 만지고 있으면서 코끼리라고 말하는 것과 같아요. 꼭 중학생 때 배운 부분집합처럼요. '부모=아이를 키우는 사람'이라고 하지만 정확히는 '아이를 키우는 사람'은 부모의 부분집합 중 하나인 거죠.

◐ 부모 = 아이를 키우는 사람?

그래 저도 그랬어요. 아이를 키우는 사람인 것도 맞지만 분명 그 이상이란 생각이 들지요? 저는 그때 제일 먼저 사전을 찾아봤어요. 혹시 그 사이에 바뀌었을지도 모르니 지금 같이 찾아볼까요?

아연 국어사전에서는 '아버지와 어머니를 이르는 말'이라고 정의하고 있네요. 영어사전도 찾아볼게요. parents는 '부모', parents에 '-ing'가 붙은 '페어런팅parenting'은 '육아. 아이 기르기'라고 되어 있어요. '아이들을 돌보고 자라게 하는 것'이라고요. 국어사전에서는 생물학적, 영어사전에서는 기능적으로만 정의하고 있군요.

그래 음… 정의는 쉽게 변하지 않네요. 저도 처음 사전을 찾아봤을 때 정의가 좀 아쉬웠어요. '페어런팅'은 '부모살이'나 '부모됨' 정도가 아닐까 했는데, '육아. 아이 기르기'라니, 그 정의가 충분하다고 느껴지지 않았어요. 전 부모로서 정말 잘 살고 싶었거든요. 그 마음은 아이를 잘 키우는 사람이 되고 싶은 것과는 달랐어요.

아연 맞아요. 부모의 정의에 아이만 있고 부모가 없어요.

그래 저도 처음에는 그렇게 생각했는데, 한 번 더 들여다보면 아이도 없어요. 부모가 아이를 키우는 사람이라면, 아이는 부모가 키우는 대로 커야 하는 사람이 되니까요. <u>부모는 아이를 키우기 위해 살고, 아이는 부모가 키우는 대로 커야 하는 관계에서는 부모에게도 내가 없고 아이에게도 내가 없어요.</u> '사람'은 사라지고 서로의 역할만 남는 거죠.

● 페어런팅의 정의를 바꿉니다

아연 부모 입장에서도 '아이 키우는 사람'이라는 정의가 답답했는데, 아이 입장까지 생각하니 이건 끔찍하네요. 그럼 부모를 어떻게 정의해야 할까요?

그래 자신이 경험하고 있는 부모의 삶 속에서 '페어런팅'의 정의를 생각해보면 좋겠어요.

저는 매우 일상적인 경험에서 부모에 대한 정의를 다시 생각하게 됐어요. 막내 현우가 네 살 때의 일이에요. 어느 날 급성 편도염 때문에 컨디션이 갑자기 안 좋아졌어요. 열도 나고 몸살도 심한 상태로 겨우 퇴근해서 남편과 아이들에게 상황을 설명하고 침대에 누웠어요. 한 5분이나 지났을까요. 문이 열리더니 막내아이가 들어오는 거예요. 짧은 다리로 낑낑대며 침대에 올라오더니 저를 꾹꾹 밟으며 침대 머리맡까지 가서 무언가를 부스럭거리더니 내려가요. 몸살 난 상태에서 밟히니까 욱하고 화가 올라왔지만 일단 아이가 나갔으니 참았어요. 그런데 조금 지나 또 들어와서 저를 밟고 침대 머리맡으로 가는 걸 반복 또 반복. 너무 화가 나는데 화를 낼 힘이 없었어요.

지금은 이날 화 낼 힘조차 없었던 게 두고두고 감사해요. 잠깐 잠이 들었다가 눈을 떴는데 침대 머리맡에 종이로 만든 엉성한 꽃 열 송이가 다닥다닥 붙어 있었어요. 딱 봐도 누구 작품인지 알겠더라고요. "현우야~ 이게 뭐야?"라고 물었더니 너무나 해맑은 얼굴로 "으응, 엄마 빨리 나으라고~" 하는 거예요.

그때 세상이 일시정지 되는 것 같았어요. 그전까지 저는 부모인 내가 아이를 돌보고 키우는 거라고 생각했어요. 그런데 아이도 아이 나름대로의 방식으로 엄마인 저를 돌보고 있었던 거예요. 돌본다는 건 단순히 부모와 아이 사이에서 수직적으로 이뤄지는 행위가 아니었던 거지요.

그 순간, 어린 시절 엄마를 위해 뭐라도 하고 싶어 하던 제 모습이 떠올랐어요. 저녁 무렵이면 감자를 깎기도 했고, 나이 차이가 많이 나는 동생들의 숙제를 도와주거나 목욕을 시키기도 했어요. 엄마가 고맙다고 하시면 뿌듯했죠. 가정 형편이 빠듯하다고 느껴질 때는 버스를 타지 않고 걸어서 학교에 가기도 했어요. 저도 제 나름대로 엄마, 아빠를 돌보며 살아왔더라고요.

아연 저도 말없이 부모님을 돕고 동생을 돌봤었어요. 그동안은 눈치 보며 컸다고 생각했는데 엄마, 아빠를 돌본 거였다고 생각하니 어린 제가 자랑스럽고 대견해요.

그래 그 후부터 아이들의 행동이 다르게 보였어요. 식사를 마친 후에 그릇을 설거지통에 넣으면 가르친 대로 잘한다고 생각하지 않고, 나를 도와주는 주체적인 행동으로 이해하게 됐어요. 고마운 마음이 더 자주 느껴졌지요. 부모만 아이를 돌보는 게 아니라 아이도 부모를 돌보고 있어요. 이 깨달음 덕분에 <u>부모는 아이를 키우는 사람을 넘어 아이와 더불어 살아가는 사람</u>이라고 정의하게 됐어요.

아연 '부모는 아이를 키우는 사람'이라고 했을 때는 부모가 아이를 업고 있는 장면이 떠올랐는데, '부모는 아이와 더불어 살아가는 사람'이라고 정의하니 부모와 아이가 손을 잡고 걸어가는 장면이 떠오르네요. 아이와 같이 잘 걸어가고 싶어요.

그래 부모가 되니 아이를 위한 것과 나를 위한 것 사이에서 고민될 때가 있지요? 부모를 아이 키우는 사람으로만 정의하기 때문에 일어나는 이분법적 사고예요. 우리는 아이를 잘 키우기 위해서만 살지 않아요. 아이를 뚝 떼어놓고 나만 잘 살려고도 하지 않지요. 부모가 되면 아이와 상관없이 나만 잘 사는 게 불가능하다는 것을 깨달으니까요.

성숙한 부모는 과거에 '내가 이랬는데…'에 매달리지 않습니다. 지금 사랑하는 사람과 더불어 잘 살아가기 위해 노력하죠. 그리고 아이와 더불어 잘 살아가는 부모 안에서는 아이도 부모도 사람과 사람으로 존재합니다.

부모
10주차

부모교육 대신
부모학이 필요해요

 그래 지난 시간에 부모의 정의를 물어봐서 반가웠어요. 그리고 축하해주고 싶어요.

 아연 축하해주시니 좋긴 한데, 왜 축하를 받는지는 잘 모르겠어요.

그래 부모의 정의에 의문을 품었다는 건 본질이 궁금해졌다는 뜻이죠. 모든 사람이 부모가 어떤 사람인지를 궁금해하진 않아요. 부모로 사는 것에 관심이 없으면 부모가 어떤 사람이어야 하는지 궁금하지도 않고, 대답할 필요성도 느끼지 않아요. 아연 님은 부모로서 잘 살고 싶은 마음이 있으니 궁금한 거겠죠.

🟢 나와 아이, 모두의 삶에 중요한 부모

아연 맞아요. 저는 부모로 사는 것에 아주 관심이 많아요. 그런데 돌아보니 저도 부모가 되기 전에는 부모를 아이를 키우는 사람이라고 생각했고, 그 정의가 이상하다고 느끼지 않았어요.

그래 많은 부모들은 아이를 처음 품에 안을 때 '좋은 부모가 되겠다'고 다짐해요. 부모라는 역할이 나와 아이의 삶 모두에 굉장히 중요하다는 걸 본능적으로 알고 받아들이는 거죠.

아연 저는 잘하고 싶은 마음과 잘 해내야 한다는 부담감이 확 몰려왔던 기억이 나요.

그래 다들 비슷한 마음일 거예요. 그래서 최선을 다하는데 현실은 예상과 다르지요. 정말 중요해서, 잘 하려고 애썼는데 결과가 안 좋으면 의문이 생겨요. 스스로 답을 찾다 보면 내 삶을 돌아보게 되고 새로운 선택을 하게 되지요. 그래서 '부모'라는 본질에 대해 궁금증이 생겼다는 걸 축하해주고 싶었어요. 부모로서의 삶을 정성껏 잘 살고 싶다는 의미니까요.

아연 부모에 대해 의문이 생겼다는 것만으로 좋은 부모가 된 기분인데요?

그래 그럼요. 나를 주어로 하여 스스로에게 답을 하다 보면 또 많은 것들이 달리 보일 거예요.
아이들에게 "너희는 부모가 어떤 사람이라고 생각해?"라고 물은 적이 있어요. 아무렇지도 않게 "아빠, 엄마"라고 해요. 뭐 이렇게 성의 없는 대답이 있나 싶었는데 조금 있다가 "엄마, 아빠처럼 사는 거요"라고 하더니 "좋아하는 일도 열심히 하고, 가족들에게 잘 해주려고 하고, 우리랑 같이 있는 걸 좋아하고, 우리랑 뭐든지 같이 하고 싶어 하고, 가끔은 잔소리도 하고 화도 내고 우리 때문에 울기도 하시고…" 막힘없이 이야기를 하는데 뜨끔하기도 하고 웃음도 났어요.

아연 가장 먼저 '좋아하는 일'이라고 말한 게 신기해요.

그래 그렇지요? 아이들과 이야기를 나누며 오늘 나와 내 배우자가 사는 모습이 아이들에게 부모살이의 또 다른 정의가 되겠다는 생각이 들었어요. 우리 아이들이 부모가 되었을 때 스스로를 '아이 키우는 사람'으로 정의하기를 바라지는 않으시지요? 그렇다면 더욱더 우리가 오늘을 그렇게 살아야 해요

● 부모가 주인공이 되는 부모학

아연 좋은 부모가 되고 싶어서 부모교육을 꽤 많이 찾아다녔어요. '아이와 함께 성장하는 부모를 위한 교육', '행복한 부모를 위한 교육'이라고 해서 들어보면 한결같이 양육법에 대한 이야기만 해요. '분명히 부모교육이라고 했는데, 왜 양육 이야기만 하지?' 아이를 잘 양육하면 행복해지는 걸까 싶었어요.

그래 '부모는 아이를 키우는 사람'이라는 프레임에서는 부모를 위한

교육이 '아이의 특성과 발달을 이해해야 하는 교육'이니까요. 부모에겐 양육교육도 필요하지만, 부모로서 맞이하게 되는 변화 등 부모가 된 한 사람을 위한 교육이 필요하겠지요?

아연 맞아요. 부모가 되기 전의 나와 부모가 된 나는 분명히 다르고, 내 삶이 다시 시작되는 것 같았어요. 앞으로 어떻게 살아야 할지 갈피를 잡기 어려웠어요.

그래 저는 셋째를 만나고 나서야 그 차이를 생각해보게 되었어요. 어느 날 현우가 떼를 쓰며 우는데, 화가 나기는커녕 그 모습이 귀엽게 보이는 거예요. '어? 이상하다. 왜 이렇게 평온하지? 예전엔 안 그랬는데?' 신기하고 궁금해졌어요. 그때부터 아이 말고 부모인 나에 대해 호기심을 가지게 되었지요.

아연 떼쓰며 우는 아이가 귀엽다니요. 어떻게 그럴 수 있지요?

그래 아이들이 4, 5세 무렵이 되면 자기주도성이 생겨서 마음대로 되지 않으면 떼를 쓴다는 건 첫 아이 때도 알고 있었어요. 왜 우는지, 뭘 원하는지 물어봐야 한다거나 어떤 태도로 아이를 대해야 하는지도 알고 있었죠. 그래서 첫째가 울 때 "건우야~ 왜 울어?"라고 다정하게 물어보려고 노력했고요. 그런데 그렇게 물어본다고 아이가 울음을 그치나요? "그만 울어. 울지 말고 말을 해야 알지!!" 모드로 넘어가기 쉬웠어요. 둘째 진우 때는 그나마 좀 익숙해져서 다섯 번 정도는 견딜 수 있었던 것 같고요.

아연 그런데 현우에게는 화가 안 나셨다는 거잖아요?

그래 언제나 그런 건 아니고요. 저를 이해하게 되었어요. 그게 큰 차이인 것 같아요. 첫째와 둘째에게도 다정하게 우는 이유를 물었지만, 당시 저에겐 아이가 왜 우는지보다 울음을 그치게 하겠다는 마음이 훨씬 앞서 있었어요. 부모니까 아이가 울면 달래야 하고, 잘 달래지지 않으면 부모 역할을 못했다는 생각에 사로잡혀 있었지요. 그런데 셋째 아이쯤 되니까 아이가 우는 진짜 이유가 궁금한 거예요. 울 만한 이유가 있나 보다 싶기도 했고요. 알고 나면 이유를 알았다는 것만으로도 제 안의 조급함이나 자책감이 사라졌어요. 느긋해지고 한 발짝 떨어져서 아이를 기다려줄 수 있게 되더라고요. 그날 아이를 이해하는 것만큼이나 부모인 나를 이해하는 게 중요하다는 걸 깨달았어요. 아이가 울고 떼를 쓸 때 아이를 달래려고 애쓰는 만큼, 내가 이 상황을 왜 유난히 힘들어하는지, 혹은 어떻게 잘 견디는지를 이해하는 것도 중요해요. 부모인 나를 이해하고, 부모의 마음을 잘 챙겨보자는 의미에서 부모교육 대신 '부모학'이라는 단어를 쓰게 되었어요.

아연 부모학이요? 처음 들어봐요.

그래 아동학은 아동의 특징과 발달을 연구해요. 그리고 아동학을 바탕으로 유아교육 및 아이들을 위한 교육 프로그램을 만들죠. 마찬가지로 부모학은 부모를 중심에 두고 부모가 어떤 특성을 지녔고 어떤 어려움을 겪으며 성장하는지, 어떤 발달단계를 거치는지 등을 연구합니다. 부모학에서는 부모를 아이가 자라는 데 필요한 것들을 적시에 적절히 제공하는 '환경적 조건'으로 바라보지 않아요. 성인 발달과 가족 발달 주기 안에서 '부모가 된 한 사람의 삶'을 탐색하죠. 부모학에서는 부모가 된다는 것을 아이와 더불어 살아가는 성숙한 어른으로의 성장 과정이라고 봅니다.

아연 부모가 되고 나는 겉만 자란 어른이었구나 싶을 때가 있어요. 아이에게 좋은 어른이 되어주고 싶은데 부끄러울 때도 많고요. 어떻게 하면 성숙한 어른으로 성장할 수 있을까요?

그래 성인기에 접어든 나를 이해하고, 내가 원하는 것을 스스로 선택하고 실천하다 보면, 좋은 부모와 좋은 어른으로 성장할 수 있지 않을까요? 부모가 좋은 어른으로 성장할 수 있도록 돕는 교육이 필요한 시대예요.

아연 좋은 어른으로 성장하려면 무얼 익혀야 할까요?

그래 첫 번째는 자신의 스트레스를 이해하고 관리할 수 있는 능력이라고 생각해요. 부모가 되면 긴장과 불안이 커지잖아요. 그런 상황을 잘 이해하지 못하면 스스로를 욱하는 부모나 화가 많은 부모라고 여기게 돼요. 분노조절장애가 있는 건 아닌지 의심된다고 말하는 분들도 계시니까요.

같은 맥락에서 '기질'에 대한 이해도 관점이 바뀌어야 한다고 생각해요. 타고난 기질을 이해하면 나와 아이에게 맞는 환경을 잘 만들어주고 잘 키울 수 있다는 것은 아이 중심의 관점이에요. 부모인 우리가 먼저 이해해야 하는 건 타고난 내 모습과 나의 기질을 나 자신이 어떻게 받아들이고 있는지를 깨닫는 거예요. 익숙한 것을 좋아하는 나를 스스로 '답답하고 소심하다'고 판단하고 불편해하고 있다면, 나와 같은 기질의 다른 사람을 편안하고 자연스럽게 바라보기 어렵겠지요? 스트레스, 기질처럼 문제 행동과 숨은 마음, 부모됨, 관계, 느낌, 부모 역할(사랑하기, 가르치기), 양육관 탐색 등 9가지는 부모로 살아가기 위해서도 필요한 주제예요.

아연 제가 지금 공부하는 주제가 부모학의 뼈대군요. 저도 부모로 살며 생기는 궁금증과 의문들을 풀어가며 아이도, 나도 키우고 싶어요.

그래 부모로 사는, 그리고 부모의 삶에 관심을 가진 우리 모두는 '부모학자'가 될 수 있어요. 연구는 책상 위에서만 이뤄지는 게 아니거든요. 모든 연구의 결과물은 더 윤택하고 더 좋은 삶에 기여해요. 부모인 우리가 그런 경험을 잘 나누고 서로 영감을 줄 수 있기를 바랍니다.

겨우 겨우 깜빡 잠이 들었다가 깨어보니

내가 너를 키운다고 생각했는데, 너도 엄마를 돌봐주고 싶었구나.

부모가 아이를 돌보듯 아이도 부모를 돌봅니다.
부모는 아이와 더불어 살아가는 사람입니다.

늘 아이에게
미안한 것이 많아요

 아연 저녁 산책길에 아이들이 다니던 어린이집을 지나갔어요. 교실 한 곳에 불이 켜져 있더라고요. 어떤 엄마가 제 옆을 쌩 지나가더니 어린이집 앞에 멈춰서 하원 벨을 눌러요. 엄마는 아이를 꼭 안으며 "미안해. 많이 기다렸지"라고 하고, 아이는 울먹울먹하는데 마음이 찡했어요.

 그래 전일제 근무를 하는 부모들이 가장 마음 아파하는 순간이죠. 일찍 퇴근해 하원을 시켰어야 했는데, 내가 아이를 힘들게 한 것 같아 마음이 복잡하다고 해요. 한 금융기관의 조사 결과에 따르면, 전일제 근무를 하는 엄마들은 '자녀를 돌보지 못할 때' 죄책감을 가장 많이 느낀다고 해요. 부부 갈등의 원인이 되기도 하고요.

🟢 프레임을 바꾸면 달리 보이는 것들

아연 저도 그랬어요. 아이들을 등원시킬 때 마음이 늘 불편했어요. 제가 아이들을 어린이집에 데려다주고 출근을 하다 보니 아이들 등원 시간이 제 출근 시간에 맞춰졌거든요. 등원 시간보다 훨씬 먼저, 대부분 1등으로 도착하다 보니 아침에 같이 걸어갈 때면 아이들이 "엄마, 오늘은 친구들이 와 있을까? 어제는 친구들이 늦게 와서 심심했어"라고 했어요. 준비가 늦어져 "빨리 가자. 이러다 늦겠어"라고 하면 "난 맨날 1등으로 가는데, 왜 늦어?"라고 물어서 어찌나 미안했는지 몰라요.

그래 그랬겠네요. 그런데 아연님의 미안함도, 산책길에 만난 엄마의 미안함도 '부모는 아이를 키우는 사람'이라는 프레임으로 바라보기 때문에 생긴 거 아닐까요?

애틋하고 안쓰러운 마음이 드는 건 백 번 공감돼요. 그 마음과 별개로 정말 미안한 순간인지를 생각해보자는 거예요. 아이는 친구들이 언제 오나 마냥 기다렸을 수도 있어요. 반대로 그림책에 푹 빠져 있거나 선생님을 독차지하며 놀고 있었을 수도 있어요. 아이 나름대로 잘 지내기 위해 노력했을 거예요. 물론 엄마, 아빠 생각을 했을 수도 있지요. 엄마, 아빠를 사랑하고 보고 싶으니까요. 엄마, 아빠인 우리가 수시로 아이를 생각하는 것처럼요.

아연 맞아요. 저도 출근하는 지하철에서 시계를 보며 '이제 친구들 그래 이 왔을까?' 하는 생각을 하고, 회사에서는 1분이라도 빨리 퇴근해서 아이들에게 가려고 최대한 일에 집중해요.

그래 부모도 아이도 각자의 자리에서 열심히 하루를 보냈어요 그렇다면 미안한 게 아니라 고마운 거 아닐까요? 미안하다는 말을 들으면, 아이가 즐겁게 지내려고 애쓰고 견뎌낸 것들이 의미 없어져요. 사무실을 나서는 순간부터 뛰다시피 하며 어린이집까지 온 나의 노력을 스스로 의미 없는 일로 만드는 게 되고요.

아연 '미안해'라는 말은 나를 잘못한 사람으로, 아이를 사과받아야 하는 사람으로 만드네요.

고마움을 주고받으며 더불어 성장하기

그래 아이도 엄마, 아빠를 사랑해요. 우리가 자기 역할에 충실하려고 애쓰는 이면에는 사랑하는 사람이 주는 힘이 있어요. 아이 역시 엄마, 아빠를 사랑하는 마음을 바탕으로 어린이집에서 잘 지내려고 노력했을 거예요. 그 노력이 참 고맙지 않아요?

아연 그럼요. 하루를 잘 보내준 아이가 고마웠어요.

그래 그렇게 표현하는 거예요. "정말 보고 싶었어. 너도 많이 보고 싶었지? 오늘도 잘 지내줘서 고마워"라고 마음을 나누는 거죠. 그럴 때 아이는 사랑하는 사람을 위해 의미 있는 일을 했다는 뿌듯함을 느끼고, 더불어 잘 살아가는 경험을 쌓아가요.

'부모는 아이와 더불어 잘 살아가려는 사람'이라는 프레임에서는 나와 아이의 삶을 동시에 고려해요. 아이도, 나도 잘 지낼 방법, 우리 가족 모두가 잘 지낼 방법을 고민하고 의논하죠. 부모가 자신을 아이를 키우는 사람으로 한정하지 않는다면, 아이 역시 부모를 나를 키워주는 사람으로만 바라보지 않아요.

아연 부모를 어떻게 정의하느냐에 따라 나와 아이 모두의 일상이 달라지네요.

그래 같이 생각해보고 싶은 게 또 있어요. 어린이집은 집에서 아이를 돌봐줄 사람이 없기 때문에 보내는 곳일까요? 부모는 아이를 키우는 사람이라는 프레임으로 어린이집을 바라보면, '부모를 대신해 아이를 돌보는 곳'이죠. 그러니 내 아이만을 위한 완벽한 상황을 요구하기도 해요. 부모는 아이와 더불어 잘 살아가는 사람이라는 프레임에서 어린이집은 어떤 곳일까요?

아연 음… 어린이집 역시 부모와 더불어 아이를 돌보는 곳이네요. 아이는 부모의 돌봄도 받고, 어린이집의 돌봄도 받는 거죠.

그래 그렇죠? 협력자의 시선으로 바라보면 다르게 보이는 것들이 분명 있어요. 선생님과 다른 아이들을 대하는 태도뿐 아니라 아이를 어린이집에 보낼 때의 기준이나 죄책감 같은 것들이요. 또 어린이집을 아이 입장에서 바라보면 어떨까요? 엄마가 집에 없어서 가야 하는 곳이 아니라 친구와 어울리는 즐거운 곳일 수도 있어요. 그렇다면 아이와 헤어질 때 "엄마 이제 가야 하니까 그만 들어가"라는 말 대신 "오늘도 친구들하고 즐거운 시간 보내"라고 할 수도 있고, "엄마 왔어. 이제 집에 가자" 대신 "친구들과 선생님과 즐겁게 보냈어? 이제 엄마랑 즐겁게 보낼 시간이네"라고 할 수 있겠죠.

아연 맞아요. 가끔 제가 평일에 집에 있으면 "엄마가 집에 있으니까 우리 어린이집 안 가도 되겠다!"라며 좋아했어요. 저도 아이들과 있고 싶으니 "그래! 엄마랑 있자!"라고 했는데, 생각해보니 제가 쉴 때 어린이집을 안 가도 되면, 아이들이 어린이집을 엄마가 없으면 가야 하는 곳이라고 생각하겠더라고요. 그 뒤로는 제가 평일에 쉬어도 아이들은 어린이집에 보냈어요. 어린이집에 가는 건 엄마인 나와 상관없는 아이들의 일과라는 걸 알려주고 싶어서요.

그래 반대로 직장을 다니지 않는데 어린이집을 보내도 괜찮을지를 묻는 분들이 있어요. 내 시간을 가지기 위해 어린이집에 보내면 아이를 돌보는 책임을 다하지 않는 것 같아서 죄책감이 든다는 이야기였어요. 이런 고민은 부모를 어떻게 정의하는가에 따라 달라지지요. 성향과 가치관에 따라 다르겠지만 누구에게나 내 시간은 필요해요. 내 시간을 통해 에너지를 충전해야 아이와 더불어 잘 살아갈 수 있죠.

<u>아이를 어린이집에 보낼지 말지가 고민이라면, 어린이집에서 아이가 충분한 돌봄을 받는지, 아이가 어떻게 느끼는지, 아이를 어린이집에 보내는 게 우리 가족의 삶에 어떤 영향을 주는지를 고려해보세요. 분명 건강한 선택을 할 수 있을 거예요.</u>

> 부모
> *ASK*

부모를 어떻게 정의하느냐에 따라 나와 아이 모두의 일상이 달라집니다. 부모는 아이를 키우는 사람 이상의 의미가 있습니다. 바로 아이와 더불어 살아가는 사람입니다. 부모는 아이를 키우며 부모인 나 자신도 키웁니다. 부모로 산다는 것은, 아이와 더불어 살아가는 성숙한 어른으로의 성장 과정입니다.

ask 5 '부모'라는 말을 들으면 어떤 장면이 떠오르세요? 지금 떠오른 그 장면은 내가 부모로 살아가는 데 어떤 영향을 주고 있을까요?

___

___

___

ask 6 아이는 작고 힘이 없어 보이지만, 때때로 그 무엇보다 강력하고 놀라운 순간을 선물해주지요. 아이가 나를 사랑하고 돌보는 순간을 찾아보세요. 그리고 가장 친밀한 사람과 이 경험을 나눠보세요.

___

___

___

부모 역할
: 삶의 본보기가 되어 사랑하기

해주고 싶은 것도 많고 해줘야 하는 것도 많습니다. 부모만큼 많은 걸 해내야 하는 역할이 세상에 또 있을까 싶습니다. 아이가 원하는 건 다 해주고 싶은데, 그럴 수도 없을 뿐더러 다 해줘도 되는 건지도 모르겠습니다. 정작 아이에게 필요한 걸 놓치고 있는 건 아닌지도 불안하지요. 과연 부모의 역할은 무엇일까요? 사랑하는 아이가 건강한 어른으로 자라게 도우려면 부모인 나는 무엇을, 어떻게, 어디까지 해야 할까요?

아이를 위해서만
해주고 싶은 걸까요?

 아연 첫 아이를 임신했을 때 교보문고 광화문점에 갔는데, 정현종 시인의 시 <방문객> 중 일부가 적혀 있었어요. '사람이 온다는 건 실은 어마어마한 일이다. 한 사람의 일생이 오기 때문이다'라는 연이었는데요, 글귀를 한 번 보고 제 배를 한 번 쓰다듬고, 또다시 글귀를 보고 제 배를 한 번 더 쓰다듬었어요. '내 아이'라고만 생각했는데, '한 사람의 일생'이 오는 거라고 하니 무게감이 완전히 다르더라고요.

 **그래** 부모들은 그 시를 보면 저절로 아이를 떠올리게 되나 봐요. 저도 그랬거든요. 글귀를 먼저 보고 제목을 봤는데, 제목이 <방문객>이라 한 번 더 머물게 됐죠. '아이는 내 인생의 귀한 방문객이구나, 잘 대접하고 잘 떠나보내야겠다'라는 생각이 들었어요.

욕심을 내려놓으려 해도 욕심이 생길 때

아연 첫째가 태어나고 할 일이 네 곱절이 된 것 같았을 때, 이 시가 또 떠올랐어요. 부모가 되니 해야 할 일도 많고, 해주고 싶은 일도 많고, 챙겨야 하는 일도 너무 많은 거예요. '맞네. 아이가 태어난다는 건 실은 어마어마한 일이네' 하는 혼잣말이 나오더라고요.

그래 그 어마어마한 일들을 해냈고, 해내고 있으니 얼마나 기특해요. 워크숍에서 임신했을 때 아이를 위해 무얼 했는지 이야기를 나누곤 해요. 엄마들은 대부분 먹고 싶은 걸 참은 이야기부터 시작해요. 한 여름에 맥주를 포기했던 이야기, 하루에 서너 잔씩 마시던 커피를 참는 게 너무 힘들었다는 이야기도요. 아빠들은 아기에게 말을 걸거나 그림책을 읽어주고, 아내를 위해 고군분투하던 그날을 떠올리며 생전 느껴보지 않았던 감정을 이야기해요. 분명 내가 한 일은 맞는데 예전과 참 다른 내 모습을 발견하고 신기해하지요.

아연 저는 스트레스를 잘 받는 편인데, 엄마가 스트레스 받으면 아이에게 영향을 준다고 해서 명상을 시작했고, 생전 듣지 않던 명상음악도 들었어요. 커피도 한 잔도 안 마셨어요. 지금 누가 저에게 앞으로 열 달 동안 커피를 마시지 말라고 한다면 당장 전투 모드로 바뀔 것 같아요. 아이를 위하는 마음이 크기 때문에 가능했던 일이에요.

그래 그만큼 아이가 우리에게 소중한 존재라는 증거겠죠. 아이를 위해 무언가를 더 해주고 싶고, 더 좋은 걸 주고 싶은 마음은 앞에서 나눴던 '부모성'이고요.

아연 그런데 아이가 커갈수록 해줘야 할 게 많은 것 같아 고민이에요. 학원도 보내야 할 것 같고, 취미 생활도 찾아줘야 할 것 같으니 아이를 보고 있으면 마음이 복잡해요. '이것저것 시켜야 하나' 고민이 되면서도 '다 부모 욕심 아닌가?' 싶기도 해요.

그래 아이에 대한 기대를 '욕심'이라고 생각하시는군요.

아연 아이가 이랬으면 좋겠다고 바라는 건 부모 욕심 아닌가요?

그래 아이들에게 바라는 걸 한번 이야기해보실래요? 지금 말하면 다 이루어진다고 생각하고 말이에요.

아연 밤을 새워도 모자랄 것 같은데… 우선 운동해서 체중도 줄이고 스트레스도 안 받았으면 좋겠고, 책상 정리도 깔끔하게 하면 좋겠어요. 주변을 배려하면서 자기주장이 필요할 땐 똑 부러지게 하고, 감정이나 욕구도 참거나 억누르지 않고 잘 표현할 수 있었으면 좋겠어요. 게임도 좀 덜하고, 다른 취미들을 가지고 다양한 경험을 해봤으면 좋겠고요…. 저 이거 계속 해요?

그래 아이에게 바라는 걸 말하고 난 지금 마음이 어떠세요?

아연 불편해요. 내가 원하는 걸 다 아이에게 요구하고 있는 건 아닌가 싶어서 반성도 되고, 아이가 내 기대를 채우려면 힘들겠다 싶기도 해요.

그래 그러실 필요 없어요. 편한 마음으로 실컷 더 하셔도 됩니다.

아연 네? 저 스스로 아이에게 얼마나 많은 욕심을 가지고 있는지 느끼게 하려던 거 아니세요?

그래 전혀요. 지금 이 기대들을 내 아이가 아닌 다른 아이들에게도 하나요? 아니죠? 그럼 왜 내 아이들에게는 그런 기대가 끝도 없이 올라올까요? 그리고 그 기대가 결심하면 내려놓아지는 걸까요?

아연 솔직히 겉으로는 아니라고 하지만 내려놓지 못할 것 같아요. 그리고 내 아이들이니까 이런 기대를 하지요.

그래 네. 지금 아연님이 바라는 그 기대를 저도 저희 아이들에게 해요. 사랑하니까요. 사랑하는 사람이 건강하고 행복하게 잘 살길 바라잖아요. 그러기 위해서 필요하다고 생각되는 것들을 기대하는 건 자연스러운 거지요. 사랑하는 내 아이이기 때문에 바라는 것도 많아져요. <u>중요한 건, '이 기대는 나의 것'이라는 걸 알고 있는 거죠. 그래서 내가 아이에게 뭘 기대하고 있는지에 대해 솔직해져야 해요.</u>

부모님들이 흔히 하시는 말씀 중에 '난 너희에게 바라는 거 하나도 없다!', '너희만 잘 살면 된다'가 있어요. 그런데 부모님이 말씀하시는 '잘 산다'의 기준은 '내 마음에 들게'일 때가 많아요. 솔직하고 구체적으로 들여다보지 않으면, 엄청난 걸 바라면서도 바라는 게 하나도 없는 줄 알고 살아가기 쉬워요.

우리가 아이를 사랑하기에 아이에게 여러 가지 기대를 갖고 있어요. 이건 자연스러운 거니 불편해하지 않아도 돼요. 단, 아이가 내 기대를 충족시켜야 하는 책임을 가진 존재는 아니라는 것을 알아야 해요. 그 경계를 기억하면 기대에서 멈출 수 있고 그 경계를 넘어서면 욕심이 되는 거예요.

아연 내 욕심 때문에 아이가 힘들어질까 봐 욕심을 내지 않으려고 했는데, 욕심이 아니라 아이를 사랑하기 때문에 생기는 자연스러운 기대였군요. 그 기대를 명확히 알고 인정하고 건강한 에너지로 연결시키면 되겠네요. 그런데 그게 쉽지 않겠지요?

● 내가 해주고 싶은 일과 아이에게 필요한 일 구분하기

그래 아이를 위해 한 일을 떠올려보세요. 그리고 그 일을 왜 했는지를 들여다보는 거예요.
저는 오늘 아침에 감자채전을 만들었어요. 며칠 전부터 아이들이 먹고 싶다고 한 게 생각났거든요. 방학이라 늦잠자고 있는 아이에게 맛있게 먹고 좋은 하루 보내라고 인사하고 출근했어요. 나중에 할 수도 있는데, 왜 굳이 분주한 아침 시간에 전을 만들었을까요?

아연 아이가 먹고 싶다고 여러 번 이야기 했으니까요? 저 같으면 마음에 계속 걸렸을 것 같거든요.

그래 맞아요. 제 마음을 표현하고 싶어서, 제가 하고 싶어서 한 일이에요. 사랑하는 사람을 위해 요리를 하고, 그 요리를 먹으며 행복해하는 걸 보는 건 저도 원하는 일이거든요.

아연 아이를 위한 거라고만 생각했는데, 내가 원하는 일이기도 하네요.

그래 반대로 아이를 위해 한다고 하지만 사실은 내 욕망인 것도 있지요. 많은 엄마들이 다른 건 몰라도 영어 하나는 잘했으면 좋겠다고 해요.

아연 저도요. 영어는 어릴 때부터 노출이 되어야 발음도 정확하고, 자연스럽게 습득할 수 있으니 신경이 쓰여요.

그래 아연님은 영어 잘해요?

아연 아뇨. 저 '영어 울렁증' 있어요. 멀리서 외국인이 두리번대고 있으면 혹시 말 걸까 싶어 빙 돌아갈 정도예요.

그래 그런 이유 때문에 아이에게 영어 공부를 시킨다고 생각해보세요. '내가 영어 때문에 얼마나 고생을 했는데', '내가 영어만 잘했어도…'라는 아쉬움 때문에 말이에요.

아연 한때 아이의 영어 발음을 개선하기 위해 설소대 수술까지 시킨다는 기사가 생각나요. 아이에게 정말 영어 교육이 필요한 건지, 내 아쉬움 때문에 필요하다고 느끼는 건지를 잘 구분해 봐야겠네요.

그래 바로 그거예요. 내 기대가 아이를 옭아매는 욕심이 되지 않고 건강한 에너지가 되게 하려면, 내가 해주고 싶은 일과 아이에게 필요한 일을 구분하는 게 필요해요. 내가 해주고 싶은 일이 아이에게 필요한 거라고 뭉뚱그려 동일시하지 말고, 이 둘을 잘 구분해보는 거예요.

아이가 자랄수록 다 해주고 싶은 마음, 더 좋은 걸 주고 싶은 마음도 성숙해야 해요. 이제 막 태어난 아기는 스스로 할 수 있는 게 거의 없어요. 부모의 전적인 돌봄이 필요하지요. 아이가 자라면 스스로 할 수 있고, 해내야 하는 것들이 점점 많아져요. 그러면 아이가 해볼 수 있도록 기회를 주고 기다려주는 거예요. 서툰 아이가 답답하고, 불안하겠지만 그 마음을 견뎌내는 게 부모의 역할이니까요. 아이는 못하는 게 아니라 서툴고 시간이 오래 걸릴 뿐이에요. 그 시간과 과정을 견뎌내며 자라죠. 부모인 우리도 그래요. 견뎌내야 할 일을 외면하지 않고 잘 견뎌낼 때, 아이도 나도 좋은 어른으로 잘 자랄 수 있어요.

부모
13주차

상처받지 않고
자랐으면 좋겠어요

 아연 어제 첫째가 갑자기 "엄마는 나한테 좋은 걸 많이 보여주고 싶다고 했지?"라고 해요. 제가 종종 하는 말이거든요. 엄마는 너에게 좋은 걸 많이 보여주고 싶고, 좋은 걸 같이 하고 싶다고요. 아이에게 그렇다고 했더니 "그런데 엄마, 나 나쁜 것도 많이 보여줘. 나 나쁜 것도 봐야 하잖아"라고 하는 거예요.

 그래 아이가 왜 그런 생각을 했는지 정말 궁금해지네요. 아연님은 아이에게 왜 좋은 걸 많이 보여주고 싶어요?

아연 나쁜 건 보고 싶지 않아도 보게 될 테니까요. 나쁜 걸 마주하면 힘들고 실망스러울 텐데… 내가 막아줄 수 있을 때까지는 막아주고 싶어요. 좋은 걸 많이 보고 나쁜 걸 보면 덜 힘들지 않을까? 덜 놀라지 않을까? 싶기도 하고요. 그런데 아이는 어차피 나쁜 것도 봐야 하는데, 엄마가 옆에 있을 때 보면 덜 무서울 것 같으니 보여 달라고 했어요. 순간 멍했어요.

● 상처 없이 자라는 아이 vs 상처를 이겨내며 자라는 아이

그래 아이도, 아연님도 안전한 준비를 하고 싶었던 거군요. 아이는 나쁜 걸 마주하면 자신이 무서워한다는 걸 아네요. 아연님은 무서워하는 아이를 보게 되겠죠.

아연 그게 두려웠던 것 같아요. 내 아이가 힘들어하는데 부모인 내가 해줄 수 있는 게 없잖아요.

그래 하지만 아이는 그 상황을 마주하고 이겨내려고 애쓰겠죠. 지금처럼 이겨내기 위한 나름의 준비도 하면서요. 아이들이 상처 없이 자라길 바라세요? 상처를 이겨내며 자라길 바라세요?

아연 물론 상처를 이겨내길 바라죠. 아… 그러려면 아이가 상처받는 걸 피하면 안 되겠네요.

그래 상처를 받아야 상처를 이겨낼 테니까요. 부모인 나도 무서워하는 아이를 봐야, 무서움을 마주하고 이겨내는 아이도 볼 수 있어요. 아이가 어렸을 때를 생각해보세요. 아이가 넘어졌을 때 어떻게 했어요?

아연 크게 넘어졌을 때는 바로 달려갔지만 보통은 일어나길 기다렸어요. 일어나면 다가가 상처를 살피고 안아줬어요.

그래 만약 그때 바로 달려가 일으켜 세웠으면 아이는 스스로 일어나는 경험을 하지 못했을 거예요. 엄마가 일으켜주고 괜찮다고 할 때까지 울고 있었을지도 모르죠.

학교 갈 때 준비물을 챙기지 않으면 선생님께 혼날까 봐 아이 가방을 챙겨주는 부모들도 많아요. 아이가 혼날 일은 없겠지만, 내 물건을 내가 챙기고 관리하는 경험은 쌓을 수 없겠죠. 나중엔 엄마가 언제까지 네 걸 챙겨줘야 하느냐는 갈등이 일어나는 원인이 되기도 하고요.

아연 아이를 위해 무언가를 하는 게 아이가 직접 경험하며 성장할 기회를 빼앗는 걸 수도 있겠네요.

그래 일상 속 소소한 일들이기에 상처나 장애물과 관련 없다고 생각할 수 있어요. 그런데 두 살 아이에게는 넘어지는 게 장애물이고, 여덟 살 아이에게는 가방을 챙기는 게 장애물이에요. <u>자신의 발달에 맞는 장애물들을 스스로 해결하며 성장해야 거대한 장애물을 마주했을 때 스스로 해결할 수 있는 힘이 생겨요.</u> 아이 앞의 장애물을 미리 치워주고 막아주려 하지 마세요. 장애물을 마주하는 아이 옆에 조력자로 함께 있어 주는 것만으로 충분해요.

● 아이를 보호하고 싶은 마음이 강해질 때

아연 장애물을 마주하는 아이를 지켜볼 자신이 없어요. 아이에게 작

	은 상처라도 생기면 '차라리 내가 다치는 게 낫다' 싶은걸요.
그래	사랑하는 사람을 보호하려는 건 자연스러운 본능이에요. 게다가 부모의 사랑은 그 어떤 사랑과 비교할 수 없을 정도로 강하죠. 저는 부모가 되고 내가 그동안 해왔던 사랑은 가짜인가 싶었어요. 그만큼 깊고 강하고 진했거든요. 덕분에 부모가 되기 전에는 엄두도 내지 못했던 일들도 용기 내어 시도하고, 부모가 아니었으면 포기했을 일들도 붙잡고 버텨내고 있어요. 그래서 조심하는 것들도 있어요.
아연	그래님은 어떤 것들을 조심하고 계세요?
그래	부모의 사랑이 너무도 강하다 보니 아이를 보호하고 싶은 마음도 강할 수 있다는 거요. 게다가 부모는 아이의 보호자예요. 아이를 상처와 장애물로부터 보호하고 싶지요.
아연	제가 아이들에게 좋은 것만 보여주고 싶었던 것처럼요?
그래	맞아요. 그런데 아이는 나쁜 것도 경험하게 해달라고 했잖아요. 아이도 아는 거예요. 세상에는 나쁜 것도 있다는 것, 스스로 마주해야 한다는 것도요.
아연	'신은 자신의 손길이 다 미치지 못하는 곳에 어머니를 보냈다'는 말이 있어요. 임신했을 때는 내가 신 같은 존재가 된 것 같아 으쓱했는데, 부모가 되니 이 말만큼 야속한 게 없어요. 저는 신처럼 완벽하지도 전지전능하지도 않으니까요.
그래	신도 혼자 감당하기 어려워서 협조자가 필요했다는 거잖아요. 신도 못 한 일이에요. 하물며 부모는 사람인데 완벽하지 않고,

전지전능하지 않은 게 당연하죠. 아이를 상처받지 않게 키우는 건 불가능한 일이에요.

불가능한 일을 기를 쓰고 하려 하니 아이를 닦달하고 호통치게 되죠. 간혹 부모가 되고 나서 천사와 악마 사이를 오간다고 하는 분들을 만나요. 천사처럼 잘 해주려 애쓰고 애쓰는데, 어느 순간 한계치에 닿으면 악마의 모습이 나와버린다고요. 사람이 천사가 되려고 하니 악마가 되는 거 아닐까요? 우리, 천사도 악마도 아닌 사람으로 살아요. 그게 순리예요.

아연 제가 사람으로 살아야 아이도 사람으로 자라겠네요. 저도 장애물을 만나 넘어졌고, 실패했고, 상처도 받았지만 일어났고, 다시 시도했고, 조금씩 배우며 자랐어요. 아이도 그렇게 자라는 게 순리겠어요.

그래 부모가 되어 보니 세상에서 가장 무서운 건, 사랑하는 사람이 고통스러워하는 걸 보게 될지도 모른다는 거였어요. 상상만 해도 마음이 힘들어지니 그런 순간을 마주하게 될까 봐 두렵더라고요. 그 순간 내가 대신 할 수 있는 게 아무것도 없다는 사실을 받아들이는 건 더 고통스러운 일이겠지요.

아연 얼마 전에 둘째 아이가 친구와 오해가 있어서 싸웠다며 집에 와서 펑펑 울고 밥도 먹지 않았어요. 안쓰럽고 속상한데 제가 나설 일도 아니고 도와줄 수 있는 것도 없으니 밤에 잠이 안 오더라고요.

그래 부모지만 내가 더 해줄 수 있는 게 없는, 오롯이 아이 몫인 순간을 견디는 건 참 힘들어요. 어쩌면 그게 두려워서 아이를 더 보호하려는 건 아닐까요? 아이가 아파할 때 내가 얼마나 고통스러울지를 아니까요.

아연 부정하지 못하겠어요. 내 마음을 보호하려고 아이를 과잉보호하는 부분이 분명히 있었네요.

그래 저도 아이들이 커가는 시간을 함께하며 조금씩 깨닫는 것 같아요. 사랑하는 아이가 아파할 때, 내가 대신 할 수 있는 게 아무것도 없다는 걸 받아들이는 것도 부모의 역할이라는 것을요. 그래서 부모가 되면 안하던 기도도 하게 되나 봐요.

우유주고, 이유식 주고, 끼니 챙겨주고

넘어질까 다칠까 노심초사 지켜보고

친구 사귀는 것도 도와주고

항상 품 안에서 보살펴주고 싶죠.

하지만 스스로 걸음마를 떼야 걸을 수 있고
뒤에서 잡아주던 손을 놓아야 자전거를 탈 수 있는 것처럼

아이 앞의 장애물은 아이의 몫입니다.
부모 몫은 대신 해주고 싶은 마음을 견디는 것입니다.

부모
14주차

아이에게 강한 모습만 보여주고 싶어요

아연 남편에게 앞으로는 아이들이 장애물에 걸려 넘어질 게 뻔히 보여도 미리 치워주지 않겠다고 했더니 웃으면서 "옆에서 덜덜 떨고 있으려고?"라고 해요. 발끈해서 "아니거든? 완전 태연하게 별일 아닌 척할 거야"라고 했지만 남편 말이 맞아요. 상상만 해도 애간장이 타요.

그래 괜찮은 척하고 싶어요?

아연 네. 아무리 제가 떨린다고 해도, 가장 떨리는 건 장애물을 마주한 아이잖아요. 옆에서 제가 떨고 있으면 아이는 더 떨릴 것 같아요. 오히려 "엄마, 나 괜찮아"라며 저를 안심시키려 할 것도 같고요. 떨리지만 제가 괜찮아 보여야 아이도 안심을 하겠죠.

그래 음… 내가 괜찮은 척하면 아이들에게 정말 괜찮아 보일까요?

● 아이보다 더 떨고 있는 나

아연 갑자기 어렸을 때 기억이 났어요. 언니가 수능 시험을 보던 날 엄마가 무척 긴장을 하셨어요. 시험장 앞에 도착해서 언니에게 떨지 말고 평소 하던 대로만 하라고, 시험 하나로 네 인생이 어찌 되지 않는다고 하셨어요. 그때 엄마가 제 손을 잡고 있었거든요. 그 손이 어찌나 축축하고 힘이 들어가 있던지 '우리 엄마 무척 긴장했구나' 속으로 생각했어요. 언니가 걱정하지 말라고 잘하고 온다며 들어갔는데, 나중에 그러더라고요. "엄마가 나보다 더 떨더라"라고요.

그래 아이들은 엄마가 괜찮은 척하고 있다는 걸 금새 알아채요. 하지만 엄마가 말하지 않으니까 아이도 말하지 못하는 거지요.

아연 그러면 어떻게 해야 해요? 괜찮으려고 애쓰는 거지 사실 괜찮지 않은걸요. 그렇다고 "엄마 지금 너무 떨려"라고 말할 순 없잖아요.

그래 이야기해도 돼요. "엄마도 떨려. 네가 상처받지 않았으면 하는 마음에 대신 해주고 싶을 정도로 긴장돼. 그런데 네 몫이니까 지켜보면서 응원할게"라고 솔직하게 이야기하면 되지요. 엄마의 솔직한 마음을 알면 아이도 '엄마도 떨리는구나. 그런데 겪어야 하는 일이니까 견뎌내고 있구나'라는 걸 알 수 있지 않을까요?

아이가 장애물을 마주할 때 강한 모습을 보여주려고 애쓰는 대신 '예상 못한 일이 생겼구나. 나도 긴장된다. 하지만 길을 가다 보면 장애물이 있을 수도 있지'라고 솔직한 마음을 덤덤하게 나눠보세요. 아이도 불편한 감정을 받아들이고, 불편한 순간도 마주할 수 있게 될 거예요.

아연 내가 장애물 앞에 정말 덤덤한가를 돌아보게 되네요. 머리로는 분명 살다 보면 장애물을 만날 수도 있고, 장애물 덕분에 성장한다는 걸 알고 있는데, 마음은 가급적 피하고 싶어요. 장애물이 나타나면 '왜 하필 나한테!', '왜 지금 이 시점에!' 하는 생각에 짜증부터 나요.

아이에게 좋은 본보기가 된다는 것

그래 무섭거나 힘든 걸 피하고 싶은 건 본능이에요. 그럼에도 마주하게 되는 순간들이 있어요. 아이들은 엄마가 장애물을 어떻게 마주하고 헤쳐 나가는지를 옆에서 보게 되죠. 그러니 내 모습부터 살펴보는 거예요. 아이 앞에 장애물이 나타나면 긴장이 된다고 하셨죠?

아연 네. 그리고 긴장되면 될수록 아이가 어떻게 하면 이 장애물을 빨리 넘길 수 있을지를 생각해요.

그래 내 앞에 장애물이 나타날 때도 그렇지 않아요?

아연 맞아요. 긴장할 일 아니라고, 긴장하지 말자고 다짐하면서도 빨리 해결할 방법을 찾아요.

그래 긴장하지 말자고 다짐하면 긴장이 내려가요?

아연 아뇨. 더 긴장되고 조바심이 나요. 빨리 벗어나고 싶어서요. 그러고 보니 반대일 수 있겠어요. '예상하지 못했던 장애물이 나타나니 긴장이 되네'라고 내 마음을 알아주면 김이 빠질 수 있겠어요.

그래 부모들은 아이들에게 좋은 모델이 되어주고 싶어서 강하거나 잘하는 모습만 보여주려고 해요. 반대로 힘들고 약한 모습은 숨기고 싶어 하지요.

그런데 정말 강한 사람은 자신의 약한 모습도 기꺼이 드러낼 줄 알아요. "회사에서 이런 일이 있어. 그래서 내일 출근할 게 좀 걱정이 돼" 또는 "아빠가 요즘 이런 문제가 생겼어. 복잡한 일이라 골치가 아프고 예민해지는데, 해결하려고 애쓰고 있어"처럼 자연스럽게 드러내요. <u>그러면 아이들도 상황을 왜곡하지 않고 마주하는 경험을 하거든요.</u> 어려운 일에 부딪혔을 때 어떻게 견뎌나가는지에 대해 어른으로서 모델이 되어주는 거지요.

아연 부모가 약한 모습을 보이면 아이들이 걱정할 거라고 생각했는데, 반대로 누구에게나 힘든 일이 생길 수 있고, 엄마, 아빠처럼 견뎌나갈 수 있다는 걸 배우겠네요.

그래 부모가 힘들어하는 것 같은데 말로만 괜찮다고 하면 아이들은 불안해요. '나 때문인가?', '내가 무슨 잘못을 했나?' 걱정을 하고, 나에게 말하지 못할 정도로 큰일일 수 있다는 상상도 할 수 있죠. 상황을 솔직히 이야기하면 아이들은 안심해요. 그리고 위로해주려 하고, 도울 방법도 찾아요. 때로는 돕고 싶은 마음에 여러 가지 방법을 제시하기도 해요.

아연   무조건 괜찮다고 할 게 아니네요. 아이들이 이해할 수 있는 적절한 농도로 솔직하게 드러내는 게, 오히려 아이들의 마음을 편하게 해주겠어요. 저도 그렇게 표현하고 나면 마음이 정리되고 편해질 것 같아요. 아이의 위로까지 받는다면 가장 큰 힘이 될 테고요.

그래   아이들은 자신이 부모에게 힘이 되어준다는 사실이 뿌듯하고 기쁠 거예요. 현우가 여섯 살 무렵에 한 체험 전에서 만든 그림 배지가 있어요. 클립이 떨어져나간 걸 남편은 자동차 변속기 옆에 붙여놓고 다녀요. 무려 11년이 지난 지금까지도요. 현우는 그런 일상 속 경험들을 통해 나의 작은 행동들이 아빠에게 큰 힘이 된다는 걸 아는 것 같아요. 아빠가 회사 일이 잘 안 풀려서 스트레스 받을 때면 "제가 안아드릴까요?" 하며 슬쩍 다가오거든요. 남편 입꼬리가 올라가는 건 말할 것도 없고요. 이런 순간이 현우에게도 의미 있는 경험이 될 거라고 믿어요.

아연   본보기는 특별한 순간에, 애써서 보여줘야 한다고 생각했어요. 좋은 모델링은 일상의 경험인 거네요. 더 쉬워진 것 같아 마음이 놓여요. 그리고 정말 나부터 잘 살아야겠어요!

부모
ASK

아이를 키워야 하는 대상으로 보면 부모인 내가 해줘야 하는 것들이 많아 보입니다. 그리고 그 모든 것이 내 욕심은 아닌지 혼란스러워지기도 하지요. 아이와 함께 성장해나가는 부모는 사랑하는 아이가 잘 자라길 바라는 내 마음과 아이에게 필요한 것을 구분하기 위해 노력합니다. 그리고 깨닫게 되지요. 나와 타인을 존중하고 돌볼 수 있는 좋은 어른으로 성장해가는 것이 부모 역할의 본질이란 것을요.

ask 7 사랑하는 아이가 건강하게 잘 자라길 바라지요? 내가 아이에게 바라고 있는 것들을 생각해보세요. 구체적으로 최대한 많이 적어봅니다. 내가 무엇을 욕망하고 있는지 솔직하게 마주한 뒤, 그 옆에 내가 왜 이것을 바라게 되었는지를 하나하나 적어보세요.

_____

_____

ask 8 최근 일주일간 내가 아이를 위해 한 일들을 모두 적어볼까요? 내가 하고 있는 이 일들은 아이에게 '지금' 필요한 일인가요? 이 일은 나와 아이, 그리고 가족 모두가 충분히 감당할 수 있는 수준인가요?

_____

_____

부모 목표
: 나는 어떤 부모로 기억될까

행복한 아이로 키우고 싶습니다. 어떻게 하면 행복한 아이로 키울 수 있을까요? 주위를 둘러보면 '행복한 아이로 키우고 싶다'는 부모는 많은데, '행복한 아이로 키웠다'는 부모보다는 '최선을 다해 키웠다'는 부모가 많습니다. 이 말은 행복한 아이로 키우고 싶어 부모는 최선을 다했는데, 그러지 못했다는 뜻은 아닐까요?

그렇다면 더 궁금합니다. 부모가 아무리 애를 써도 행복한 아이로 키울 수 없는 걸까요? 부모는 어떤 목표를 가지고 있어야 할까요?

부모
15주차

왜 유독 아이에게만 더 화가 날까요?

 아연 전 아이들이 내 마음을 몰라줄 때 더 서운하고 화를 참지 못하겠어요. 평소에 화가 많지도 않고, 같은 상황에서 남편에게는 그런가 보다 하고 넘어가기도 하는데, 왜 유독 아이들에겐 화가 나는 걸까요?

 그래 어떤 상황에서 그렇게 '화'가 나셨어요?

아연 지난 주말에 둘째가 소풍을 가자고 해서 새벽부터 일어나 김밥을 쌌어요. 한강 공원에 텐트를 치고 자전거를 탈 아이들을 떠올리며 신나게 준비를 했죠. 아이들도 설레었는지 아침 일찍 눈을 떴길래 "짜잔~ 엄마 김밥 싼다~"라고 했는데, "에이, 한강에선 라면이 최곤데"라고 하는 거예요. 순간 정말 마음이 상하고 울컥 화가 났어요.

그래 새벽부터 일어나 준비했는데, 진짜 서운하고 힘 빠졌겠어요.

아연 네… 저도 모르게 "라면은 얼마 전에도 먹었잖아! 몸에도 좋지 않은데 무슨 라면이야!"라고 버럭해버렸어요. 그렇게 소리를 지른 탓에 기대했던 소풍날 아침이 엉망이 되어 더 속상했고요. 그런데 조금 있다가 남편이 일어나서 "김밥? 라면 먹어도 되는데"라고 하는데 그땐 별로 화가 나지 않는 거예요. 비슷한 상황인데 감정이 다르니 왜 아이에게만 유독 그럴까 생각하게 됐어요.

아이에게 갖는 기대의 속뜻

그래 부모들은 아이에게 '기대한다'는 말을 자주 써요. 아이가 어떻게 자랐으면 좋겠다는 큰 범위의 기대도 있고, 매일 매순간 바라는 작은 범위의 기대도 있죠. 그때 내가 가지고 있던 기대는 무엇이었을까요?

아연 저는 둘째가 당연히 김밥을 좋아할 거라고 기대했어요.

그래 우리는 '기대한다'라는 한단어로 표현하는데요. 관련 영어 단어들을 살펴보면 anticipate(예측하다), expect(예상하다), hope(희망하다), trust(신뢰하다) 등 다양한 의미로 쪼개어볼 수 있어요.

아이가 김밥을 좋아할 거라고 '예측'했으면 화까지 나진 않았을 거예요. '이렇게 하면 이렇게 되겠지'라고 예측한 결과가 다르게 나타나면 긴장은 되지만 그 상황에 맞게 대응을 하거든요. 가령 부부가 하루씩 돌아가며 일찍 퇴근해서 아이를 돌보기로 했어요. 늦을 경우에는 미리 양해를 구하고요. 그런데 배우자가 아무런 연락도 없이 늦게 오는 바람에, 내가 뒤늦게 아이를 데려오고 집안일을 몰아치며 했다면, 그때는 분노가 일어나지요. 배우자를 '신뢰'했다가 믿음이 깨지는 순간 배신감이 들거든요.

아연 맞아요. 저라도 그런 순간에는 화가 머리 끝까지 치밀어 오를 것 같아요.

● 아이와 나는 개별적 존재

그래 '예측'했느냐, '신뢰'했느냐에 따라 우리의 반응이 달라지는 거예요. 그리고 부모가 아이에게 하는 기대는 '신뢰'일 때가 많아요. '내가 아이에게 이렇게 해주면 이렇게 되겠지'라고 신뢰하는 거죠. 신뢰가 깨지면 분노가 일어나는 거고요.

아연 둘째가 김밥을 좋아할 거라고 믿었는데, 좋아하지 않으니 신뢰가 깨졌고, 화가 난 거네요.

그래 내가 원하는 대로 아이가 따르지 않아서, 내가 생각한 대로 아이가 반응하지 않아서 화가 난 거죠. 여기서 내가 '신뢰'했던 것은 '아이가 내 바람대로 느끼고 행동할 것이다'라는 내 생각이에요. 상담이나 워크숍에서 '아이가 너무 말을 듣지 않아서 화가 나요' 하는 부모들이 많아요. 아이는 부모의 말을 들어야 한다고 믿고 있어서 화가 나는 거예요.

아연 아이가 내 말을 들을 거라는 나의 생각을 신뢰한 거군요. '내 말을 듣는다'가 단순히 귀담아 듣거나 이해하는 게 아니라 '내 말대로 해!'였던 거네요.

그래 맞아요. 평소에 아이에게 다정하고 친절하다가도, 아이가 내 기대와 다른 반응을 보일 때면 유난히 화가 나고 감당하기 어렵다면, '말을 듣는다'라는 의미 안에 '아이는 내 바람대로 느끼고 행동할 것이다'라는 믿음이 자리 잡고 있는 건 아닌지 살펴보세요.

아연 아이에게 '내가 아이에게 이렇게 해주면 이렇게 되겠지'라고 생각할 때가 많아요. 아이는 내 뜻대로 되지 않는 게 자연스러운데, 왜 아이에게는 이런 기대를 품는 걸까요? 남편에게는 덜 화가 났는데 말이죠.

그래 나도 모르게 나와 아이를 동일시하게 되니까요. 남편과 나를 동일시한다면 내 기대대로 움직이지 않는 남편 모습에 서운하고 화가 나겠지요. 우리 뇌에서 사랑하고 친밀한 사람을 인지하는 영역은 나를 인지하는 영역과 매우 가깝다고 해요. 나와 동일시하기 쉽다는 말이지요. 특히 아이는 나와 다른 개별적 존재라는 걸 잊기 쉬워요.

아연 어렸을 때 부모님이 '내가 널 낳았는데, 그걸 모르겠니?'라고 자주 말씀하셨어요. 그때 속으로 '엄마가 내 몸만 낳았지, 마음까지 낳진 않았잖아'라고 했는데, 저도 그러고 있는 거네요. 참 이상해요.

그래 이상하지 않아요. 부모라 그런 거죠. 아이는 나와 한 몸이었던 순간이 있었던 존재고, 내 '분신'이라는 표현을 쓸 만큼 나와 가까운 존재니까요. 그렇기에 우리는 아이를 '내 아이'를 넘어 '한 사람'으로 존중하기 위해 이렇게 애쓰고 있는 거고요.

아이에게 좋은 걸 다 가르칠 거예요.

내가 가르친 대로 아이가 행동해야 한다고 생각하시나요?
그렇다면 아이의 잘못된 행동도 모두 내 탓이라고 여기기 쉬워요.

최선을 다 하는 부모가 될 거예요.

"내가 정성을 다 하면 아이도 좋아할 줄 알았는데 아니어서 서운했던 적 있나요?"

나에게 당연하고 좋은 것들이 아이에겐 그렇지 않을 수 있어요.

아이가 자라고 싶은 모습으로 자랄 거예요. 시선을 돌려 내가 어떤 부모가 되고 싶은지를 생각해보고, 그런 부모가 되기 위해 할 수 있는 것에 정성을 쏟아보세요.

최선을 다하면
되는 게 아니었다니…

 아연   우리 사회도 부모와 아이를 개별적인 존재로 바라보지 못할 때가 많은 것 같아요. 식당에서 아이가 돌아다니기만 해도 '부모가 어떻게 키우길래'라고들 해요. 성인이 된 자녀가 잘못을 저질러도 '대체 저 집 부모는 누구냐'라고들 하고요.

 그래   사회적 관점이 이미 부모와 자녀를 동일시하고 있을 때가 많지요. 부모가 무언가를 잘하면 아이에게 좋은 결과로 나타나고, 부모가 부족하면 아이에게 나쁜 결과로 나타날 거라고 믿고 그렇게 교육하는 경우도 많으니까요. 가령 부모가 밥을 맛있게 하면 아이가 잘 먹을 거라고 생각하고, 아이가 작고 마르면 '애를 어떻게 먹였길래', '아이 좀 잘 챙겨 먹이지'라고 부모를 탓하죠. 타고나길 입이 짧을 수도 있고 워낙 운동량이 많아 살이 붙지 않는 걸 수도 있는데, 모든 원인을 '부모'라고 규정하고 접근해요. 그러니 부모들은 아이의 일거수일투족을 더 통제해서라도 좋은 결과를 내고 싶어하는 거고요. '부모가 원인, 아이가 결과'라고 쉽게 결론짓는 프레임은 벗어버려야 해요.

부모가 원인, 아이가 결과?

아연 맞아요! 저희 둘째는 체구가 작고 말랐어요. '잘 좀 먹여라', '엄마가 잘 좀 챙겨야겠네'라는 말을 정말 많이 들어요. 그러면 저는 또 신경이 쓰여요. 뭘 잘 먹을까 고민하고, 좋아하는 걸 해주려고 하고, 요리법도 바꿔요. 그래서 잘 먹으면 다행. 그래도 안 먹으면 다시 요리책을 뒤져요. 태어날 때부터 입이 짧았는데 말이죠.

그래 둘째가 잘 먹지 않으면, 내가 부족해서 그렇다고 생각했겠네요.

아연 네. 너무 안 먹을 때는 요리를 잘하는 엄마 밑에서 태어났다면 어땠을까 하는 생각도 해요. 요리를 못하는 제 탓을 많이 했죠. 반면 남편은 "웅이도 나도 맛있게 먹고 있잖아. 결이도 배고픈 만큼 알아서 먹을 거야. 너무 신경 쓰지 마"라고 해요. 그땐 참 무심하게 느껴졌는데, 남편은 둘째를 개별적인 존재로 존중했기에 그랬구나 싶네요. 남편의 말처럼 알아서 먹게 두고 그렇게 애쓸 필요가 없었던 걸까요?

그래 둘째가 잘 먹을 수 있게 돕고 싶었던 거죠? 아이가 잘 먹고 잘 자라길 바라는 건 너무도 자연스럽고 따뜻한 마음이에요. 다만 나의 몫과 아이의 몫을 잘 구분해야 해요. 아이가 건강하게 자라길 원해요. 그 마음을 담아 정성껏 요리를 하는 것은 내 몫이고, 먹는 건 아이 몫이죠. "엄마는 네가 건강하게 자랐으면 해. 정성껏 요리했으니 맛있게 먹으면 좋겠어"라고 하면 충분해요. 그런데 적지 않은 경우 "엄마가 정성껏 요리했으면 최소한 이 정도는 먹어야 하는 거 아니야?"라고 해요. 아이가 먹는 것까지 내 몫으로 보는 거죠. <u>아이와 나 사이의 경계를 혼동하면 의도치 않게 아이 삶의 주도권을 빼앗는 부모가 될 수 있어요.</u>

아연 정말 그럴 의도는 없는데, 일상의 사소한 순간에서도 아이 삶의 주도권을 빼앗을 수 있다니 정신이 번쩍 들어요. 내가 할 수 있는 최선을 다하면 아이에게도 좋은 결과로 이어질 줄 알았거든요. 그래서 최선을 다하려고만 했는데, 부모로서는 다르군요.

그래 그동안은 내가 최선을 다하면 그에 따른 결과가 내 것으로 돌아왔어요. 부모가 된 지금은 나의 최선이 나와 배우자, 내 아이, 모두에게 영향을 미쳐요. 범위가 확대되니 내가 원하는 것과 다른 결과로 나타나기도 하지요. 그래서 나의 역할과 책임이 어디까지인지를 살필 때 건강한 최선을 다할 수 있어요.

내 몫과 아이 몫 구분하기

아연 아이와 나는 개별적인 존재라는 걸 염두에 두고, 내 몫과 아이 몫을 구분하려고 하니 다르게 보이는 게 많아요. 우선 '엄마가 행복해야 아이도 행복하다'는 거요. 엄마가 되고 나보다 아이를 앞세워야 할 것 같을 때는 위로가 됐는데, 내가 행복하지 않을 때는 나 때문에 아이도 행복하지 못할 것 같아 미안했어요.

그래 워낙 많이 인용되다 보니 모두 알고 있는 이야기 같지만, 그 의미에 대해서는 충분히 생각하지 못하는 것 같아 아쉬워요. 제가 예전에 인터뷰에서 이런 표현을 쓰기 시작했던 이유는, 아이가 행복하기 위해 엄마의 희생을 당연하게 생각하는 사회 분위기가 워낙 강해 아이의 행복만큼 엄마의 행복도 중요하다고 말하기 위해서였어요. 엄마가 행복한 삶을 살면, 그 모습을 보며 아이는 긍정적인 영향을 받아요. 그런데 이 말이 마치 엄마는 아이를 위해 행복해야 하고, 엄마가 행복하면 아이도 당연히 행복해지는 걸로 받아들이는 분들이 계세요.

엄마와 아이는 별개의 존재예요. 엄마와 아이의 행복이 일치할 수도 있고, 일치하지 않을 수도 있어요. <u>엄마는 엄마로 행복하고 아이는 아이로 행복해요. 각자 자신에게 맞는 행복의 모습을 찾으며 서로의 행복을 돕고 지지하는 사이면 충분해요.</u>

아연 서로의 행복을 돕고 지지하는 부모와 아이. 딱 이 마음이에요. 저도 행복하고, 아이도 행복하길 바라거든요. 마음먹는 대로 되는 게 아니라는 건 알지만, 그래도 아이가 행복한 사람으로 자라길 바라요. 이 정도는 바라도 되겠죠?

그래 아이의 행복을 바라지 않는 부모가 있을까요? 우리가 다시 생각할 지점은 아이가 행복하길 바라는 마음에 혹시 부모로서의 목표를 '행복한 아이로 키우기'에 두고 있지 않느냐는 거예요. <u>아이는 부모가 키우는 대로 자라지 않아요. 아이는 아이가 자라고 싶은 모습으로 자라요.</u>

부모
17주차

행복한 아이로 키우는 게
부모의 목표가 될 수 없다고요?

 아연   저도 행복한 아이로 키우고 싶어서 '어떻게 하면 행복한 사람으로 자랄까?'를 고민해요. 그런데 이야기를 나누다 보니 행복한 아이로 키우는 게 가능한 건가 싶어요.

 그래   아연님은 어떤 아이가 '행복한 아이'라 생각하나요?

아연   몸도 마음도 건강하고 즐겁게 생활하는 아이요.

그래   아이들도 자신이 건강하고 즐거울 때 행복하다고 해요?

아연   아니죠. 게임하거나 같이 놀러 다닐 때 행복하다고 해요. 그러고 보니 제 눈에 아이가 건강하고 즐거울 때 행복해 보이는 거지, 아이들이 생각하는 행복은 다를 수 있겠어요.

그래   행복한 아이로 키우겠다는 건, 결국 부모가 내 눈에 행복한 아이로 만들겠다는 것과 다르지 않아요.

Part 1. 부모를 묻다

부모 목표의 주어는 나

아연 이제 '아이가 행복하길 바란다'와 '행복한 아이로 키우겠다'가 완전히 다르다는 걸 알겠어요. 그렇다면 아이가 행복하길 바라는 저는 무얼 할 수 있을까요?

그래 많은 분들이 행복한 아이로 키우는 게 부모 목표라고 하시며 방법을 물으세요. 그럴 때 저는 아이가 행복하게 자라길 바란다면 아이의 행복을 도울 수 있지만, 행복한 아이로 키우는 건 부모의 목표가 될 수 없다고 말씀드려요. <u>부모 목표는 부모로서 나의 목표예요. '내'가 어떤 부모가 될 것인지가 나의 부모 목표지요. '아이'를 어떻게 하겠다는 걸 목표로 두면 아이 삶의 주도권을 부모가 빼앗게 돼요.</u> 아이 삶의 경계를 침범하게 되고요.

아연님은 어떤 부모가 되고 싶으세요?

아연 음… 매일 좋은 부모가 되겠다고 하면서도 막상 어떤 부모가 되고 싶은지를 말하려니 떠오르지가 않네요.

그래 그럼 질문을 바꿔볼게요. 어떤 부모로 기억되고 싶어요?

아연 나중에 제가 이 세상을 떠난 후에, 아이들에게 힘든 순간이 찾아오면 '우리 엄만 이럴 때 이랬지' 하고 떠올리며 힘을 냈으면 좋겠어요. 저의 삶이 아이들에게 응원가로 기억된다면 더 바랄 게 없을 것 같아요.

그래 그런 부모가 되기 위해 무얼 할 수 있을까요?

아연   다른 사람들의 시선에 휘둘리지 않고, 내가 원하는 삶을 살아야겠죠.

그래   타인의 시선에서 자유롭게 사는 것이 아연님의 부모 목표인 거네요. 부모로서, 한 사람으로서 타인의 시선에 갇히지 않고 자유롭게 살면, 아이들은 아연님을 '우리 엄마는 엄마가 원하는 삶을 살았지'라고 기억하겠죠. 이게 바로 아연님의 부모 목표입니다.

나는 _____한 부모로 기억되고 싶어.

그래서 나는 _____을 할 거야.

아연   부모가 되고 '어떤 아이로 키우고 싶냐'는 질문은 무척 많이 받았어요. 그런데 어떤 부모로 기억되고 싶은지는 질문을 받아본 적도, 스스로 생각해본 적도 없었어요.

그래   구체적으로 떠올린 적이 없을 뿐이지 우리 모두에게는 부모로서의 목표가 있어요. 그리고 부모 목표를 정확히 알고 있으면 할 일도 선명해지죠.

아연   맞아요. 전 당장 '해야 하는 일'부터 점검해볼래요. 정말 해야 하는지, 무엇을 위해 해야 하는지, 해야 한다고 생각하고 있는 건 아닌지를 정리해야겠어요.

내 몫에 집중하며 최선을 다하기

그래 부모 목표를 이루기 위해 내가 무얼 했고, 무얼 하는지를 주기적으로 점검하면 좋아요. 아이가 자라며 방법이 달라질 수 있거든요.

저의 부모 목표는 아이와 좋은 관계를 유지하는 거예요. '좋은 관계'라는 큰 목표를 가지고 있지만, 방법은 시기마다 달라요. 아이가 어릴 땐 자주 안아주고 사랑을 표현해주고 잘 놀아주는 게 중요했다면, 청소년기에 접어든 아이와 잘 지내기 위해서는 아이가 방문을 닫았을 때 함부로 열지 않고 존중해줘야 해요.

아연 아이에게 필요한 방식으로 다가가야 좋은 관계를 맺을 수 있으니 방법도 달라지는군요.

그래 첫째 건우는 궁금한 것도, 해보고 싶다는 것도 참 많았어요. 5학년 때 학교에 리코더 합주반이 생겼는데 해보고 싶다고 하더라고요. 그런가 보다 했는데 리코더를 종류별로 사달래요. 저는 그때 리코더 종류가 그렇게 많은 줄 처음 알았어요. 소프라니노, 소프라노, 알토 리코더를 넘어 베이스 리코더까지…. 특히 베이스 리코더는 가격도 꽤 비싸고 구하기도 어려웠어요.

아연 그냥 일반 리코더로도 할 수 있었을 텐데요.

그래 저도 '굳이 이걸 다?' 하는 생각이 들었어요. 합주단에서 필요한 게 아니라 그냥 궁금하고 해보고 싶은 거였으니까요. 사실

　　　　저는 그때 그런 이유면 베이스 리코더까지는 필요 없지 않나 싶었는데, 남편이 우리의 부모 목표를 상기시키더라고요. 좋은 관계를 맺기 위해 아이가 궁금해하는 걸 해볼 수 있게 충분히 지원하는 부모가 되고 싶은 마음에 구해줬어요.

아연　건우는 초등학생 때 그 정도 열정을 가지고 있었으니 지금도 리코더를 잘 불겠어요.

그래　그게 우리의 기대죠. 합주반을 하는 1년 정도는 간간이 사용했어요. 그 뒤로는 아이 방 한쪽에 놓여 있어요.

아연　겨우 1년이요? 저 같았으면 '이게 얼만데!'라며 폭풍 잔소리를 쏟아냈을 거예요.

그래　공감해주시니 위로가 되네요. 아이를 위해 사주었다고 생각하면 속이 부글부글했을 거예요. 그런데 내가 원하는 부모의 몫을 했다고 생각하면 마음이 좀 달라져요. 아이가 궁금해하는 걸 해볼 수 있게 충분히 지원하는 부모가 되고 싶은 게 저의 부모 목표였잖아요. 리코더를 얼마나, 어떻게 즐기는가는 아이 몫이지요. 아이에겐 충분히 좋은 경험이 되었을 거예요.

아연　아이에게 무얼 해줄 때 '이걸 해주면 이렇게 하겠지', '이걸 안 해주면 어떻게 될까?'라는 생각을 했던 것 같아요. 그 습관 대신 내 목표를 떠올리고, 그 안에서 최선을 다하며 내 몫과 아이 몫을 구분하고 받아들이는 연습을 해야겠어요. 오늘 바로 적용해볼 수 있는 게 없을까요?

그래　어른이 된 아이들을 떠올려보세요. 그때 제가 아이들에게 이렇게 물어볼게요. "열한 살, 아홉 살이던 겨울이 기억나니? 그때 엄마를 떠올리면 어떤 모습이 기억나? 엄마는 어떤 분이셨어?"라고요.

그때 아이들이 어떤 대답을 하길 바라세요? '그렇게 되려면 난 지금 뭘 할 수 있을까?'를 생각해보세요. 그게 올해의 내 부모 목표예요.

아연 아, 시간의 범위를 확 좁혀서 생각하니 훨씬 쉽네요. 저는 지금 이렇게 좋은 엄마가 되려고 공부하고 노력한 모습도 아이들이 기억해주었으면 좋겠어요. 엄마도 하고 싶은 게 있으면 이렇게 열심히 노력했다고요.

부모 ASK

부모는 아이를 행복하게 만들 수 없습니다. 아이는 부모가 키우는 대로 자라는 존재가 아니니까요. 부모 목표는 '아이를 어떤 사람으로 키우고 싶다'가 될 수 없습니다. 부모 목표의 주어는 '나'입니다. 내가 어떤 부모로 기억되고 싶고, 그런 부모가 되기 위해 무엇을 할 것인지까지가 부모 목표입니다.

ask 9 '내가 _____을 해주면 아이가 _____ 할 것이다'라고 기대하는 것들을 찾아보세요.

이 기대가 무너졌을 때 나는 어떻게 반응하게 되나요? 자녀와의 관계에서 기대를 넘어 내 맘대로 되지 않아서 화가 나는 순간, 그때 내가 지닌 잘못된 믿음은 무엇일까요?

___

___

___

ask 10 어른이 된 아이가 오늘을 기억한다면, 어떤 부모로 기억되고 싶으세요? 그렇게 기억되기 위해 오늘 내가 할 수 있는 것을 찾아 매일 하나씩만 실천해보세요.

___

___

___

부모살이
: 희생이 아닌 함께 누리는 삶

부모가 되기 전에는 내가 좋아하는 음식을 먹고 싶을 때 먹고, 내가 하고 싶은 일, 나에게 필요한 일을 하며 나의 하루를 꾸렸습니다. 부모가 되니 아이가 먹을 수 있는 음식 위주로 아이가 배고플 때 먹고, 아이의 신체 리듬에 맞춰 내 하루가 따라갑니다. 나를 뒷전으로 미루고 아이를 우선순위에 두고 지내게 됩니다.

부모로 살아가는 건, 나를 버리고 아이를 중심으로 산다는 걸까요? 나는 나를 버리고 아이 중심으로 살 수 있을까요? 아이 중심으로 살면 아이는 행복할까요?

부모
18주차

부모의 삶은
'의자 뺏기 게임'이 아니에요

 아연 부모가 되고 아이를 키우는 것도 두려웠지만, 부모가 된 나는 앞으로 어떻게 살아야 할지도 그만큼이나 막막했어요. 기저귀 가는 법, 육아법을 알려주는 책과 전문가는 많은데, 누구도 부모가 어떻게 살아야 하는지를 알려주지 않더라고요.

 **그래** '부모로 살아가는 것'이라는 프로젝트를 릴레이 인터뷰로 진행한 적이 있어요. 인터뷰 말미에는 '부모로 산다는 것'을 뭐라고 생각하는지 매번 같은 질문을 드렸죠.

아이를 키우며 나도 같이 자라는 것 같은데, 기존의 내가 크는 게 아니라 매미가 껍질을 벗고 성충이 되는 것처럼 완전히 다른 존재로 성장하는 것 같다고 '탈피'라고 하신 분도 계셨고, 롤러코스터를 타는 거 같다는 분도 계셨어요. 꼭대기를 향해 차근차근 올라갈 때는 기대도 되고, 긴장도 되고, 마냥 신나는데,

정점을 찍으며 아찔하게 휘몰아치면 '내가 이걸 왜 탔을까' 그저 내리고만 싶고, 다시 조용하고 안정적인 구간이 찾아오면 이것도 재미있네 싶기도 한 게 부모로 사는 것과 비슷하게 느껴지신다고요.

'여행'에 비유한 분도 계세요. 여행도 떠나본 사람만이 진가를 안다고 하잖아요. 부모가 되기 전에는 아무리 부모의 삶에 대해 들어도 와 닿지 않았는데, 부모가 된 지금은 진가를 경험하고 주변에 권하고 계시대요.

● 나를 미루며 적응해가는 부모살이

아연 모두 공감이 되고 웃음이 나요. 그리고 아쉬운 마음도 들고요. 부모가 되고 종종 '아이 키우느라 고생한다', '힘들겠다'라는 말을 듣거든요. '부모가 되니 포기해야 하는 게 많지?'라고 위로부터 해주시는 분들도 계세요. 포기한 것도 있지만 부모가 된 덕분에 얻는 것도 있고 부모가 되어서 처음 누린 행복도 있는데 말이죠.

그래 맞아요. 부모가 되면 변하는 게 많아요. 아이가 태어나니 상황이 변하고 환경이 변하죠. 그 변화에 맞춰 부모인 나도 변해요. 적지 않은 경우, 이 '변화'를 '포기'로 해석하세요. 너무 많은 게 순식간에 변하니 변화에 적응하기 버겁거든요. 할 일이 쏟아지고 정신이 없으면 잘 적응하기보다는 뭐든 내려놓고 싶어져요. 그 상황을 빨리 안정시키고 싶으니까요. 그리고 그걸 '포기'했다고 생각하지요.

아연 저도 그랬어요. 아이가 수시로 깰 때는 잠을 포기했고, 낮에도 계속 안고 있어야 할 때면 밥을 포기했어요.

그래 중요도를 판단해 더 중요한 걸 '선택'하면 좋은데 그럴 여유가 없지요. 가장 빨리 포기할 수 있는 것부터 포기해요. 수시로 깨는 아이에 맞춰 잠을 포기하고, 느긋하게 앉아서 두 손으로 하는 식사를 포기해요. 친구들과의 만남이나 취미 생활은 엄두도 못 내죠. '나'를 뒷전으로 미루면서 부모살이에 적응하려고 애를 쓰는 거예요.

아연 하루 이틀은 괜찮았거든요. 그런데 어느 순간 억울해지면서 대체 나를 어디까지 포기해야 하는 걸까 싶었어요. '아, 이건 아니구나' 싶었지만, 다른 방법을 찾아볼 생각도, 여유도 없었어요.

그래 이 그림을 한 번 보세요. 미국의 일러스트레이터인 그랜트 스나이더가 부모로서 1년을 보낸 소회를 그린 건데요. 부모가 된 뒤로는 시간 개념이 놀이 시간, 낮잠 시간, 식사 시간, 목욕 시간으로 바뀌었고, 책을 고를 때도 장르나 주제보다는 모서리가 뾰족한지 둥근지, 쉽게 찢어지진 않는지를 살피게 된 일상 속 변화를 재치 있게 그렸어요. 그리고 마지막을 이렇게 끝내요.

아연 '부모로서 일 년이 지나니 한 가지는 확실해졌다(After one year as a parent, one thing is certain). 내 세상이 완전히 뒤집어졌다

AFTER ONE YEAR AS A PARENT, ONE THING IS CERTAIN.

MY WORLD HAS BEEN TURNED UPSIDE-DOWN.

(My world has been turned upside-down)'라고 적혀 있네요?

그래 'Me'로 살던 세상이 뒤집혀 'We'로 사는 세상이 됐다는 거예요. 부모가 되기 전의 '나Me'는 부모가 되어 '우리We'로 확장되는 거지요.

◐ 부모로 산다는 건 우리로 확장되는 것

아연 정말 Me를 뒤집으면 We가 되네요. 그런데 '나'를 뒤집어 '우리'로 확장한다는 게 어떤 의미인지 잘 모르겠어요.

그래 우리는 누구나 나를 중심에 두고 살아요. 이건 이기적인 것과는 달라요. 내가 먹고 싶은 걸 먹고, 좋아하는 걸 하고, 잘하는 걸 찾고, 이루기 위해 노력해요. 내가 중심이 되어 생각하고 행동하며 자라는 거예요. 그렇게 성장해 결혼을 하고 부모가 되죠.

아연 결혼하기 전까지는 내 몸 하나만 잘 돌보면 됐는데, 결혼을 하니 서로 돌봐야 할 사람이 생기고, 가꿔야 할 내 공간이 생기는 게 좋았어요.

그래 결혼은 성인끼리의 만남이니 큰 변화로 느껴지지 않을 수도 있어요. 그런데 아이는 다르죠. 누군가의 전적인 돌봄이 필요해요. 이때 부모는 이제까지 삶의 중심에 두었던 나를 밀어내고, 그 자리에 아이를 둡니다.

아연 '나 중심'에서 '아이 중심'으로 바뀌는 거네요. '나 중심'에서는 모든 판단과 행동의 기준이 나였던 것처럼 '아이 중심'에서는 아이를 중심으로 판단하고 행동하고요. 내가 있던 자리에 아이를 두니 자연스럽게 나는 뒷전으로 밀리네요.

그래 그런데 아이 중심으로 살다 보면 '나'에 대한 욕구가 불쑥불쑥 올라와요. 아이를 중심으로 살지만, 내가 사라지는 건 아니거든요. 그럴 때마다 '부모니까', '다들 이렇게 사니까'라고 생각하며 애써 누르지만 뭔가 아쉽고 억울한 마음이 쌓이죠.

아연 그때는 거울도 보기 싫었어요. 거울 속에 비치는 나를 보고 있으면 피곤이 가득하고, 이렇게 살 거였다면 그동안 공부는 왜 했고, 왜 그토록 힘들게 커리어를 쌓았는지 허무했어요. 부모가 되기 전의 나로 돌아가고 싶지만 그럴 수도 없고요.

그래 기존의 나를 되찾고 싶은 욕구와 부모로서 아이를 잘 돌보고 싶은 욕구가 부딪히기 시작하는 거예요. 욕구가 부딪히면 갈등이 생겨요. 이 갈등의 끝은 '나 중심'의 삶으로 돌아가거나 '아이 중심'의 삶을 더 공고히 하는 것, 둘 중 하나예요. 하지만 나 중심의 삶도, 아이 중심의 삶도 만족스럽지가 않죠. 아이와 나 모두 내 삶에서 빼놓을 수 없는 중요한 부분이니까요. 둘 중 하나를 선택할 수 없어요. 둘 다를 선택해야 하죠. 내 삶의 중심에 꼭 한 사람만 둬야 하는 건 아니거든요.

아연 한 사람만 두지 않으면요?

그래 '우리'가 되는 거예요. 내 삶의 중심을 넓혀 나와 배우자, 아이가 모두 중심으로 살아가는 거죠. '나 or 아이'가 아니라 '나 and 배우자 and 아이'로요. '나의 세상'을 '우리의 세상'으로 넓히는 거죠.

아연 아! 그게 '나'를 뒤집어 '우리'로 확장하는 거군요!

그래 내 삶의 중심에 의자가 하나 놓여 있다고 생각해보세요. 결혼하기 전까지 이 의자는 1인용이었고 주인은 나였어요. 결혼을 하면 두 개의 의자를 배우자와 함께 사용하게 되지요. 아이가 태어나면 모두가 함께 사용할 수 있는 커다란 소파로 중심이 계속 바뀌죠.

아연 내 삶의 중심에 1인용 의자를 두고 내가 앉거나 아이를 앉히는 게 아니라 우리 모두가 앉을 수 있게 큰 의자를 마련한다는 거네요.

그래 삶은 의자 뺏기 게임이 아니거든요. 나 자신만을 위해 살거나 아이나 배우자만을 위해 사는 게 아니에요. 둘 중 하나를 선택하는 건 이분법적 프레임이에요. 이 이분법적 프레임을 벗어나는 게 '부모살이'의 핵심입니다. 부모로 살아가는 삶은 1인용 의자가 놓여 있던 자리에 커다란 소파를 놓는 것과 같아요.

아연 부모가 되어 포기해야 할 건 '나', '나의 잠', '나의 밥', '나의 휴식'이 아니라 기존의 생활 방식이었군요.

그래 그렇죠. '포기'가 아니라 다른 삶의 방식을 '선택'하는 겁니다. 커다란 소파가 생겼다고 가족 모두 늘 옹기종기 같이 앉아야 하는 건 아니에요. 모두 같이 앉아 있는 날도 있고, 나 혼자 길게 누워 편히 쉴 수도 있어요. 내 무릎을 아이가 베고 누울 수도 있고, 배우자 어깨에 기댈 때도 있고, 아이들이 엄마와 아빠 편히 쉬라며 자리를 내어주기도 해요. 중요한 건 나를 포함한 가족 모두가 이 소파를 누릴 권리가 있고, 모두가 같이 돌보는 공간이라는 것을 잊지 않는 거예요.

결혼하기 전 내 삶의 중심은 나였어요.

부부가 되면 '나'와 '나'가 만나 삶의 중심은
나 혼자만 차지하고 있을 수 없다는 걸 깨달아요.

부모로 살아간다는 건 내 삶의 중심을 '우리'로 넓히는 겁니다.

누구 한 사람의 삶을 포기하는 게 아니라
함께할 방법을 찾아가면 됩니다.
당신도 이 소파에 함께 앉아 있나요?

> 부모
> **19주차**

어떻게 하면 우리라는 이름으로 잘 살 수 있어요?

아연 나의 중심이 '우리'로 확장된 삶은 어떻게 사는 걸까요?

그래 '나의 세상'에서 '우리의 세상'으로 이민을 갔다고 생각해보세요. 처음엔 낯설고 불편하겠죠? 이제 막 이민을 왔으니까 그 나라에 적응하는 과정이 필요하죠. 부모살이도 같아요. '우리 세상'에서 잘 사는 방식을 익히고 조율하는 과정이 필요해요.

아연 우리 세상에서 잘 사는 방식이 궁금해요.

그래 몇 가지를 같이 점검해봐요. 우선 '우리 세상'에서는 권한과 책임이 한 사람에게만 쏠려 있지 않아요. 아연님 가족은 식사 메뉴를 누가 정해요?

아연 요리는 제가 하는데 메뉴는 같이 정해요. 남편과 아이들에게 먹고 싶은 걸 묻고 가급적 그걸 해요. 어제는 웅이는 카레, 결이는 돈가스, 남편은 볶음밥을 먹고 싶다고 했어요. 주말이라 시간 여유가 있어서 셋 다 했어요. 어? 그러고 보니 메뉴를 같이 정하니 이미 저는 '우리 세상'에 살고 있네요?

서로를 돌보는 우리 세상

그래 식사 메뉴를 같이 정하는 것도 의사결정권을 고루 가지고 있는 거죠. 하지만 모든 의견을 전부 그대로 수용해야 하는 건 아니에요. 의사결정권이 한 사람에게 집중되어 있지 않다는 건 의사결정을 유연하게 한다는 의미이지, 모든 의견을 다 실행해야 하는 건 아니거든요. 남편과 아이들이 먹고 싶은 걸 이야기했을 때 여력이 되면 해주고, 그렇지 않으면 오늘은 어렵지만 다음에 해주겠다고 할 수 있지요. 또 내가 먹고 싶은 걸 제안할 수도 있어요.

아연 다음에 해준다고 하면 우리 아이들은 아쉬워하고, 해달라고 조르는데….

그래 아쉬울 수 있지요. 저 역시 할 수 있는 여력이 된다면 기꺼이 해요. 가족이 먹고 싶은 걸 해주는 건 저도 기쁘고 즐거운 일이니까요. 다만 무리해서 애쓰진 않아요. 힘들 땐 "해주고 싶지만 오늘은 시간이 부족할 것 같아. 다음에 해줄게"라고 할 수 있어야 하고, 아이는 그런 저를 존중하면서 물러날 줄 알아야 해요. 함께 살아가는 태도를 배워가는 과정이에요. 내 욕구와 권리만 앞세우지 않고 서로의 권리와 의무 이행의 선순환 관계를 배우게 되는 거지요.

아연 저는 아이와 남편이 원하면 무리를 해서라도 하려고 해요. 못 해줄 때는 마음이 불편해요.

그래 만약 내가 아이라면, 엄마에게 먹고 싶은 걸 말해서 해주셨는데 너무 피곤해 보이는 거예요. 그렇다면 그 음식을 먹을 때 어떨 것 같아요?

아연 '괜히 해달라고 했다. 다음에 먹어도 되는데' 하는 생각이 들면서 미안할 것 같아요. 입장을 바꿔 생각해보니 아이도 마냥 기쁘지는 않겠어요.

그래 그럼요. '우리 세상'은 부모만 아이를 돌보지 않아요. 서로가 서로를 돌보죠. 그러니 피곤한데도 불구하고 요리를 해주는 건, 아이가 나를 돌볼 기회를 빼앗는 거나 다름없어요.

아연 이제 알겠어요. 어제 식사를 하며 첫째가 저에게 "엄마가 좋아하는 건 없는데 괜찮아?"라고 물었거든요. 게다가 그때 저는 너무 피곤했어요. 첫째가 제 눈치를 살피는 것 같아서 이상했는데, 피곤한 게 느껴졌나봐요. 결과적으로 가족 모두에게 편한 식사가 아니게 됐네요.

그래 '우리 세상'에서 엄마들이 놓치기 쉬운 것 중 하나는 '나도 이 소파의 주인'이라는 거예요. 가족 모두를 소파에 앉혀놓고 엄마만 서 있는 경우가 적지 않거든요. 그러다 서 있는 게 너무 힘들어지면 소파에 앉아 있는 배우자나 아이가 미워지죠.

아연   완전 뜨끔해요. 사실 어제 식사를 준비하면서 남편은 왜 볶음밥을 먹고 싶다고 해서 이 고생을 하게 하는지 심술이 나서 엉뚱하게 화를 냈거든요.

그래   "엄마가 돈가스랑 카레랑 볶음밥도 다 해주고 싶은데 그러면 너무 힘들 것 같아"라고 가볍게 이야기했다면 어땠을까요? 아이들이 "나 카레도 괜찮아. 돈가스는 다음에 해줘"라고 할 수도 있고, 배우자가 "돈가스는 배달시킬까?" 아니면 "내가 할까?"라고 할 수도 있지 않았을까요? 나만 생각하는 것도 미성숙한 태도지만 나 혼자만 노력하는 것도 미성숙한 태도예요. 나도 노력하고 상대도 노력하고, 서로를 돌보며 조율할 때 '우리 세상'이 넓어집니다.

● 가족, 같이 잘 사는 방법을 탐험하는 장

아연   '나는 부모가 되고 어떻게 변했지?'를 떠올려봤어요. 부모가 되고 할 일이 많아서, 해주고 싶은 게 많아서, 빨리 해내고 싶은 게 많아서 삶의 속도를 더 빠르게 했어요. 그러면서 나 혼자 노력한 것 같아요. 내 기준으로 생각하고 나 혼자 열심히요.

그래   남편은 남편의 노력을, 아이는 아이의 노력을 했을 거예요. 각자의 방식으로 각자 노력하는 건, '나의 세상'에 익숙한 방식일 뿐 '우리 세상'에서는 서로에게 닿기 어려워요. 열심히 노력하

	는데 알아주질 않으니 서로 억울해지고요.
아연	'우리 세상'에 통하는 방식은 어떻게 찾아요?
그래	서로 물어보는 거예요. '우리'로 잘 사는 방식은 다양하거든요. 아이와 부모의 기질, 부모의 가치관, 양육관 등 가족마다의 개별성에 따라 다르고 아이가 커가고 나와 배우자가 나이 들어감에 따라 변하죠. 이제 막 태어난 아이와 잘 사는 방식과 유치원에 다니는 아이와 잘 사는 방식, 사춘기 아이와 잘 사는 방식은 다르잖아요.
아연	그러네요. 식사 메뉴만 해도 아이들이 어렸을 땐 아이들 위주로 정했지만 이제는 아이들도 대부분의 음식을 먹을 수 있으니 같이 정하거든요. 아이들이 더 자라 부모가 되면 저랑 남편이 할머니 할아버지가 될 테니 그땐 저희들 위주로 정할 수도 있을 거고요.
그래	서로 이야기를 나누면 그때그때 가장 잘 사는 방식을 찾을 수 있어요. 가족을 위해 무언가를 한 뒤에는 "엄마/아빠는 이게 옳다고 생각해서 이런 노력을 했거든. 너는 어때?" 물어보는 것도 좋아요. 특히 부모인 우리는 아이에 대해, 아이에게 가장 좋은 걸 다 알고 있다는 착각에 빠지기 쉬워요. 저 역시 꽤 많이 노력하고 있는데도, 가끔 아이들에게 "제 생각은 달라요. 엄마가 저에 대해 다 안다고 생각하지 마세요"라는 말을 들어요. 내가 옳다고 생각하는 것과 애쓴 것들이 상대에게는 의미 없는 것일 수도 있어요. 그 정도까지 바라지 않는 것도 있고요.

아연   '우리 세상'에서는 '너는 어때?'가 마법의 문장이네요. 자주 물어봐야겠어요

그래   나 자신에게도 물어보세요. 어렸을 때 엄마가 힘들어 보여서 괜찮냐고 물은 적이 많아요. 엄마는 늘 괜찮다고 하셨어요. 하지만 어린 제 눈에도 괜찮지 않아 보였어요. 힘들고 피곤하셨을 거예요. 우리도 다르지 않아요. 엄마니까, 아빠니까, 어른이니까 습관적으로 괜찮다고 할 수 있어요. 나 자신에게도 '지금 마음이 어때?', '편안해?'라고 물어보세요. 나도 좋고, 너도 좋아야 우리도 좋아요.

아이와 부모가
조화롭게 살아가는 게 가능한가요?

 아연   얼마 전 남편이 테니스를 배우고 싶다고 하더라고요. 문제는 레슨 시간이 밤 아홉 시라는 거예요. 그 시간은 둘째는 저랑 잘 준비를 하고, 첫째는 아빠랑 노는 시간이거든요. 아빠가 테니스를 한다니 첫째는 서운해하고, 그런 첫째의 반응에 남편이 곤란해하다가 테니스를 하지 않겠다고 했어요. 아쉬워하는 남편 표정이 아른거려 찜찜하다가 '맞다! 우리 세상에서는 가족 모두가 만족스러운 선택을 하는 거지!'라는 생각을 했어요. 그래서 가족들과 함께 둘 다 만족스러운 답을 찾아봤는데 다른 선택지가 보이지 않아요. '아이를 위해', '남편을 위해', '나를 위해' 해야 할 일은 툭툭 떠오르는데, '우리를 위해' 할 일은 잘 모르겠어요.

 그래   어떻게 찾아봤는데요?"

    아연   가족회의를 열어 남편도 테니스를 할 수 있고, 웅이도 그 시간을 잘 보낼 수 있는 방법을 찾자고 했어요. 센터에 문의를 하니 아홉 시 외엔 어렵다 하고, 웅이는 아빠랑 놀 수 없으면 그 시간에 게임을 하겠다고 했고요.

그래 　물론 '우리 세상'에서는 모두가 만족하는 방법을 찾으려고 애를 써요. 그런데 모두가 만족할 방법을 찾을 수 없을 때가 분명히 있어요. 지금처럼요. '우리 세상'에서는 그런 순간에 '우리를 삶의 중심'에 놓고 살아가는 거예요.

🟢 아이를 위해 사는 도구적 부모

아연 　갑자기 혼란스러워요. '나의 세상'에서는 나 또는 아이처럼 삶의 중심에 한 사람을 두고 살고, '우리 세상'에서는 가족 모두를 삶의 중심에 두는 거라고 이해했어요. 그러니 '우리 세상'에서는 나, 아이, 남편이 모두 만족할 만한 방법을 찾아야 한다고 생각했는데 아닌가요?

그래 　지난 만남에서 '우리 세상'에서는 네가 원하는 걸 할 수 있게 우리가 돕는다고 했어요. 남편은 테니스를 배우길 원하고, 첫째는 그 시간에 아빠와 놀길 원해요. 남편과 아이가 원하는 게 충돌하는 거죠. 그럴 때 남편이 테니스를 하지 않겠다고 한 것처럼 부모가 양보하는 경우가 많아요.

　아이를 위해 무언가를 하고, 나를 포기하는 건 대표적인 '나의 세상'에 사는 방식이에요. 내 의자에 아이를 앉히는 거지요. 부모가 되면 아이 중심으로 생각하고 행동하는 게 익숙해요. 내가 원하는 것이기도 하고, 우리 사회 역시 부모들에게 아이에게 무엇이 필요한지, 부모가 아이의 필요성을 채워주지 않으면 어떻게 되는지에 대해 무섭도록 강력하게 이야기하니까요. 때론 아이를 돌보는 삶을 오롯이 기쁨으로만 여기지 못하는 나 자신을 바꿔야 한다고 생각할 정도로요.

아연　맞아요. 아이가 원하는 것과 내가 원하는 게 충돌하면 내가 양보하는 게 당연하다고 생각했어요. 저도 남편과 첫째가 이야기를 할 때 속으로는 남편이 테니스를 포기해야 한다고 생각했고요. 그런데 막상 남편이 그렇게 이야기를 하니 '이건 아닌데' 싶더라고요.

그래　부모는 아이를 위한 '도구'가 아니니까요. 내 안에는 너무도 선명하고 소중한 내가 꿈틀거리고 있어요.

아연　아이를 위한 도구요? 부모가 되고부터는 '어떻게 하면 아이를 잘 키울 수 있지? 무얼 해야 하지?' 고민이 끊이지 않아요. 아이를 잘 키울 수 있다면 무엇이든 하고 싶고요. 그런데 이렇게 살면 부모가 도구가 된다는 거예요?

그래　아이를 잘 키우기 위해 해야 하는 일들에 초점을 두고, 역할에 매몰되다 보면 부모는 자기도 모르는 사이에 아이를 키우는 '도구'가 되어버려요. 저는 이런 프레임을 '도구적 부모 instrumental parents, 역할 중심 부모'라고 불러요.

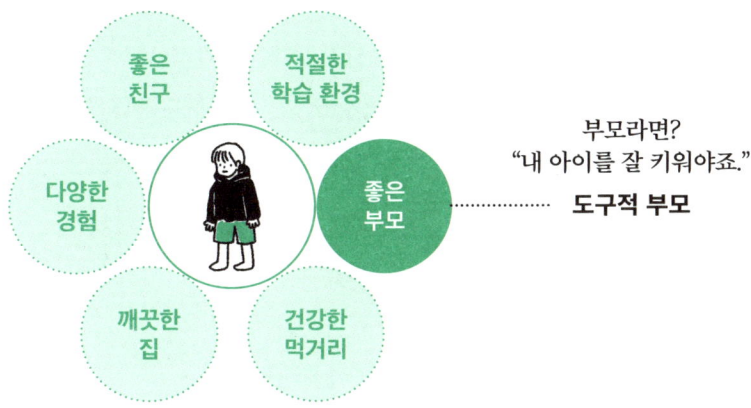

아연   '아이를 위해 무얼 해야 할까?'라는 고민을 하다 보면 '나는 아이를 위해 사는 건가?' 싶을 때가 있었어요.

그래   도구적 부모 프레임에서는 내가 없어지는 것 같고, 내 삶을 포기하며 사는 것처럼 느껴지는 게 당연하지요. 내 모든 걸 부모 역할과 바꾸고 아이를 위해 살고 있으니 자연스러운 수순이에요. 그리고 보상 심리도 커져요. 드라마의 대사처럼 "내가 너를 어떻게 키웠는데!"라는 마음이 생기는 거죠. 하지만 우리 모두가 아는 것처럼 이 다음 대사는 "누가 해달랬어요? 엄마, 아빠가 좋아서 한 거잖아요!"예요.

아연   어렸을 때 엄마가 "엄만 너희들만 잘 자라면 돼"라는 말씀을 종종 하셨어요. 그때 그 말씀이 부담스러우면서도 엄마를 위해서라도 잘 자라야겠다는 생각도 했던 기억이 나요.

그래 그렇죠. 부모가 아이를 위한 도구로 살면, 아이는 부모가 키우는 대로 자라야 하는 꼭두각시가 돼요. 아이 역시 내 인생인데 내가 없이 사는 것처럼 느껴지죠. <u>도구적 부모 프레임에서는 부모, 아이가 한 사람으로 존재할 수 없어요. 부모라는 역할, 아이라는 역할만이 남죠.</u>

🟢 아이와 함께 살아가는 전인적 부모

아연 부모는 부모대로, 아이는 아이대로 최선을 다하는데 결국 부모에게도 아이에게도 '새드 엔딩'이 되는 거네요. 그렇게 되지 않으려면, 부모로서 전 어떻게 해야 할까요?

그래 이미 알고 있어요. 우리는 부모를 '아이와 더불어 잘 살아가려는 사람'이라고 정의했지요. 부모로 살아가는 건 내 삶의 중심을 '나'에서 '우리'로 넓혀가는 거라고도 했어요. 그러니 부모가 해야 하는 건, 부모인 나도 아이도 한 사람으로 대하고, 같이 잘 사는 방법을 찾는 거예요. 저는 이 프레임을 '전인적 부모Whole-person parents'라고 불러요. 아연님 이야기로 돌아가보면, 남편은 첫째가 아빠랑 놀고 싶어 해서 테니스를 하지 않기로 했지요. 자식을 위해 '희생'했다고 느껴질 수 있을 거예요.

아연 맞아요. 그래서 저도 찜찜했어요. '언제까지 아이에게 양보해야 하지?' 하는 생각도 들었고요.

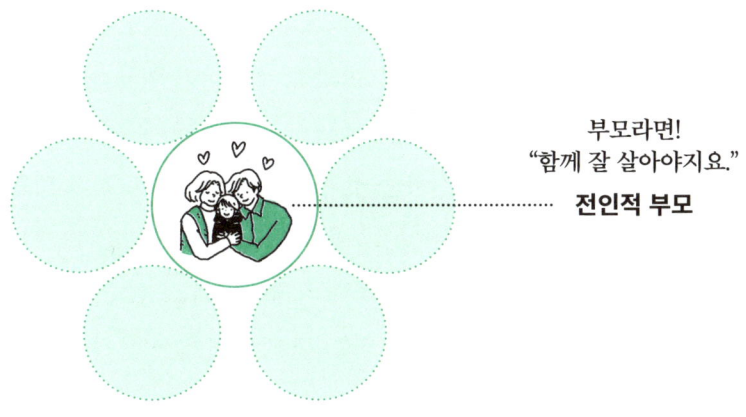

부모라면!
"함께 잘 살아야지요."
전인적 부모

아이와 함께 살아가기 위해 내가 할 수 있는 것을 찾아서 채워보세요.

그래 첫째도 마냥 좋지는 않았을 거예요. 아빠와 놀고 싶기도 하지만, 아빠가 행복하길 바라기도 하니까요. 만약 첫째가 "나 열한 살이잖아요. 아빠랑 노는 것도 재밌지만 다른 거 하면서도 재밌게 놀 수 있어요. 다녀오세요"라고 했다면, 사랑하는 아빠가 하고 싶은 걸 할 수 있게 되어서 의미 있는 일을 했다고 여기며 뿌듯할 거예요. 함께 살아가는 방법을 익힌 거죠. 그리고 열한 살의 발달을 살펴보면, 아빠와의 친밀한 시간이 필요하긴 하지만 매일 아빠가 같이 놀아줘야 하는 건 아닐 수도 있지요. 테니스를 다녀온 후 아빠의 경험에 대해 잠깐 이야기를 나누는 것으로 충분할 수도 있고, 그러다 보면 아빠와 같이 테니스를 치러 다닐 수도 있어요. 테니스 레슨이 없는 날이나 주말을 같이 보낼 계획을 잘 세워볼 수도 있고요.

아연 첫째가 "아빠 그냥 테니스 다녀. 나 괜찮을 것 같아"라고 했는데, 남편도 저도 아이 마음을 아니까, 부모니까 괜찮다고 했거든요. 함께 살아가는 방법을 익힐 기회를 주지 않은 거네요.

그래 맞아요. 아이가 지금 원하는 것과 아이에게 필요한 것은 다를 수도 있어요. 아이가 원하는 것을 모두 채워주는 게 좋은 부모는 아니잖아요? 그래서 우리를 삶의 중심에 두고 산다는 건, 모두가 만족할 방법을 찾아야 하는 게 아니에요. 서로가 원하는 것과 서로에게 필요한 것을 공유하고 함께 돌보는 거지요. 혼자 짊어지려고 하지 않아야 서로를 돌보고 돌봄을 받을 수 있어요.

아연 부모인 나부터 나는 아이를 위해 사는 사람이 아니라 아이와 함께 살아가는 사람이라는 걸 잊지 않아야겠어요.

그래 우리를 삶의 중심에 두고 사는 가족은 서로를 개별적인 존재로 존중하며, 필요할 때는 마음을 잘 합쳐요. 상대를 위해 나를 포기하지 않고, 사랑하는 상대가 나를 위해 자신을 포기하는 걸 바라지도 않아요. 각자 '나답게' 살 수 있도록 서로에게 다정한 지지자가 되어주죠.

가족에게 바라는 점을 물으면 '어떤 일이 생겨도 내 편이 되어줄 것'을 꼽는 분들이 많아요. 가족이 생겨 가장 좋은 점도 내 편이 생긴 것을 가장 많이 꼽으시고요. 한번 생각해보실래요? 나는 가족에게 '내 편'이 되어주고 있는지, 가족에게 '내 편'이 되어줄 기회를 선물하고 있는지를요.

> 부모
> *ASK*

부모로 살아간다는 건 나를 버리는 게 아니라 기존과 다른 삶의 방식을 선택하는 겁니다. 내 삶의 중심을 '나'에서 '우리'로 넓혀가는 거지요. 우리를 삶의 중심에 두고 사는 가족은 서로를 개별적인 존재로 존중하며 필요할 때 마음을 모아 협력해요. 각자 '나답게' 살 수 있도록 서로에게 다정한 지지자가 되어줍니다.

ask 11 부모가 되고 포기한 것이 있나요? 그렇다면 그 대신 선택한 것이 분명히 있습니다. 그 선택이 그 순간의 나에겐 가장 좋은 것이었다는 걸 기억해주세요. 여전히 내 앞에는 많은 선택의 순간이 놓여 있다는 것도요.

―――――――――――――――――――――――――

―――――――――――――――――――――――――

ask 12 우리 가족은 서로가 원하는 것에 대해 충분히 묻고 대답하고 있나요? 오늘 가족들과 공유하고 싶은 나의 이야기는 무엇인가요?
우리를 삶의 중심에 두고 산다는 건, 모두가 만족할 방법을 찾아야 한다는 것이 아니에요. 서로가 원하는 것과 서로에게 필요한 것을 공유하고 함께 돌보는 겁니다. 그러기 위해선 서로 물어봐야 하는 것들이 많아요.

―――――――――――――――――――――――――

―――――――――――――――――――――――――

Part 2.

부모로 자라다

부모 발달

: 6단계로 알아보는 부모 발달

임신 소식을 알린 순간, '엄마 된 걸 축하해', '아빠 된 걸 축하해'라는 인사를 받았습니다. 이 인사가 감사하고 기쁘면서도 꽤 묵직하게 느껴졌어요. 나는 아직 '부모'라는 이름이 어색하고, '부모'로서 무얼 해야 할지 하나도 모르겠는데, 주변에서는 이미 나를 '부모'로 보고 있는 것 같았기 때문입니다.

어쩌면 이런 이유로 완벽한 부모가 되려고 더 서두르고 있는 건 아닐까요? 아이에게 발달단계가 있는 것처럼 부모도 자라는 과정이 있을 거예요. 아이에게 나이에 따른 적절한 발달 과정이 중요한 것처럼, 부모에게도 부모 나이에 따라 천천히 성장하기를 기대한다면 우리의 부모살이가 좀 더 수월할 텐데 말이죠.

부모
21주차

왜 계속 예상치 못한 일이 생기나요?

아연   주말에 첫째가 같이 게임을 하자고 하길래 엄마는 매일이 게임 중이라고 했어요. 그랬더니 아이가 눈을 동그랗게 뜨고는 "정말? 나 몰래? 어떤 게임?"이라고 물어요. "응. 너 키우는 게임. 난이도는 최고 레벨!" 농담 반으로 말했지만 진담도 반이었어요.

그래   부모로 사는 하루하루가 계속해서 새로운 미션이 주어지는 게임처럼 느껴질 때가 있지요. 조금 익숙해진 듯싶으면 또 다음 스테이지가 열린다는 말을 저도 많이 합니다.

아연   스테이지마다 낯선 미션이 주어지고, 그 미션을 깨면 다음 스테이지가 열리고, 또 다음 스테이지가 열리는 게 부모의 삶과 참 비슷해요. 아이를 낳고 모유 수유에 익숙해지니 이유식을 할 때라 하고, 이유식을 만드는 데 익숙해지면 유아식을 해야 하잖아요. 저에게 다음 스테이지는 첫째의 사춘기일 것 같은데, 이 시기만 지나면 당분간 어려운 스테이지는 없을 것 같아서 긴장되면서도 빨리 지나갔으면 싶어요.

상상 그 이상의 부모살이

그래 사춘기가 지나면 정말 어려운 스테이지가 없을까요? 저는 부모의 삶과 게임의 닮은 점이 '다음 판은 좀 수월하겠지 싶은데, 그렇지 않은 것'이라고 생각해요. 입덧할 때는 이것만 지나면 괜찮을 것 같은데 점점 무거워지는 몸이 버겁고, 만삭일 때는 아이를 낳으면 편할 줄 알았는데 아이를 낳아보면 배 속에 품고 있을 때가 편하잖아요. 저도 여전히 그런 낯선 과정 중에 있는 것 같아요.

아연 사춘기가 지나면 수월해지는 거 아니었어요? 그래님은 아이들이 다 컸으니까 이제 좀 낫지 않으세요?

그래 전혀요! 올해가 엄마 된 지 26년차인데요. 어떤 부분은 좀 나아졌지만, 어떤 부분은 지금이 가장 낯설고 힘들게 느껴지기도 해요.

아연 갑자기 갈 길이 더 멀게 느껴져요. 대체 언제쯤 부모의 삶에 익숙해질까요?

그래 음… 부모의 삶에 익숙해지고 싶으세요?

아연 당연하죠. 매번 낯설고, 처음 겪는 일이다 보니 서툴고 당황할 때가 많아요. 부모답게 의연하게 대처하고 싶은데, 늘 허둥대는 내가 답답해요.

그래 부모 역할을 잘하고 싶어서 낯선 상황들이 불편한 거네요.

아연 네…. 잘하고 싶은데 서툰 내 모습이 성에 차지 않아요.

그래 잘하고 싶어서 애쓰는 그 마음에 잠시 머물러볼까요? 많은 엄마, 아빠들이 부모로서 서툰 자신의 모습을 견디기 힘들어해요. 그런데 우리도 아이와 함께 살아보는 게 처음이잖아요. 기저귀를 가는 것도, 아이를 안아서 달래는 것도, 사춘기의 날 선 눈을 마주하는 것도요. 첫째를 처음 안았을 때 '고개가 꺾이진 않았나? 허리를 잘 받쳐서 안고 있나? 아이는 편안한가?' 하면서 아이를 살피다 제 목과 어깨에 담이 온 적이 있어요. 그땐 서툰 나만 보였는데, 20년도 더 지난 지금에서야 서툴어서 더 애썼던 내가 보여요. 지금도 이렇게 몰라주는 순간이 많지 않을까요?

🟢 아이와 함께 태어나는 부모

아연 친구들과 이런 우스갯소리를 해요. 아이를 키우는 정성으로 무언가를 했으면 우리 인생이 지금과 달랐을 거라고요. 태어나 이만큼 노력하고 정성을 다한 적이 없거든요.

그래 그럼요. 누구나 잘할 수 있을 거라 생각하지만 아무나 할 수 없는 일이에요. 누구에게도 쉽지 않은 일을 묵묵히 해냈고, 지금도 해내고 있지요. 정말 대단하지 않아요? 그럼에도 내 모습이 자꾸 아쉽게 보이는 건, 아이가 태어난 순간 '나는 부모가 됐다'라고 생각하기 때문일 거예요.

전 결혼식을 올리는 순간 행복한 결혼 생활이 시작될 줄 알았어요. 결혼한 분들은 그게 아니라는 걸 다 아실 거예요. '같이 사는 건 이런 거구나'를 깨달으며 갈등이 시작돼요. 결혼식은 행복의 완성이 아니라 행복하게 살기 위해 같이 노력하고 성장하겠다는 출발점이었어요.

<u>부모도 그래요. 아이가 태어난 순간 우리는 부모로 태어나요. 아이가 세상에 대해 아무것도 모르는 것처럼, 우리도 아이와 함께하는 삶은 완전 초보 상태예요.</u> 아이가 낯선 세상에 적응하며 자라듯 우리도 부모살이에 적응하며 부모로 자라요. 그러니 서툴고 실수하는 게 당연해요.

아연 부모로 태어났을 뿐인데 부모가 '됐다'는 완료형으로 생각하고 있었네요. 부모가 됐으니 부모로서 해야 할 일을 지금 당장 척척 해내는 게 당연하다고 저 스스로를 압박하고 있었어요.

그래 그 압박감만 벗어버려도 훨씬 덜 힘들어요. 상상해보세요. 막 태어나 아직 목도 가누지 못하는 아이에게 "너도 사람인데 목도 제대로 가누지 못하면 어떻게 하니? 어서 일어나 뛰어다녀야지!"라고 한다면요?

아연   말도 안 되죠. 바랄 걸 바라야지요.

그래   그 말도 안 되는 걸 나에게는 요구할 때가 많아요. 그러니 힘들 수밖에요. 아이가 잘 자라기 위해 '돌봄'이 필요한 것처럼 부모도 그래요. 부모인 나를 충분히 돌보면 오늘 이 순간도 편안하게 잘 자랄 수 있어요. 부모인 나를 돌보기 위해 오늘 할 수 있는 것을 하나만 찾아볼래요? 아주 쉽고, 구체적이면서 행동으로 옮길 수 있는 것으로요.

아연   음… 택시 타고 퇴근할래요!

부모
22주차

내 나이 말고
부모 나이요?

 아연 예전엔 바쁘거나 피곤해서 택시를 타면, 뭔가 아깝기도 하고 배보다 배꼽이 더 큰 거 아닌가 싶기도 했어요. '내가 좀 더 부지런히 움직였더라면' 하는 생각도 들고요. 그런데 지난 시간엔 그런 생각이 안 들더라고요.

 그래 그 전과 좀 다른 기분이셨나 봐요?

아연 네. 내가 나를 돌보고, 나에게 잘해주고 있다고 생각하니까 뿌듯하면서도 한편으론 짠하고 애틋하기도 했어요. 열심히 살아야 한다고만 생각했지, 나를 돌봐야 한다고 생각한 적은 별로 없었던 것 같아요.

그래 맞아요. 부모가 되면 아이를 돌보는 일에 집중한 나머지 나도 돌보고 키워야 한다는 걸 잊기 쉽지요. 아연님은 '부모 나이'가 몇 살이세요?

아연　부모 나이요? 제 나이를 물으시는 거예요?

그래　아뇨. 부모 나이요. 아이가 태어날 때 나도 부모로 태어난다고 했지요? 그러니 부모 나이도 있지 않겠어요? 저는 첫째가 올해 스물여섯 살이니 제 부모 나이는 스물여섯 살이에요.

아연　아, 그럼 제 부모 나이는 열한 살이네요.

● 내 부모 나이만큼 성장하기

그래　아이가 한 살이면 부모 나이 한 살, 아이가 다섯 살이면 부모 나이는 다섯 살이에요. 그런데 우리는 아이가 태어난 순간 성인이 된 부모처럼 알아서 척척 해내려고 해요.

아연　저도 그랬어요. 나 자신을 엄청 몰아붙였어요. 그게 너무나 당연하다고 생각했거든요. 부모는 그래야 할 것 같았어요.

그래　아이가 한 살일 때는 딱 한 살 부모만큼, 다섯 살일 때는 다섯 살 부모만큼 해내면 돼요. 처음부터 잘하는 아이도 없고, 처음부터 잘하는 부모도 없어요. 열한 살 아이의 10년 후, 20년 후를 걱정하며 다그칠 필요가 없는 것처럼 나도 내 부모 나이에 집중하고, 내 부모 나이만큼 자라면 충분하지 않을까요?

아연　지금 저는 제 부모 나이만큼 잘 자라고 있을까요? 서두르지 않으면 자연스럽게 부모 나이만큼 자라는 거예요?

그래　서두르지 않는다는 게, 아무것도 하지 않고 가만히 기다린다는 의미는 아니에요. 나이만 먹는 게 아니라 그 나이에 필요한 것들을 익혀야 잘 자랄 수 있어요. 가령 아이가 태어난 첫 1년 동안 아이에게 가장 중요한 게 뭘까요?

아연 잘 먹고 잘 자는 거요.

그래 좋아요. 그거 하나만 생각해봅시다. 누군가를 잘 먹이고 재워본 경험이 그 전에 있을까요? 그게 얼마나 수고로운 일인지, 사랑스럽고 소중한 만큼 얼마나 불안하고 긴장되는 건지 처음 경험하잖아요. 잘 놀던 아이가 분수토 하는 걸 보고 가슴이 철렁했다가, 신나서 뛰다 보면 그럴 수 있구나를 배우고 가슴을 쓸어내리기도 해요. 두 시간 동안 애써서 이유식 반 공기를 만들고 뻗어버리기도 하고요. 한 살 부모는 이런 것들을 잘 감당할 수 있을 만큼만 자라면 돼요. 아이를 돌보는 동시에 부모인 나도 잘 먹이고 잘 재우면서요.

그러다 아이가 자라 걸음마 하는 시기가 되면 아이의 걸음마를 응원하고 안전하게 시도할 수 있는 환경을 제공하는 부모로 자라고요.

아이와 같이 잘 해나가기

아연 그렇게 생각하니 부모인 제 어깨가 가벼워지네요. 그런데 아이는요? 아이는 무언가 부족하거나 불편하지 않을까요?

그래 아이를 생각하면 자꾸 마음이 앞서지요? 제가 셋째를 낳은 지 얼마 안 되었을 즈음 들었던 이야기가 있어요. 2009년 당시 미국 국무장관이었던 힐러리 클린턴이 우리나라에 방문했을 때의 일화예요.

한밤중에 딸 첼시가 깨서 울고 또 우는데 이유도 모르겠고 달래지질 않더래요. 그때 아이를 안고 이렇게 말했다고 해요. "아가야… 너도 처음 아기가 되어보는 거고, 나도 엄마가 처음이야. 그러니 우리 같이 잘 해보자."

이 짧은 글을 읽고 '같이 잘 해보자'라는 말을 저도 모르게 몇 번이고 따라 했어요. 그때 제 부모 나이가 열세 살이었는데요. 그때까지 전 아이들에게 '엄마가 잘 해줄게'라고 생각하며 살았어요. 엄마라면 너무나 당연한 거라고 여겼지요. '같이 잘 해보자'라는 생각을 해본 적이 없더라고요.

아연 저도요. '엄마가 해줄게', '엄마가 알아볼게', '엄마가 해결해줄게'라고 해왔어요. 아이와 힘을 모아 해결해나간다고 생각한 적이 없네요.

그래 '너도 처음이고 나도 처음'이라고 인정하면 아이를 대하는 태도가 달라져요. 아이를 내 말을 따라야 하는 대상으로 여기지 않고 나와 다른 존재로서 존중할 수 있죠. 아이와 나는 그런 사이라는 걸 그때 깨달았어요.

아연 그러고 보니 '엄마가 해줄게' 안에는 나는 할 수 있고, 아이는 할 수 없다는 전제가 들어 있네요. 나는 할 수 있고 아이는 할 수 없으니, 아이는 내 말을 따라야 하는 대상이 되고요. 솔직히 말하면 아이가 내 말을 듣지 않을 때 속으로 '아무것도 모르면서'라는 생각이 들곤 했거든요.

그래 '같이 잘 해보자'라고 생각하면 부모인 내 어깨는 가벼워지고, 아이도 존중하게 되지요.

아연 아이를 돌보다 끼니를 놓치고 잠을 제대로 못 잘 때, '내가 아이를 돌보는 것처럼 나도 누군가가 돌봐주면 좋겠다'는 생각이 들곤 했어요. 밥상을 차렸는데, 아이가 울면 아이부터 달랠 수밖에 없잖아요. 그럴 땐 부모인 나를 어떻게 돌봐야 할지 모르겠어요. 나를 돌보는 게 불가능한 것 같은데, 나를 돌보라고 하니 그것도 스트레스라고 하는 친구도 있어요.

그래 충분히 그렇게 생각할 수 있겠네요. 물리적으로 힘든 순간들이 있지요. '돌봄'에는 물리적인 것과 심리적인 것이 모두 포함되어 있어요. 물리적인 상황이나 외부 환경을 바꿀 수 없고, 잘 견뎌나가야 하는 순간들이 분명히 존재해요. 저마다의 상황이 다르기 때문에 공통적인 해법을 말씀드리기 어렵지만, 그런 순간에도 나를 돌보는 방법은 분명히 존재합니다. 혼자서만 해내야 한다는 게 아니에요.

내가 나를, 부부는 서로를, 선배 부모가 후배 부모를 돌볼 수 있어요. 아이의 성장에 관심을 두는 것처럼 부모인 나의 성장에 관심을 두고, 아이의 성장을 축하하는 것처럼 나의 성장을 축하하면서 말이에요.

아연   '내 성장에 관심을 둔다'는 말이 낯설면서도 좋아요. 그리고 궁금해요. 그래님은 요즘, 부모로서 어떤 성장을 하고 계세요?

그래   막내 덕분에 청소년기 부모의 성장통을 다시 느끼는 중이에요. 엊그제 시험을 앞둔 현우가 공부하기 싫다고 누워서 버둥거리는 걸 봤어요. 열린 방문 사이로 징징거리는 소리와 함께 아빠보다 더 큰 발을 버둥대는 모습만 삐죽이 보이는데 그 모습이 귀엽고 사랑스러웠어요. '그래, 힘들겠다. 정말 하기 싫겠다'는 마음이 들더라고요. 전 같으면 어림도 없지요. 물론 이 마음이 어느 순간 불안으로 변해서 잔소리를 하기도 할 거예요.

아이 마음을 이해하게 된 것도 성장한 부분이지만, 제가 <u>진정으로 성장한 부분은 내 마음이 이렇게 변했다는 걸 알아차리고, '참 애썼다. 기특하다'라고 나를 응원하게 된 모습이에요.</u> 혼자 속으로 응원할 때도 있고, "엄마가 지금 이런 생각이 드는데 참 잘 큰 거 같지 않냐"라며 직접 표현할 때도 있어요.

아연   그러고 보니 저도 아이들 앞에서 그럴 때 나를 돌보고 아이들에게도 돌봄받는 기분이 들었어요. 나를 돌본다는 것도 혼자가 아니라 이렇게 같이 해나가는 거군요.

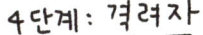

딱 아이만큼만 자라면 됩니다. 아이가 처음 태어났을 땐 부모 나이도 한 살, 아이가 아홉 살이 되면 부모도 아홉 살이 되는 것처럼. 아이와 함께 우리 부모도 조금씩 커가는 거죠.

부모
23주차

부모인 나도
발달단계가 있다고요?

 아연 딱 아이만큼 자라면 된다고 하셨잖아요. 처음 이 말을 들었을 땐 굉장히 위로가 됐는데, 곰곰이 생각해보니 '나는 그동안 잘 자라왔나?' 하는 의구심이 들어요. 아이들은 키가 크고 체중이 늘고, 얼마 전까지 두 자릿수 곱셈이 어렵다고 했는데, 단원 평가 결과를 보니 하나 틀리고 다 맞았더라고요. 아이들은 이렇게 자라는 게 보이는데, 저는요? 부모인 저는 어떻게 자라요?

 그래 저도 그게 참 궁금했어요. 나의 성장 발달이 궁금해서 고민하다 기본적 발달이론에 비춰봤어요. '심리사회적 발달단계'에 대해 들어본 적 있으세요?

아연 사람은 태어나 죽을 때까지 발달단계를 거치고, 발달단계마다 발달 과업이 있다는 그 이론이죠?

부모로 자라는 부모 발달 6단계

그래 발달심리학자인 에릭 에릭슨은 '전 생애 발달life-span development' 이라는 개념을 처음으로 제안했어요. 태어나서 죽을 때까지 전 생애를 발달 과정으로 이해하고, 사회적 경험이 자아의 발달에 중요한 영향을 미친다고 말했어요. 이론에 따르면 아이는 태어나 영아기, 유아기, 아동기, 청소년기를 거쳐 성인으로 자라요. 미국가정과노동연구소 소장인 앨런 갈린스키는 에릭슨의 전 생애 발달단계를 참고하여 아이들이 특정 단계를 거치며 자라는 것처럼 부모들도 6단계를 거쳐 성장함을 밝히며, '부모기의 6단계The Six Stages of Parenthood'라고 명명했어요. 저는 이 단계를 크게 세 가지 단계인 '돌봄 - 성장 - 독립'으로 나누어봤어요.*
아이가 태어나면 누군가 아이를 돌봐야 해요. 부모는 아이를 먹이고 씻기고 재우는 등 안전한 환경을 제공하고, 위험하거나 곤란한 상황에 놓이지 않도록 보호하죠. 동시에 안아주고 눈을 맞추며 웃는 등 정서적인 욕구도 충족시키며 양육합니다.

* 미국 가정과노동연구소 소장인 엘런 갈린스키는 태아에서 18세까지의 아이를 둔 부모 228명을 면접한 결과 아이들이 특정 단계를 거치며 자라는 것처럼 부모도 6단계를 거치며 성장하고 변한다는 것을 밝히며 '부모기의 6단계'라고 명명했습니다(1987). 이는 에릭슨의 생애 발달 단계와 헤비거스트의 발달 과업을 참고하여 정리된 내용이며 여기서는 이를 해석하고 부모의 삶에 심층적으로 적용해 부모 역할 발달 단계를 돌봄 단계(보호자, 양육자) - 성장 단계(훈육자, 격려자) - 독립 단계(상담자, 동반자)로 재구성하여 설명합니다.

아이가 유아기에 접어들면, 부모는 아이가 자신의 행동에 책임을 지고 한계를 정할 수 있도록 가르치는 훈육을 시작해요. 아이의 자율성을 존중하는 동시에 함께 살아가기 위한 태도를 익히도록 돕는 거죠. 이 시기에 부모는 책임을 다하며 건강한 권위를 형성해가는데, 그러다 보니 이 시기를 어려워하는 분들이 꽤 많아요. 무엇을 가르치고 싶은지, 어떻게 가르칠지를 고민하며 훈육자로 성장해갑니다.

아연 돌아보니 그랬네요. 아이가 태어나자마자는 물리적인 욕구를 채워주려 했고, 그다음엔 정서적인 욕구를 채워주며 애착을 잘 형성하려고 했어요. '기관 생활을 시작하면서는 잘 적응할까? 집에서는 괜찮지만, 어린이집에 가면 이 행동이 문제가 되지 않을까? 하고 싶은 마음은 알겠는데, 다치진 않을까? 위험하지는 않을까?' 등의 고민이 시작되면서 훈육을 시작했네요.

그래 아이가 초등학교에 들어가면 혼자 해내고, 혼자 감당하는 일들이 많아지지요? 부모의 품을 벗어나 세상으로 나가기 시작하는 거예요. 부모가 아이에게서 한 걸음 물러나야 하는 시기죠. '품 안의 자식' 같기만 하던 아이의 성장이 느껴지며 기특하기도 하지만, 한편으로는 '잘할 수 있으려나' 불안해요. 부모는 자신의 불안을 다루며 아이가 혼자 힘으로 해낼 수 있게 용기를 북돋워주고 지지해주며 격려자로 성장해요.

청소년기에 들어선 아이는 정체감을 형성하며 독립된 인격체로 성장해나가요. 부모에 대한 의존도가 급격히 줄어들죠. 부모는 한 걸음 더 물러나, 아이를 깊고 넓게 존중하며 상호의존 관계를 형성해야 하는데, 부모도 아이도 불안도가 높아지는 시기이다 보니 격렬한 갈등이 일어나기도 해요. <u>부모는 아이의 선택을 공감하고 조언하되, 아이가 가진 선택의 주도권을 존중해보는 경험을 통해 상담자로 성장하죠.</u>

마침내 성인이 된 아이는 독립해 부모와 동반자가 됩니다. 부모와 아이는 상호 존중을 바탕으로 서로 의지하고 도와주는 관계로 성장하지요.

아연 흔히 아이가 자라는 만큼 부모도 자란다고 하잖아요. 그 말이 막연하게 들렸는데 부모인 나에게도 발달단계에 따른 '성장 미션'이 있었다니 반가워요. 초등학생 부모인 저는 아이들을 격려하고 지지하는 데 집중할 시기인 거죠?

그래 그렇죠. 격려와 지지자로 성장하는 것이 지금 아연님이 익혀야 할 주된 역할이에요. 하지만 격려자라는 성장 과정에 있다고 해서 격려와 지지만 해야 하는 건 아니에요. 격려와 지지가 중요하고 이 시기의 부모로서 익혀야 할 새로운 역할인 건 맞지만, 여전히 훈육과 양육, 보호가 필요한 영역이 존재해요. 초등학생이라고 더 이상 가르칠 게 없거나 정서적인 욕구가 없어지는 건 아니니까요.

아연 격려와 지지가 주된 역할이 되고, 훈육, 양육, 보호가 필요한 부분은 점점 작아지는 걸까요?

그래 격려와 지지가 지금 새로 배워야 하는 방정식이라면, 그 전의 역할은 익숙해진 덧셈과 뺄셈, 구구단 같은 거라고 생각해보세요. 방정식을 풀려면 다 필요하지요? 그렇지만 처음 배울 때보다 익숙하게 해내게 되잖아요. 마찬가지로 저는 첫째와 둘째는 성인기, 막내는 청소년기에 있어요. 첫째와 둘째에게는 동반자, 막내에게는 상담자의 역할을 주로 해야 하지만, 필요할 때는 적절한 방법으로 격려하고 훈육과 양육, 보호도 해요. 물론 방법은 어릴 때와 달라야겠지만요.

● 내 부모님과의 동반자적 관계

아연 문득 부모님이 생각나요. 저는 이제 마흔이 넘은 성인이니까 저와 부모님은 동반자적 관계를 맺고 있는 거겠지요?

그래 그럴 수도 있고 아닐 수도 있어요. 어른인 부모의 발달은 겉으로 잘 드러나지 않거든요. 아이를 키우는 것만큼 부모인 나의 발달에 관심을 두지 않고 사는 경우도 많고요. 그러다 보니 아이는 자라는데, 부모는 어느 단계에서 발달이 멈춰 있거나 다음 단계로 넘어갔더라도 전 단계가 충분하지 못한 경우가 적지 않아요. 아이마다 발달 속도가 다른 것처럼 부모도 발달 속도가 각자 다르고요.

아연 저희 부모님은 양육자에 가까우신 것 같아요. 지금도 제가 밥을 잘 먹었는지, 힘든 일은 없는지, 아픈 곳은 없는지를 염려하시고 챙겨주고 싶어 하시거든요. 우리 삼남매에게 '너희들은 다 컸다고 말하지만, 내 눈엔 그저 애 같다'고 하세요.

그래   우리 부모님 세대는 대부분 비슷하실 거예요. 그 세대의 부모는 '아이를 키우는 사람'이었어요. 부모 역할을 '양육'의 범주 안에서만 바라보았기 때문에, 지금도 그 단계에 머물러 계시기 쉽지요. 그땐 그 이상을 생각하기가 어려웠을 거예요. 자녀가 성인이 되고, 이제 부모님이 도움을 받아야 할 순간이 많아졌음에도 여전히 자녀를 돌보려 하고, 내 말을 따르는 걸 당연하게 여기려 하는 것도 그런 이유 때문일 겁니다. <u>우리가 부모의 삶을 '양육자'로만 바라본다면, 자녀가 성인이 되어도 양육을 받는 어린아이와 부모의 관계처럼 바라보고 대하게 되지 않을까요?</u>

아연   부모님의 마음은 알겠는데 부담스럽다는 친구들이 있어요. 어렸을 때는 부모님의 우쭈쭈가 마냥 좋았는데 지금은 민망하다고 해요. 한편으로는 부모님께 이런 마음을 품는 게 죄스럽고요.

그래   분명 나를 사랑하는 걸 충분히 알고, 나 또한 부모님을 사랑해요. 그런데 뭔가 말 못할 버거움과 서운함이 자꾸 쌓여 불편해지거나 갈등이 반복되면, 부모 성장에 대한 이해와 새로운 관계 설정이 필요하다는 신호예요.

아연   저도 아이들이 자라는 만큼 잘 자라야겠어요. 아이들이 성인이 된 뒤에도 서로 아끼고 사랑하지만, 버겁지 않고 닮고 싶은 어른으로 곁에 있어 주고 싶어요.

그래 저도 그래요. 지금 마음을 기억하며 살면 그럴 수 있을 거예요. 아이를 가르치고 돌보는 것처럼 부모인 나의 성장에도 관심을 가져봐요. 나의 주된 역할들을 한번 정리해보는 겁니다. 노트에 아주 구체적으로 적은 뒤 내가 원하는 대로 아이를 대하고 있는지, 아이에게 필요한 것을 도와주고 있는지를 살펴보세요. 그러면 내가 지금 부모로서 어느 단계에 와 있는지를 알 수 있을 거예요.

아연 저는 훈육과 양육을 주로 하고 있네요. 아이들을 가르치려 하고, 사랑을 충분히 느끼게 해주려고 노력하거든요. 반대로 격려와 지지는 막연하게 느껴져요. 확실히 격려자로서의 성장이 필요한 시점인 것 같아요.

부모인 내가 잘 자라는 건 어떻게 알 수 있죠?

 아연 격려자로서의 성장이 필요하다는 걸 알게 되니 아이들이 자라는 동안 제가 그만큼 자라지 못했던 순간들이 보여요. 작년 초에 첫째 아이가 저더러 "잔소리 좀 그만해"라고 하는 거예요. 그전과 크게 다르지도 않았는데 갑자기 그러니 당황스러웠어요. "대체 뭐가 잔소리"냐며 실랑이를 했지요. 그땐 잔소리하지 말라는 말이 '나도 이만큼 자랐으니 이제 알아서 하겠다'는 의미였다는 걸 몰랐어요. 앞으로도 아이들은 쑥쑥 자랄 텐데, 저는 제자리에 머물러 있을까봐 걱정이에요.

 **그래** 부모로 잘 자라려면 아이의 성장 신호를 잘 살피는 게 필요해요. 아이가 어렸을 때를 예로 들어볼게요. 내 말이라면 무조건 좋다고 하던 아이가 어느 날부터 '싫어!', '아니야!'를 반복해요. 소꿉놀이를 하자고 하더니 시작하자마자 하기 싫다며 등을 돌

려 앉고, 밥 먹자고 하면 싫다고 하고, 먹지 말라고 하면 밥을 달라고 울어요.

🟢 문제가 아닌 성장 신호 받아들이기

그래 많은 부모들이 그럴 때 원인을 나 또는 아이에서 찾으려고 해요. 그러면서 모든 게 꼬이기 시작한답니다. 그냥 아이의 성장 신호라고 받아들여 보세요.

엄마와 나를 동일시하던 아이가 서너 살이 되며 엄마와 분리된 자아를 형성하기 시작해요. 엄마와 다른 나의 의견을 표현합니다. 아이가 자랐다는 신호인 거죠.

옷으로 비유해볼게요. 작년에 잘 입었던 옷이 올해 작아졌어요. 그러면 우리는 작년에는 잘 맞았는데 왜 안 맞느냐며 아이나 나에게 문제가 생겼다고 생각하나요? '와~ 우리 아이가 많이 컸구나'라고 대견해하지요. 이런 관점으로 바라보는 연습을 해보는 거예요. 변화가 없는 성장은 없거든요.

아연 무언가 예전과 다르면 문제라고만 생각하며 걱정했는데, 성장을 하려면 변하는 게 당연하네요. 아이는 매일 자라니 매일 변하겠어요.

그래 그럼요! 그러니 아이가 평소와 다를 때 '얘가 왜 이래? 너무 오냐 오냐 해줬더니 요즘 버르장머리가 없어졌어!', '좀 컸다고 부

　　　　모 말을 무시하네!'라고 반응하기보다 성장 신호라고 바라보면 욱하는 마음에 휩쓸리지 않을 수 있어요.

아연　그렇겠네요. 그런데 성장 신호로 바라본 다음에는요? 첫째가 잔소리를 하지 말라고 했을 때 난감했거든요. 아이에게 잔소리가 무엇인지, 언제 그렇게 느끼는지부터 물었어요.

그래　'싫어?', '잔소리 같아?' 하고 잠시 기다리며 관찰해볼 수도 있어요. 자꾸 물어보는 걸 부담스러워할 수도 있고, 아이들도 적절히 설명하기 어려울 수 있으니까요. 그 자리에서 모든 답을 얻고 해결하려 하면 아이는 심문당하는 것처럼 버거울 수 있어요.

아연　아… 듣고 보니 그러네요. 평소에는 질문에 답도 잘하고, 저에게 묻는 것도 많은 아이인데도 그럴 땐 짜증스러워했어요. 다음엔 이것저것 묻기보단 관찰해봐야겠어요.

그래　알고 있어도 막상 아이에게 성장 신호가 온 순간을 알아차리고 받아들이는 게 쉽지 않아요. 저희 가족은 같이 영화 보는 걸 참 좋아해요. 특히 <해리포터> 시리즈는 아이들이 자라는 동안 계속 만들어져서, 새 시리즈가 개봉하면 온 가족이 영화관에 같이 가는 게 암묵적인 약속이 되었어요. 첫째 건우가 중학생이 된 여름, 학교에서 돌아오더니 흥분된 목소리로 "엄마! 해리포터 마지막 편 개봉한대요. 이번 주에 보러 갈래요"하는 거예요. 저도 신이 나서 "그래. 좋아. 토요일 저녁에 같이 갈까?"라고 했더니 건우가 갑자기 말을 뚝 끊고 고개를 갸우뚱하며 "제가요? 왜요?"라고 하는 거예요. 이미 친구들이랑 같이 가기로 약속했더라고요.

솔직히 순간 서운하고, 당황스럽고, 심지어 좀 얄밉기도 했어요. '나에게 바라는 건 용돈뿐이구나' 하는 삐딱한 마음이 올라왔죠. 정확히 기억나진 않지만 아마 삐딱하게 대했을 거예요. 당연했던 일상이 이렇게 바뀔 때가 찾아와요. 불과 1년 전만 해도 엄마, 아빠랑 영화 볼 때가 제일 좋다고 했는데, 그 사이에 훌쩍 자란 아이는 친구와 영화 보는 게 더 좋아진 거죠. 이런 순간을 성장 신호로 받아들이고 한 걸음 물러서 생각해보세요. 이 신호가 참 건강한 거라는 걸 깨달을 수 있어요.

● 부모가 겪어야 하는 성장통

아연   저 같으면 가족끼리 가야지 어떻게 말도 안 하고 친구랑 먼저 약속을 하냐고 폭풍 잔소리를 했을 것 같아요. 그럼 우리 아이들은 단단히 삐쳤겠지요?

그래   지금은 아이들이 가족과 함께하는 걸 좋아하는 나이니까 아연 님은 그런 생각이 드는 게 자연스러워요. 미리 걱정할 필요도 없고요. 선배 부모들의 이야기는 '예방 주사를 맞았다' 정도로만 생각하세요.

저도 그 순간은 서운하고 허전했어요. 그런데 중학생은 부모보다 친구가 좋은 게 자연스러워요. 같이 영화 보러 갈 친구가 없으면 오히려 걱정해야 하는 나이지요. 아이는 잘 자랐고, 저도 자라야 하는 시기가 된 거였어요. 허전하고 서운한 마음은 부모인 내가 견뎌내야 하는 성장통이에요.

아연 음… 중학생이라고 생각하니 그렇긴 하네요. 저는 여전히 아이와 같이 가고 싶지만, 아이는 훌쩍 자라는 순간이 오겠어요.

그래 그때 부모로서 제 역할은 아이에게 친구와 영화를 재밌게 보고 오라고 용돈을 주는 거예요. 저는 남편과 아직 어린 둘째, 셋째와 함께 영화를 보러 가면 되고요.

아이는 매 순간 자라요. 어제와 오늘이 다르죠. 그러니 아이와 함께하는 부모의 어제와 오늘도 다른 게 자연스러워요. 내가 화장실에 가는 순간조차 떨어지기 싫다고 징징거리며 문을 두드리던 아이가 어느 순간 문 앞에 '출입 금지'라고 써 붙여놓고, 문을 잠글 거예요. 다음 단계로 성장 중이란 신호를 보내는 거지요. 이때 아이의 신호를 알아차리고 적절히 반응하기 위해 노력하면 아이와 함께 잘 자랄 수 있어요.

아연 전 지금도 첫째가 방문을 걸어 잠근다고 생각하면 아찔해요.

그래 아이의 변화는 매번 낯설고 편하지 않을 거예요. 아이에게 성장통이 있는 것처럼 부모에게도 성장통이 있지요. 변화가 필요한 시점이라는 걸 알아차린 후에 이제 무얼, 어떻게 해야 하는지 하나씩 찾아보는 걸로 충분해요.

훌쩍 자란 아이에게 멋진 새 옷을 사준다고 상상해보세요. 그렇게 아이의 변화와 함께 나도 자라는 거예요. 새 옷을 나에게도 사주면 좋겠네요.

그리고 지금 아연님은 열한 살 부모잖아요. 첫째가 방문을 걸어 잠그는 날이 오면, 아연님도 그만큼 성장한 부모가 되어 있겠지요. 미래의 아이에게는 지금보다 성장해 있을 미래의 아연님이 잘 대응할 테니 지금은 지금의 부모 나이만큼만 자라면 충분해요. 오늘은 열한 살 아이와의 시간을 충분히 누리세요.

> **부모 ASK**
>
> **아이가 태어난 순간 나도 부모로 태어났습니다. 아이는 영아기, 유아기, 아동기, 청소년기를 거쳐 성인으로 자라고, 부모는 아이에게 필요한 태도와 역할을 익히며 보호자, 양육자, 훈육자, 격려자, 상담자, 동반자로 자라납니다. 아이가 혼자 자랄 수 없는 것처럼 부모의 성장에도 관심과 도움이 필요해요. 그 관심과 도움은 내가 나에게, 부부가 서로에게, 사회가 부모에게 주어야 합니다.**
>
> **ask 13** 지금 나의 부모 나이는 몇 살인가요? 오늘도 나는 아이와 나를 돌보고 키우며 자라고 있어요. 부모로 자라는 과정은 서툴고 힘든 순간이 꽤 많아요. 그런 순간엔 더 열심히 하려고 애쓰기 전에, 부모인 나를 돌보기 위해 오늘 할 수 있는 일 하나를 찾아서 실천해보세요.

ask 14 아이는 하루가 다르게 자라요. 요즘 아이가 보내는 성장 신호는 무엇인가요? 부모인 나도 아이와 함께 잘 자라고 싶다면 부모로서 나의 역할들을 구체적으로 적어보고, 그 역할들이 아이와 나의 발달단계(보호, 양육, 훈육, 격려, 상담, 동반)에 적절한지 살펴보세요. 혹시 아이에게 주도권을 넘겨줘야 하는 것까지 내가 다 해주고 있지는 않나요?

돌봄

: 보호자·양육자로 성장하는 시간

아이가 태어났습니다. 스스로 목도 가누지 못하는 아이는 졸려도, 배가 고파도, 기저귀가 축축해도 웁니다. 울음소리는 밤에도 그치지 않으니 하루 24시간 바쁘고 고됩니다. 내 몸을 돌볼 틈이 없어요. 아이가 쑥쑥 자라는 만큼 부모인 나는 지쳐갑니다.

'아이를 키우는' 부모인 이상 어쩔 수 없다고, 버텨야 한다고들 하는데 정말 그 방법뿐일까요? '아이와 더불어 살아가는' 부모에게는 다른 선택지가 있지 않을까요?

아이를 잘 돌볼 자신이 없어요

그래 어제 막내 여동생을 만났어요. 제가 중학교 1학년이 되던 해에 태어났으니 나이 차이가 꽤 나지요. 분홍색 신생아 내복을 입고 있던 모습부터 앞니 빠진 얼굴로 저를 보며 웃던 표정까지 눈에 선한데 어느새 두 돌 된 아기 엄마예요. 이제 제법 말귀도 알아듣고, 요구사항이 많아진 조카를 돌보느라 잠시도 쉴 틈이 없더라고요. 힘들 텐데도 틈만 나면 아기를 안고 머리며 볼에 뽀뽀하는 동생이 참 행복해 보였어요. 힘들지 않냐고 했더니 몸은 힘들어도 참 행복하대요. 다시 일을 시작해야 할 날이 다가오니 이런저런 생각이 많지만, 지금은 행복한 이 순간만 생각하고 싶대요.

아연 누구나 그렇게 부모의 삶에 잘 적응하길 바랄 텐데, 그렇지 않아 힘들어하는 분들이 꽤 많은 것 같아요.

그래 나만 유별난 것 같아 불안할 때가 있죠. 그런 상황에서 누군가를 '돌보는 사람'이 되어야 부모로서 제대로 성장하는 거란 말을 들으면 더 부담스러울 거예요. 그 이야기부터 해볼까요?

● 돌보는 사람으로 성장하는 첫걸음마

그래 아이들의 걸음마를 떠올려보세요. 첫 발자국을 쉽게 떼는 아기도 있고, 늦게 걷는 아기도 있어요. 하지만 모두 '걷기'라는 발달 과업을 잘 완수하고 다음 단계로 넘어가요. 누군가를 돌보는 사람으로 성장하는 과정을 제 동생처럼 자연스럽게 넘어가는 부모도 있고, 많이 낯설어하고 어려워하는 부모도 있어요. 그러나 걸음마를 떼는 아기처럼 우리 모두 이 과업을 잘 완수하고 다음 단계로 넘어가요.

나도 내 속도로 잘 해낼 수 있어요. 그러니 나를 믿고 스스로에게 다정해지세요. 이 태도는 앞으로 부모로 자라는 모든 시간의 바탕이 됩니다. 아이를 위해서도, 내가 좋은 어른으로 성장하기 위해서도 꼭 갖춰야 할 태도예요. 저는 이 시기에 나를 다정하게 대하지 못했던 게 제일 아쉬워요. 그래서 이 말을 제일 먼저 하고 싶었어요.

아연 아이들을 돌보는 건 피곤했지만 어렵지는 않았어요. 부모로서의 첫 번째 발달 과정을 잘 완수한 걸까요?

그래 어떻게 돌봐야 하는지를 생각해보죠. 임신했을 때로 돌아가볼까요? 임신을 한 순간 나와 배우자에게 두 몫의 새로운 삶이 펼쳐집니다. 아이의 삶, 그리고 부모로서 나의 삶이요.

보통 임신을 하면 아이만 돌본다고 생각하지만, 나도 부모로 첫 걸음을 내딛는 순간이에요. 그러니 아이도, 부모가 된 나도 잘 돌봐야겠지요? 아이의 삶을 이해하며 아이를 돌보는 것, 그리고 부모의 삶을 이해하며 나를 돌보는 것, 이 두 가지를 함께 챙기는 게 '돌봄'의 출발점입니다.

아연 아이의 삶과 나의 삶을 어떻게 이해하고 돌보나요?

그래 전 아이의 삶을 이해하기 위해 그맘때의 나를 떠올려보는 연습을 자주 해요. 내가 그때 어떤 경험을 했고, 어떤 마음이었고, 무엇을 바랐는지 살펴보면서 아이의 삶을 이해해보는 거죠. 우리는 수억 대 1의 경쟁을 뚫고 힘겹게 엄마 배 속에 자리 잡고, 열 달 동안 세상에 태어날 준비를 마친 뒤 힘겹게 엄마 골반을 통과했어요. 보통 출산 과정에서 산모가 겪는 고통만 이야기하는데 아이가 겪는 고통이 산모보다 크대요. 학자마다 최소 두 배에서 열 배까지 이야기해요.

아연 이 세상에 건강히 태어난 것만으로 기적이네요.

그래 그렇죠? 저는 태어난 날 찍은 사진을 가지고 있어요. 어렸을 땐 얼굴도 퉁퉁 부어 있고, 머리숱도 수북한 제 모습이 그다지 예뻐 보이지 않았어요. 엄마가 되고 나서 그 사진을 다시 봤는데 눈물이 났어요. '나도 이렇게 태어났구나. 그 많은 과정을 거치는 동안 한 번의 실수라도 있었으면 이 세상에 태어나지 못했을 텐데…' 싶어 진심으로 감사했어요. 그렇게 나는 100점 만점에 100점으로 이 세상에 왔고, 내 아이도 100점으로 이 세상에 왔어요.

아연 임신 기간을 떠올리면 아이를 보호하려 애썼던 내 모습만 생각했는데, 그래님 이야길 듣고 나니 나도 기적처럼 세상에 왔고, 우리 엄마도 그렇게 나를 지켰겠구나 싶네요.

그래 부모님의 보호를 받으며 이 세상에 온 나는, 아이를 보호하며 부모의 삶을 시작했지요.

이제 아기였던 나에서 임신 시기의 나로 초점을 옮겨볼까요? 내 몸 안에서 다른 생명이 자라는 데 익숙하고 편할 리가 없죠. 평소 좋아하던 음식도 아기를 위해선 가려 먹어야 했고요. 1킬로그램만 쪄도 신경이 쓰이는데, 임신을 하면 인생 최고 몸무게도 갱신해요. 잠도 편히 자지 못해요. 엎드려 자도 똑바로 자도 불편하지요. 아이를 위해 이 모든 변화를 받아들이고 감당했어요. 아이를 내 삶 안으로 받아들이고, 아이가 잘 자랄 수 있는 환경이 되어준 경험, 이게 우리가 부모로서 성장을 시작한 첫 경험이에요. 이런 나를 어떻게 대하셨어요?

아연 해야 할 일을 하는 거라고 생각했어요. 짜증나고 답답할 때도 많았지만 임신한 이상 어쩔 수 없으니까요.

그래 임신했을 때 다른 사람이 내 수고로움을 알아주길 바라는 마음이 커지지요? 그때 내가 먼저 나를 이해하고 알아주면 어떨

	까요? 나와 아이의 수고로움과 존엄함에 대해 깊이 생각해보고, 그 둘을 함께 돌보는 연습을 해봤으면 좋겠어요.
아연	내가 나의 수고로움을 알아주는 것도 나를 돌보는 방법이네요. 맞아요. 누군가를 위해 처음으로 온전히 나를 내어준 시간이었는데, 그렇게 애쓴 나를 내가 알아주지 않았어요.
그래	정말 애썼다고 말해주세요. 그때 미처 못했다면, 지금도 늦지 않았어요.

● 배우자와 함께 준비하는 부모됨

아연	그래님 이야기를 들으니 남편에게 미안해지네요. 내가 힘들수록 남편은 편하게만 지내는 것 같아 좀 얄미웠거든요.
그래	그땐 그럴 수 있죠. 아빠는 엄마보다 일상의 변화가 덜 한 게 사실이고요. 그런데 아빠는 애쓴 게 없을까요?
아연	그땐 내 몸이 힘들어 몰랐는데 나중에 보였어요. 임신 했을 때 남편이 거실 소파에서 잠을 잤어요. 제가 뒤척이고 자주 깨니 불편해서 그러나 싶었는데, 본인이 뒤척이면 제가 한 번 더 깰까봐 나가서 잤대요. 임신 준비 기간에는 부부가 엽산을 먹지만, 임신 중에는 저만 먹으면 되잖아요? 남편은 지금도 영양제 챙겨 먹는 사람이 아닌데, 이거라도 같이 하자며 엽산을 계속 먹었어요.

그래 뭐라도 함께해주고 싶으셨던 마음이 느껴지네요. 임신은 엄마가 되고, 아빠가 되는 과정이기도 하지만, 부부가 부모가 되는 과정이기도 해요. 부부 모두에게 낯선 경험이지요. 아이가 태어나면 의지하고 의논할 사람은 배우자예요. 그런데 우리는 임신한 순간부터 아이에게만 지나치게 집중하는 경향이 있어요.

아연 저도 남편과 태어날 아이에 대한 이야기는 나눴지만, 부모가 되는 우리에 대한 이야기는 나눈 적이 없었어요.

그래 저는 그때 내 몸의 변화도 낯설었지만 아이가 태어난 다음의 삶이 기대되면서도 두려웠어요. '어떻게 바뀔까? 우리는 어떻게 살아야 할까?' 생각이 많았어요.

그러면서도 그 고민을 남편과 나눌 생각을 못했는데, 만약 나눴다면 부모로 사는 것에 조금 더 수월하게 적응하지 않았을까 싶어요. 그래서 임신한 부부들을 만나면 자주 대화를 나누라고 권해요. 육아를 하다 보면 배우자가 이해되지 않을 때가 있거든요. 평소에 이런 이야기를 나누면 부모가 된 배우자를 이해하는 데 도움이 돼요.

- ☐ 당신은 어떤 아빠(엄마)가 되고 싶어요?
- ☐ 그런 아빠(엄마)가 되고 싶다고 생각한 계기가 있어요?
- ☐ 부모님의 모습 중 어떤 장면이 기억에 남아요?
- ☐ 어린 시절의 당신은 어떤 아이였어요?
- ☐ 부모가 되는 게 당신에게 어떤 의미인가요?

☐ 부모가 되고 나서 우리에게 어떤 변화가 있을까요?

☐ 그 변화에 대해 준비가 필요한 것들이 있을까요?

아연   제 부모 나이가 열한 살인데 남편과 나눈 적이 없는 이야기들이네요. 특히 '부모가 되는 게 나에게 어떤 의미인가?'는 저도 생각해보지 않은 질문이에요.

그래   보통 임신을 하면 '출산' 준비를 해요. 신체적·물리적 변화에 대한 준비를 하죠. 물론 중요한 부분이에요. 그리고 '부모됨'에 대한 준비도 필요해요. 부모가 된 내 삶을 준비하고, 부부가 같이 부모 목표를 설정해보는 것도 좋아요. 이런 질문에는 한 번에 답을 하기 어려워요. 천천히 기회가 닿을 때마다 이야기를 나누며 부부가 함께 찾아가는 거예요.

많은 부부가 육아를 같이 하고 싶다고 하지만, 배우자가 내 기준에 따라 움직여주는 걸 '같이'하는 거로 생각하는 경우가 적지 않아요. '아이를 사랑한다면 이렇게 하는 게 당연한 거 아니야?'라고 하면서요. 이건 같이하는 게 아니에요. '나랑 똑같이' 하길 배우자에게 강요하는 거죠.

<u>'같이'한다는 건 서로를 '함께하는 동등한 동반자'로 존중하는 거예요. 내가 원하는 것, 배우자가 원하는 것을 묻고 나누며 협력자로 함께하는 겁니다.</u> 오늘은 처음 부모가 된 그 순간의 나에게, 내 배우자에게 해주고 싶었던 말을 찾아보면 좋겠어요.

몸은 피곤하고,
마음은 불안해요

 아연 지난 만남에서 돌보는 거에 꽤 자신 있다고 한 말 취소할래요. 아이를 돌보기만 했을 뿐 부모가 된 저를 돌본 적은 없었어요. 그래서 오늘은 막 부모가 됐을 때의 저에 대해서 이야기하고 싶어요.

 그래 나에 대해 이야기하겠다는 선언이 정말 반갑네요. 앞으로도 계속 그래 보자고요.

아연 피곤하고 불안했어요. 특히 아이 울음소리가 마치 사이렌 소리처럼 들렸어요. 내가 무얼 하고 있든 기다려주지도 않고, 불편한 게 해결될 때까지 절대 멈추지 않으니 벼랑 끝에 몰린 것 같더라고요. 왜 우는지 도통 모르겠어서 아이와 같이 울어버린 적도 있어요. 아이의 울음 하나에도 이렇게 허둥대는데, 살림도 하고 부모인 나도 살아야 하니 전쟁터가 따로 없었어요. 특히 이 시기에 '나를 챙길 겨를이 없다'고 하잖아요. 해야 할 일도 다 하지 못했는데, 어떻게 나까지 챙기겠어요. 정신없이 아이를 돌보다 보면 밥 때를 놓치기 일쑤였고 늘 수면부족에 시달렸어요.

아이를 돌보며 나도 돌보기

그래 그러면서도 나는 힘들어도 안 되고, 아파도 안 되잖아요. 그럼 그만큼 책임감을 가지고 잘 돌봐줘야 하는데 그러긴 쉽지 않지요? 어려우니까 '어른이 배워야 하는 과업'인 거예요.

비행기를 타면 비상시 산소마스크는 보호자가 먼저 착용하라고 해요. 아이에게 산소마스크를 씌우려다 보호자가 먼저 정신을 잃으면 보호자도 아이도 같이 위험해지니까요. 안내방송에서 강조하는 건 보호자가 먼저 산소마스크를 쓰는 경우가 그만큼 적다는 것 아닐까요? 본능적으로 아이를 먼저 지키고 싶으니까요. 하지만 아이를 잘 보호하려면 보호자인 나의 안전을 먼저 확보해야 해요. 나를 돌보는 건 보호자의 의무예요.

아연 의식적으로 나를 먼저 챙길 때도 있지만, 그럴 때마다 이기적인 것 같아서 마음이 불편했어요. 나를 돌보는 게 '의무'라고 하니까 오히려 맘이 편해지네요. 좋은 보호자로 성장하기 위해 나도 잘 돌봐야겠어요.

그래 그런데 나를 잘 돌보는 것보다 그냥 버티는 경우가 훨씬 많은 것 같아요. 소위 '100일의 기적'이라고 하잖아요. 아이가 태어나 100일이 지나면 밤낮을 가리기 시작하니 100일만 버티자고 부모들끼리 으쌰으쌰해요.

아연 저도 그랬다가 '100일의 기절'을 경험했죠. 100일이 지났는데도 아이가 밤에 수시로 깨니 화가 났어요. 체력은 이미 바닥이 났는데, 내 생활은 나아질 기미가 보이지 않으니 마음까지 지쳤어요. 그래도 어쩌겠어요. 주변에서도 '다들 그렇게 키운다, 크면 나아진다'고 하시니 또 버텼죠.

그래 몸도 마음도 버티는 건 한계가 있어요. 무조건 버티다가는 한순간에 번아웃이 오기 쉬워요. 물론 아이가 자라면 저절로 해결되는 것도 있어요. 하지만 그동안의 내 태도와 삶의 방식은 고착되죠. 환경이 변해도 익숙해진 삶의 태도는 남거든요.

아연 버티는 방법밖에 몰라서 나를 소진시키고 있는 것 아닐까요? 나와 남을 함께 돌보는 방법을 알면 저부터도 버티지 않을 것 같아요.

그래 어린아이를 돌보며 잠을 충분히 자고, 매끼 여유롭게 먹을 수는 없겠지만, 무조건 버텨내는 것과 나의 신체적·정신적 스트레스를 알아차리고 관리하는 건 달라요.

저는 부모가 되기 전에 이 정도로 스트레스를 받는 상황에 처해본 적이 없었어요. 그래서 내가 힘들다고 하는 순간 모든 게 무너질까 봐 더 두려웠어요. 그런데 그렇지 않더라고요. 반대로 나의 힘듦을 계속 외면하면 언제 무너지는지도 모른 채 무너질 수 있다는 걸 경험했어요.

그러니 부모가 되기 전을 기준으로 모든 걸 완벽하게 유지하는 것보다 부모인 나를 앞에 두세요. 제한적인 상황을 받아들이며 아이도, 나도 돌볼 수 있는 방법을 찾는 거예요. 아이가 배고파서 울면 젖을 주고, 졸려서 울면 재워준 것처럼 내가 피곤하면 조금이라도 쉴 수 있는 방법을 찾아보고, 너무 답답할 땐 숨 쉴 틈을 만들어주는 거예요. 살림을 최소화할 수도 있고, 주변에 도움을 요청하거나 아이 돌보미 서비스를 신청해볼 수도 있겠죠. 상황은 다르겠지만 분명히 방법은 있어요. 아무것도 포기하고 싶지 않아서 자신을 포기하고 있기 때문에 방법이 보이지 않는 겁니다.

아연 맞네요. 참고 버티려고만 했지 나를 돌볼 방법을 찾아볼 생각은 하지도 않았네요.

그래 버티는 것도 하나의 방법이에요. 버티는 게 최선일 때도 있어요. 다만 버티는 것이 유일한 방법은 아니라는 거지요. 신체적·정신적 스트레스를 관리하는 방법은 다양해요. 나에게 맞는 방법을 찾을 때 아이뿐 아니라 스스로를 보호할 능력을 지닌 어른으로 성장할 수 있어요.

🟢 부모의 불안, 소중함이 담긴 자연스러운 마음

아연 부모가 되고부터 수시로 불안해요. 대체 왜 이렇게 불안한 거예요?

그래 부모니까요. 내 아이를 가진 부모니까 불안해지는 거예요.

아연 그냥 부모라 불안하다고요?

그래 흔히 잃을 게 없는 사람은 무서운 것도 없다고 해요. 그 말은 잃을 게 있으면 무서운 게 있다는 거죠. 부모가 되면 너무나 소중한 아이가 생겨요. 절대 잃고 싶지 않고, 잘 지키고 싶은 존재가 생겼으니 불안도가 높아지는 건 당연해요. 자연스럽고 예쁜 마음이에요.

아연 아… 이만큼 불안할 정도로 저에게 아이들이 소중하다는 증거였군요.

그래 불안해지는 것도 다 이유가 있어요. 무조건 나쁜 거라고 단정 짓고 바라보면 제대로 이해할 수 없어요.

아연 불안의 이유를 알고 나니 불안한 내가 기특하네요. 그런데 한편으론 덜 불안하면 조금 덜 힘들게 육아를 할 수 있고, 아이에게도 너그러울 수 있을 텐데 싶어요. 불안이 저에게도 아이에게도 좋은 영향을 미치지는 않는 것 같거든요.

그래 불안하면 어떻게 하세요?

아연 '어떻게 하면 불안하지 않을까?'를 생각해요. 아이들이 어릴 땐 아이들이 다칠까봐, 잘못될까봐 불안했어요. 조금이라도 위험해 보이면 '안 돼!'라고 했었어요.

그래 불안하면 아이를 더 보호하려고 애쓰게 되죠. 그러다 보면 의도와 다르게 아이가 도전할 기회를 빼앗기도 해요. 동시에 부모인 나 역시 자유롭게 도전하며 성장하는 아이를 지켜보면서 응원할 기회를 잃고요. 그 기회를 잃고 싶지 않다면 불안함을 인정하고 견뎌보세요. 아이는 그런 부모를 버팀목 삼아 앞으로 나아가요. 그런 아이를 보면서 부모는 불안을 건강하게 다스리는 방법을 배우지요. 처음부터 안정된 부모는 없어요. 작고 연약한 아이를 처음 돌보는데 어떻게 불안하지 않을 수 있나요. 서툴지만 그래서 더 열심히 하잖아요. 그 과정을 통해 이뤄낸 경험이 쌓여 나에 대한 믿음도 단단해지는 거죠.

부모의 삶은 낯설고 불안을 일으키는 것들과 끊임없이 마주하는 과정이 될 거예요. 부모살이의 첫 단계부터 불안을 다스리는 방법을 익혀야 삶의 기초가 탄탄해지는 거랍니다. 그렇지 못하면 내 불안에 잠식되어 다 큰 자녀에게도 내 기준만 강요하다가 '관계'라는 큰 집이 통째로 무너져내릴 수 있어요.

아연 불안에서 벗어나려 애쓰지 말고 불안을 마주해야 하는군요. 최근에 마음이 불안하면 아이와 부딪히곤 했는데 이유를 알겠어요. '아이가 친구와 잘 어울리지 못할까 봐', '아이가 뒤처질까 봐' 등 불안한 마음에 대한 대비책을 세웠는데, 이게 아이의 'To Do List'가 되곤 했어요.

그래 내 불안으로 아이를 다그치면서 관계가 무너지기 시작해요. 조금 불편하더라도 불안의 실체를 직면해보세요. 불안은 모호할 때 힘이 가장 세거든요. 내가 불안한지, 아이가 불안해하는 건지를 구분해보고, 무엇이 불안한지, 왜 불안한지를 들여다보면 왜곡되거나 과장하지 않고 실체를 선명하게 알 수 있어요. 그러면 내가 뭘 해야 하는지를 정확히 알 수 있죠. 동시에 내가 어찌할 수 없는 부분이 있다는 것도 보이고요.

첫째보다 둘째를 키울 때 덜 불안하다는 이야기를 자주 하세요. 첫째는 내가 몰라서 불안했지만, 둘째는 경험이 있으니 덜 불안하다고 생각하는 경우가 많은데요. 아니에요. 첫째를 키우며 내가 통제할 수 없는 부분이 있다는 걸 이해하고 받아들였기 때문에, 둘째를 키우면서는 여유가 생기는 거예요. '내가 모든 상황을 대비할 수는 없어'라는 사실을 받아들이면 오히려 마음이 편해져요. 예상치 못한 상황이 벌어질 수도 있지만, 우리는 그 상황을 헤쳐나갈 수 있다는 걸 경험으로 익힌 거지요.

아연 아이들이 불안해할 때 대응책을 알려주곤 했는데, 어떤 일이 생겨도 방법을 찾고 헤쳐나올 수 있는 힘이 네 안에 있다는 걸 알려줘야겠어요.

그래 내 통제를 넘어서는 것도 삶이라는 걸 받아들이고 배울 때 불안을 다룰 수 있어요. 저에게 가장 큰 불안 요소는 남편이 저보다 먼저 세상을 떠나는 것이었어요. 친정엄마가 일찍 돌아가시며 혼자가 되신 친정아빠에 대한 자식으로서의 짐도 있고, 자식들이 아무리 잘 챙기고 사랑해도 한계가 있다는 것도 알게 됐죠. 내 자식들에게는 이 경험을 물려주고 싶지 않은데 남편이 늘 무리해서 일을 해요. '무리하지 마라', '술 마시지 마라', '운동해라'라고 하면 남편과의 관계가 삐걱대요. 가족들과 오래 행복하게 살고 싶은데 그렇지 못할까 하는 불안한 마음에 잔소리를 해요. 이 방법은 오히려 역효과만 일으켰어요.

결정적으로 전 남편만 건강하면 우리가 오래 행복하게 살 수 있을 줄 알았는데, 작년에 저에게 차를 폐차할 정도로 크게 교통사고가 났어요. 처음으로 내가 먼저 잘못될 수도 있겠다는 생각을 하니, 삶은 내 통제를 넘어서는 거라는 걸 다시 한번 알게 되었어요. 지금은 잔소리를 하지 않아요. 대신 가족과 함께 하는 오늘을 어떻게 하면 조금 더 다정하고 따뜻한 기억들로 채울 수 있을까를 고민해요. 그게 저의 최선이니까요.

부모의 삶도 마찬가지 아닐까요? 불안을 벗어나려고 오늘을 갈아넣지 말고, 불안을 받아들이고 오늘 내 몫을 다하는 게 부모의 불안을 다루는 최선의 방법인 것 같아요.

잘 하고 싶지만 쉽지 않을 거예요.
나도 처음해보는 돌봄이니까요.

완벽하게 해내지 못해도 괜찮아요.
모든 걸 혼자 다하려고 하지 마세요.

내 몸과 마음을 돌보는 것도 중요해요.

부모로서의 첫 단계인 만큼 불안하고 예민한 시기.

서두르지 마세요.
부모에게도 자라는 시간이 필요합니다.

세상에 이런 존재가
존재했네요

 아연 모성애가 있다고 하잖아요. 아이가 태어나자마자 막 애정이 샘솟을 줄 알았어요. 그런데 내가 낳았고, 손목과 발목에 이름표를 붙이는 것까지 봤는데도, 막상 아이를 보면 '내가 정말 낳은 거 맞나' 싶었어요.

 그래 충분히 그럴 수 있지요. 갈린스키는 아이가 태어나면 부모는 "상상했던 아기와 태어난 아기를 일치시키는 과제가 중요하다고" 했어요. 실제로 많은 부모들이 이제 막 태어난 아이를 바라보며, '이 아이가 정말 내 아이가 맞나?'라는 생각이 들었다고 고백해요. 임신 기간 동안 '우리 아이는 나의 크고 또렷한 눈매와 배우자의 길고 늘씬한 팔다리를 닮았으면 좋겠다'와 같은 상상들을 하잖아요? 그런데 막 태어난 아기는 빨갛고, 쪼글쪼글하고, 부어 있고… 상상과 다른 현실은 낯설어요.

아연   묵은 체중이 내려가는 것 같아요. 사실 아이를 보자마자 '사랑스러운 내 아이'라는 감정이 생기지 않았던 게 내내 불편했거든요. 제가 이상한 게 아니었네요. 지금은 아이에 대한 사랑이 더 커지고 뜨거워지는 것 같아요. 어제도 예뻤는데 오늘은 더 예뻐요. 누군가를 이렇게 진하게, 오래 사랑할 수 있다는 사실이 놀라워요.

전부를 내어주고, 전부가 되는 경험

그래   저도 세상에 이런 '존재'가 있다는 게 여전히 신기해요. 갈린스키는 "안아주고 보살피며 아기와 더욱 익숙해짐에 따라 상상 속에서 그렸던 아이상과 실제 아이의 차이에서 느낀 혼란을 극복할 수 있다"는 말을 했어요. 부모가 아이와 관계를 맺으며 애정이 깊어지고 아이를 받아들이게 된다는 건데, 받아들이는 것 이상의 애정이 생겨요.

아연   새록새록 예쁘다고 하잖아요. 부모가 되기 전에는 그 말을 쓴 적이 없었는데, 부모가 되고는 가장 자주 쓰는 말 중 하나예요.

그래   아이와 연결되면 새록새록 예쁜 점이 보이죠. 젖을 먹일 때도 단순히 아이 배를 채우게 하려면 젖만 물리면 되는데, 아이와 눈을 맞추고 어르고, 아이 몸 이곳저곳을 어루만지며 스킨십을 해요. 옹알이를 하면 '그랬어?', '기분이 좋구나'라고 맞장구를 치고, 따라 하기도 해요. 이런 경험을 통해 누군가를 돌보는 게 단순히 수고롭고 피곤하고 부담스럽기만 한 게 아니라 서로의 마음이 연결되고 교감하는 과정이라는 걸 배우게 되지요.

아연 연결되고 교감한다… 맞아요. 아이와 단둘이 집에 있으며 외로울 때도 많았는데, 아이와 교감하는 순간에 그 외로움이 채워지곤 했어요. 집안일을 하다 아이가 궁금해 쳐다보면 아이와 눈이 마주쳐요. 아이도 저를 보고 있었던 거잖아요. 그 순간이 어찌나 좋던지….

그래 부모가 되고 우린 누군가에게 전부를 내어주는 경험을 해요. 동시에 전부가 되는 경험도 하지요. 기존의 셈법으로는 이해되지 않는 경험을 통해 나의 가치와 삶의 태도에 작은 변화가 생기기 시작하는 거죠.

● 어린 시절의 상처를 바라보는 태도

아연 전 부모님 생각이 자주 났어요. 힘들 때면 '우리 엄마 아빠도 나를 이렇게 키우셨겠구나. 그것도 모르고 나는 툴툴대기만 했네' 하며 죄송한 마음이 들었고, 아이를 혼내고 후회할 때는 '우리 엄마 아빠도 마음이 편치 않으셨겠다' 싶었어요.

그래 '한 아이를 여섯 명의 어른이 키운다'는 말이 있어요. 아이의 엄마와 아빠, 그리고 그 엄마의 부모님과 아빠의 부모님, 이렇게 총 여섯 명이요. 부모님과의 기억이 육아를 하며 하나씩 하나씩 떠오르기도 하고, 의식하지 못하지만 아이를 대할 때 배어 나오기도 하지요.

아연 부모가 되고 처음으로 '내면아이'라는 말을 접했어요. 어린 시절 받은 상처와 아픔이 내 안에서 내면아이로 자리 잡고 있는데, 그 내면아이를 치유해야 좋은 부모가 될 수 있다고 하더라고요.

그래 '내면아이'라는 개념은 미국의 상담가 존 브래드쇼의 책 《상처받은 내면아이 치유》에 소개되며 전 세계적으로 관심을 모았지요. 어린 시절의 상처를 마주하고, 치유하는 것은 중요하고 의미 있는 과정이에요.

한 가지 걱정되는 건 그 상처를 떠올리며 누군가를 마냥 원망하고, 그래서 내가 이렇게 살 수밖에 없는 거라고 합리화하는 분들이 적지 않다는 거예요. 어린 시절의 힘든 기억을 떠올리는 건 회복을 위한 출발점이지 도착지는 아니에요. 불행한 기억에만 초점을 맞추는 것은 내면아이의 개념을 잘못 이해한 것이고요.

아연 저도 그랬어요. 아이를 키우며 어린 시절의 속상한 기억이 순간순간 떠오르면, 엄마에게 가서 따지고 사과를 받고 싶었어요. 어느 날 친정에 갔는데, 엄마가 육아상담 프로그램을 보고 계셨어요. TV 속 전문가가 아이에게 화를 내면 안 된다고 하니, 엄마가 "너희들에게 참 화도 많이 내고, 매를 들 때도 있었는데 그땐 그게 얼마나 상처를 주는 일인지 몰랐지…"라고 하시는 거예요. 그때 처음 '화를 자주 내던 엄마'가 '아이를 잘 키우려고 애를 쓴 한 사람'으로 보였어요. 내가 노력하는 것처럼 엄마도 노력하셨을 텐데, 내가 받은 상처만 보고 있는 건 아닐까 하는 생각이 들면서 우리 엄마 억울하겠다 싶었어요.

그래 성인이 된 우리는 부모를 객관적으로 바라보고 이해할 수 있지요. 한 사람으로 부모를 바라보면 좀 더 넓고 깊게 이해되는 부분들이 있고, 불편하고 아팠던 기억들을 다시 볼 힘도 생겨요. <u>어린 시절의 상처는 흘려보내기 위해 떠올리는 거예요. 그 상처에 붙들려 살지 않기 위해서요. 그때로 돌아가서 그때의 나에게 충분히 머물고, 충분히 공감해주면, 그때의 아픔을 과거의 일로 떠나보낼 수 있어요.</u> 오늘의 나는 그런 상처를 품고도 이렇게 잘 자란 걸요. 나는 그 시간을 잘 견뎌낸 사람이에요. 내 상처를 스스로 감당하고 보듬을 힘이 있는 사람입니다.
<u>내면의 상처를 치유한 아이는 어른이 되어 사라지는 게 아니라 자유로운 아이가 됩니다. 내 안에는 건강하고 자유로운 아이도 살고, 그 아이와 사이좋게 지내는 어른도 같이 살아요.</u> 부모가 이런 모습일 때 자연스레 아이들을 수용하지요.

아연 생각해보니 상처에서 벗어나고 싶었던 거지, 부모님께 사과를 받고 싶었던 건 아니었어요. 부모님께 사과를 받아야 상처가 사라지는 것도 아니고요.

그래 아까 아이를 키우며 힘들 때 부모님도 나를 이렇게 키우셨겠다는 생각이 들었다고 했죠? 아연님은 아이를 키우며 힘들기만 하세요?

아연　아뇨. 이만큼 힘든 적이 없었지만, 이만큼 충만감을 느낀 적도 없어요. 아이들과 함께 있어 방전이 되고, 아이들과 함께 있어 충전도 돼요. 우리 부모님도 저를 키우며 그러셨겠네요.

그래　저는 부모가 되고 나서 아빠와의 관계를 다시 보게 됐어요. 어린 시절의 사진 속 저는 대부분 엄마와 함께 있어요. 그러다 보니 사진을 보며 엄마와 저만 떠올렸는데 모든 사진에 한 사람이 더 있더라고요. 엄마와 저에게 초점을 맞추고 있는 앵글 밖의 아빠… 사진에는 보이지 않지만 그 순간에 함께했을 아빠의 모습이 그제야 보이기 시작했어요.

제 이름은 아빠가 지어주셨는데, 한자가 星兒예요. 별 '성', 아이 '아'. 아빠에게 처음 찾아온 아이인 저는 '별과 같은 아이'였던 거죠. 아빠에게 내가 어떤 존재였는지를 깨달은 뒤부터는 아빠를 대하는 마음이 달라졌어요. 아빠의 삶에 내가 미처 다 알지 못하는 낯설고 어려운 시간이 많으셨겠다는 생각이 들며, 아빠를 이해할 수 있는 여백이 생긴 것 같아요.

아연　부모가 되고 나서는 진심을 담아 '이제부터 효도할 테니 건강하게 오래오래 사세요'라고 하면, 부모님은 '네가 할 효도는 이미 다했다'고 하세요. 부담 갖지 말라는 뜻인 줄만 알았는데, 저도 아이들에게 같은 마음이에요.

그래　서로에게 그런 존재라는 건 무척 감사한 일이지요. 미국 정신과 의사인 모건 스캇 펙은 책 《아직도 가야 할 길》에서 '우리가 다른 사람을 위해서 하는 것도 실은 우리의 필요성을 충족시켜주기 때문이다'라고 했어요.

아이를 위해 하는 일들이 동시에 나에게 필요한 것들을 충족시키고 있어요. 우리 부모님들도 우리를 통해 그런 기쁨을 누리셨을 거고요. 그게 '충분했다, 그렇지 못했다'를 논하기보다 오늘 나에게 다시 그런 순간이 주어졌다는 것에 집중하면 어떨까요? 아이와 주고받는 사랑 속에서 내가 양육자로 성장하고 있다는 것, 지금은 그걸 선택할 수 있는 시간이니까요.

어른인 부모도 아이에게 애착을 형성한다고요?

 아연　결이가 얼마 전부터 손톱을 물어뜯어요. 어렸을 때 한참 그랬는데, 다시 그러네요. 손톱을 왜 뜯을까요? 결이가 어렸을 때 제 사랑이 부족했을까요? 애착에 문제가 있는 걸까요?

 그래　결이에게 왜 손톱을 뜯는지부터 물어보세요. 심심하거나 집중해서 그럴 수도 있고, 걱정이 있거나 초조해서일 수도 있어요. 이유는 다양해요.

아연　결이는 주로 만화를 보거나 책을 읽을 때 손톱을 물어뜯어요. 집중할 때 그러는 것 같아요! 괜히 애착까지 걱정했네요. 그놈의 애착이 뭔지, 부모가 되곤 늘 신경이 쓰여요.

Part 2. 부모로 자라다

🔵 애착, 세상에 대한 신뢰

그래 대학원 시절에 심리학의 역사상 가장 많은 연구가 진행된 주제 중 하나가 '애착'이라고 들었어요. 그만큼 우리 삶에 흥미롭고 중요한 주제인 거겠지요? 애착을 뭐라고 생각하세요?

아연 음… 우선 아이와 딱 달라붙어 있는 장면이 떠올라요. 그리고 한 번 형성되면 평생 가는 거라는 생각도 들어요.

그래 상담과 워크숍에서 부모님들과 이야기를 나눠봐도 비슷하게 말씀하세요. 어린아이를 둔 부모들은 애착을 잘 형성하는 방법을 물으시고, 조금 더 큰 아이를 둔 부모들은 애착이 잘 형성되었는지를 궁금해하세요. 현재 아이의 문제 행동이 애착 때문인 건 아닌지 걱정하시는 것 같아요.

아연 그러니까요. 아이들이 어렸을 때, 애착 형성을 잘 하고 싶어서 웬만해서는 울리지 않으려 했어요. 안정 애착을 형성하는 게 숙제 같았거든요.

그래 애착을 너무 어렵게 생각하지 않으셨으면 좋겠어요. 저는 애착을 '세상에 대한 신뢰'라고 생각해요. 아이가 '응애~' 하고 말을 건넬 때, 세상이 아이를 따뜻하게 받아주면 애착은 자연스럽게 형성돼요.

아연 아이가 처음 만나는 세상은 부모니까, 부모가 아이의 신호를 따뜻하게 받아주면 될까요?

그래 꼭 부모가 아닐 수도 있지요. 애착을 처음 연구하던 시대에는 엄마가 주로 아이들을 돌봤어요. 그러다 보니 애착의 대상을 '엄마'에게 한정 지어 설명하는 사례가 많지요. 부모를 포함해서 아이가 함께하는 양육자가 믿을 수 있는 세상이 되어주면 충분해요.

아이 입장에서는 '응애~' 하고 우는 게 세상에 보내는 신호이고 도전이에요. 울었을 때 도움받을 수도 있고, 받지 못할 수도 있어요. 도움을 받아본 아이는 세상이 살 만한 곳이라고 느끼며 신뢰를 쌓아요. 도움을 받지 못한 아이는 긴장과 불안을 경험하게 되는데, 이런 상황이 반복되면 나는 뭘 해도 안 되는구나 싶은 무력감을 느낄 수도 있어요.

막내 현우가 다섯 살 무렵이었을 때 일이에요. 어린이 공원에 갔는데 어른 어깨 높이의 정글짐이 있었거든요. 용감하게 올라가더니 아래를 보고는 머뭇거려요. 막상 올라가니 겁이 나는 듯한 눈치예요. 장난기가 발동한 제가 두 팔을 벌리고 웃으며 "뛰어!"라고 했어요. 말은 그렇게 했지만 '설마 뛰겠어?'라는 생각으로요. 그런데 아이가 저와 눈이 마주치더니 1초도 망설이지 않고 펄쩍 뛰어내렸어요. 반사적으로 아이를 받긴 했는데 다리에 힘이 풀렸어요.

그때를 떠올리면 지금도 뭉클해요. 눈이 마주쳤을 때, 씨익 웃던 얼굴도 떠오르고요. 아이는 '뛰어'라는 제 말 한마디에 두려움을 이겨내고 제 품으로 뛰어들었어요. 한 치의 주저함이 없었어요. 저를 그만큼 믿고 있다는 사실이 놀라웠어요. '내가 이 아이의 안전지대구나. 이 아이가 나를 믿고 있구나'라는 생각에 고맙고 뿌듯했지요.

부모와 자녀, 서로의 안전지대

그래 지난 만남에서 부모는 아이를 위해 무언가를 하는 동시에 내가 필요한 걸 충족시킨다고 했지요? 저는 애착도 그렇다고 말해요. 요즘 부모들은 아이의 애착만큼이나 어른인 나의 애착에도 관심이 많지요?

아연 저도 성인애착에 대한 책을 꽤 읽었어요. 나는 과연 안정애착을 형성했는지가 궁금했어요. 만약 그렇지 못한 부분이 있다면 지금이라도 회복하고 싶었어요. 부모님과의 애착이 충분히 형성되지 못하면, 배우자나 아이와의 애착에 영향을 준다고 하니 더욱더요.

그래 애착을 대상에 따라 나눠서 이해하려 하기보다 내 삶의 전체적인 관점에서 살펴보면 도움이 될 거예요. 성인이 된 우리는 다양한 관계 맺기를 통해서 애착 형성에 영향을 받아요. 부모가 된 후에는 아이와 애착을 형성하며 부모님과의 애착에서 생겼던 상처들을 회복되기도 하고요.

아연 아이와 애착을 형성하며 나의 애착을 회복한다고요?

그래 애착은 세상에 대한 신뢰감의 바탕이잖아요. 내가 약해졌을 때, 그런 나를 받아주고 도와줄 거라는 신뢰요. 아이들 앞에서 약한 모습을 보인 적 있으시지요?

아연 한두 번이 아니죠. 아이들과 있으면 가끔 벌거벗고 있는 것 같아요. 너그럽고 온화한 모습을 보여주고 싶지만, 그건 저의 희망사항일 뿐이고요. 버럭하고 실수투성이인 모습을 보여줄 때가 더 많아요. 가끔은 바닥까지 보여주기도 하고요.

그래 그래서 고맙지 않아요?

아연 네? 민망하고 부끄럽기만 한데요?

그래 벌거벗고 있는 것 같은 순간에도, 아이는 그런 나를 받아주잖아요. 부모들은 이런 점이 부족해서 아이에게 미안하고, 다른 부모는 저렇게 해주는데 나는 이것도 못 해줘서 주눅이 든다고 하지만, 아이들은 늘 '우리 엄마, 우리 아빠 최고'라고 해요. '나를 진심으로 믿어주는 사람이 있으면 뭐든 해낼 텐데', '다른 사람과 비교하지 않고 있는 그대로의 나를 바라봐준다면 힘이 날 텐데'라는 말을 하잖아요. 그 사람은 멀리 있지 않아요. 우리 아이들이 우리를 그렇게 바라보고 믿어주고 있어요. 자녀를 향한 우리의 마음만큼이나 아이들이 우리를 사랑하는 마음도 절대적이에요.

아연 그러네요. 아이들이 그 사람이네요. 아이와의 애착 형성에만 관심을 가졌는데, 아이를 통해 저도 애착을 형성해나가고 있었어요. 그 과정에서 채워진 것들이 많아요.

그래 그렇게 부모와 아이는 서로를 믿으며 돌보는 거 아닐까요? 이

걸 경험하고 배우는 과정이 부모인 우리가 보호자, 양육자로 성장해나가는 길입니다.

부모 ASK

부모는 아이를 돌봅니다. 그리고 아이도 자기 나름의 방법으로 부모를 돌보지요. 부모는 아이에게 사랑을 주고, 아이에게 사랑을 받습니다. 아이에게 전부를 내어주고 전부가 되는 경험을 하면서요. 아이에게 세상이 되어주는 동시에 나의 세상을 치유할 기회도 얻습니다. 물론 '주는' 부모가 될지, '주고받으며' 성장하는 부모가 될지는 나의 선택입니다.

ask 15 당신의 일상에서 나와 우리 가족을 돌보는 시간의 우선순위는 몇 번째인가요? 돌봄은 시간과 노력이 필요합니다. 나 자신과 내가 사랑하는 사람들을 위한 시간과 노력을 나중으로 미루거나 포기하지 마세요. 함께하기 위해서는 나 자신에게도, 배우자에게도 내가 원하는 대로 움직이길 요구하기보다 필요한 것을 살피고 마음을 나누는 게 먼저입니다.

_____

_____

_____

ask 16 아이를 돌보며 뭉클하고 기쁜 순간은 언제였나요? 오래된 사진

첩이나 폴더를 열어보며 떠올려보셔도 좋아요. 그 순간을 다시 보는 것만으로도 새로운 에너지가 생겨날 거예요. 그리고 오늘도 아이를 위해 뭔가를 기쁘게 하고 있는 나 자신도 칭찬해주자고요.

_____

_____

_____

성장

: 훈육자·격려자로 성장하는 시간

아이가 자랄수록 머릿속이 복잡합니다. 해주고 싶은 것도, 해줘야 할 것도 많아지니까요. 부모인 내 욕심으로 아이를 힘들게 하는 건 아닌지, 반대로 너무 안이하게 생각해 아이에게 꼭 필요한 걸 놓치고 있는 건 아닌지 걱정도 됩니다.

그러다 잠든 아이를 보고 있으면 갓난아기 시절이 떠오릅니다. 그땐 아이가 건강하게 잘 자라기만을 바랐는데… 아이를 대하는 내 마음이 달라진 걸까요? 아이가 자라면서 부모인 나에게 욕심이 생긴 걸까요? 하루가 다르게 성장하는 아이를 보며 나에게 필요한 성장은 무엇인지 고민하게 됩니다.

사랑하는데 왜 힘들고 화가 나는 걸까요?

 아연 아이가 배 속에 있을 땐 건강하게 태어나기만 바랐어요. 건강하게 태어나줘서 고마웠고, 잘 자라줘서 감사해요. 그런데 지금은 이왕이면 공부도 잘했으면 좋겠고, 저에게 비밀도 없으면 좋겠고… 바라는 게 점점 많아지네요.

 그래 하하. 비밀도 없었으면 좋겠다고요? 이 부분은 나중에 좀 더 깊이 이야길 나눠봐야겠네요. 아이를 사랑하는 마음이 큰 만큼, 그 사랑을 받고 자라는 아이에게 기대하는 것이 많아지는 건 이상한 게 아니라 자연스러운 거라는 말 기억하지요?(부모 12주차 참고)

아연 네. 그래서 저의 기대를 내가 해주고 싶은 것과 아이에게 필요한 것으로 구분하면서 건강한 에너지가 될 수 있게 노력하고 있어요! 그리고 부모로서 아이에게 필요한 부분을 잘 챙겨야 할 것

Part 2. 부모로 자라다

같은데, 부모가 절대 놓치지 말아야 할 중요한 역할은 뭘까요?

● 부모 역할은 딱 두 가지

그래 비슷한 질문을 자주 받아요. 저는 역으로 만약 내 인생이 1년 남았다면 무얼 하고 싶은지 질문해요. '아이와 가족들에게 사랑한다고 충분히 표현하고 싶어요', '아이가 생일마다 꺼내볼 수 있게 편지를 미리 써둘래요. 편지에는 사랑하고 늘 지켜보고 있다는 이야기를 쓸 거예요', '같이 마트에 가고, 같이 산책하고, 같이 밥 먹고… 그런 일상을 최대한 많이 누릴래요. 그 순간이 가장 행복했어요'와 같은 답을 하시는 분들이 많아요.

아연 일상적인데 가장 미루기 쉬운 일을 하고 싶어하는군요. 저도 아이들에게 한 번이라도 더 사랑한다고 말하고 싶어요. 제가 아이들을 정말 많이 사랑했다는 걸 기억했으면 좋겠어요.

그래 저도 그래요. <u>아이들과 사랑을 나누며 오늘을 사는 것, 그게 가장 중요한 역할 아닐까요?</u> 그 사랑은 내 인생이 1년 남았을 때까지 미룰 게 아니라 오늘 바로 할 수 있는 것들이지요. 그래서 전 부모 역할의 80퍼센트는 '사랑하기'라고 말해요. 부모인 내가 가장 하고 싶은 것이고, 아이들이 부모에게 가장 받고 싶어하는 것이니까요.

아연 오늘 아침에 겨우 일어나서 아이들 밥을 챙겼어요. 조금 더 자려다가 아이들이 학교에 가서 배고플까 봐 일어났어요. 지금 생각해보니 사랑해서 챙겨주고 싶었던 제 마음이 보이네요. 사랑하기가 80이면 나머지 20은 뭐예요?

그래   '가르치기'요. 내가 가르치고 싶은 게 아니라 아이에게 필요한 것을 가르치는 것도 중요합니다.

부모인 우리가 해야 하는 역할이 무척 많은 것 같지만, 정리해보면 딱 두 가지예요. 사랑하기와 가르치기. 이게 참 간단해 보이지만 제대로 하기는 쉽지 않아요. 그래서 부모 발달의 두 번째 단계는 잘 사랑하고, 잘 가르치는 사람으로 '성장'해가는 겁니다.

● 사랑, 내 마음이 너에게 가 닿기를

아연   사랑은 자신 있어요. 아이들 물고 빠는 건 동네방네 소문 났거든요.

그래   아이들도 충분히 사랑받고 있음을 느낄까요?

아연   음… 그… 그렇지 않을까요?

그래   아직은 웅이와 결이가 엄마가 물고 빠는 걸 사랑이라고 받아들일 수 있지요. 서로가 사랑이라고 받아들이면 사랑을 주는 아연님도 받는 아이들도 만족스럽겠네요. 그런데 종종 최선을 다해 사랑하는데, 아이가 내 맘을 몰라줘서 억울하고 속상하다는 부모님들도 많으시거든요. 그럴 때는 내 사랑이 아이에게 충분히 전해지고 있는지를 살펴보는 게 필요해요. 아연님은 언제 '사랑받고 있구나'를 느끼세요?

아연 아이들이 뒤에서 꼭 안아줄 때 사랑을 느껴요.

그래 그럼 아연님이 받고 싶은 사랑은 어떤 모습인가요?

아연 남편이 '잘 잤어?', '오늘 어떻게 보냈어?' 같은 걸 자주 물어주면 좋겠어요. 저는 바쁘면 배고픈 것도, 졸린 것도 잘 못 느끼거든요. 그래서 남편이 다정하게 챙겨주면 좋겠는데 남편은 '알아서 잘하겠지'라고 생각해서 아쉬워요. 남편에게 이 이야기를 했더니 "난 당신을 믿는 게 사랑이야"라고 하더라고요. 늦게까지 자지 않을 땐 걱정되지만 사랑하니까 믿고 아무 말 하지 않는 거래요.

그래 잔소리하고 싶지만 사랑하니까 말을 참는 거군요. 그 말을 듣고 어떠셨어요?

아연 솔직히 속으로 '그냥 관심이 없는 거 아니야?' 싶었어요. 저는 사랑하는 사람은 챙겨주고 싶거든요.

그래 아연님이 남편에게 받고 있는 사랑과 받고 싶은 사랑이 좀 다른 거 같아요. 아연님이 사랑이라고 표현한 '물고 빨고'는 서로 비밀도 없고, 원하는 게 있으면 미리미리 다정하게 챙겨주는 것들이잖아요. 남편의 사랑은 믿고 물러나주는 거고요.

사랑은 느끼는 순간도, 표현하는 방법도 참 다양해요. 내가 받고 있는 사랑이 사랑으로 느껴지지 않으면, 사랑을 아무리 많이 받아도 부족하다고 느낄 수 있지요.

《5가지 사랑의 언어》의 저자인 게리 채프먼은 이러한 사랑의 특성을 '언어'에 비유했어요. 우리말은 아니지만 'I love you'의 뜻은 대부분 사람들이 알아요. 일본어나 중국어, 프랑스어, 독일어 정도는 알고 계신 분들이 꽤 있고요. 그런데 인도네시아어인 'Aku cinta pada mu(아꾸 친타 빠다 무)'나 아랍어인 'Wuhibbka(우히부카)'는 읽기조차 힘들어요. 그래도 사랑한다는 말이에요.

사랑은 상대가 충분히 느낄 수 있도록 표현하는 게 중요해요. 프랑스 작가인 빅토르 위고는 "인생에 있어 최고의 행복은 우리가 사랑받고 있음을 확신하는 것"이라고 했어요. <u>사랑하는 사람이 행복하길 바란다면 그 사람이 사랑받고 있다고 확신할 수 있게 표현해주세요.</u>

방법은 간단해요. 내가 사랑을 표현했을 때 상대가 어떻게 느끼는지를 관찰해보는 거예요. 받는 사람이 사랑이라고 느낄 수 있어야 해요.

아연 가끔 둘째가 제 가방에 그림을 그려서 넣어놔요. 왜 넣었냐고 물으면 선물이래요. 엄마는 어제도 선물을 받아서 오늘은 괜찮다고 하면 "사랑해서 준 거니까 그냥 받아줘"라고 해요. '오늘은 사랑받고 싶지 않으니 받지 않겠어'라고 장난을 치는데, 실은 그림을 받으면 '나 또 사랑받았네' 하는 마음에 웃음이 나요. 제가 원하는 방식은 아니지만, 아이의 사랑은 전해지니까요.

그래 맞아요. 상대에게 나의 사랑 표현 방식을 알리는 것도 좋은 방법이에요. 졸린데 일어나 아침밥을 했으면 아이들에게 '맛있게 먹으면 좋겠어. 엄마가 너희들을 사랑하는 마음을 담았거든'이라고 표현해보는 거죠. 이런 말씀을 드리면 생색내고 싶지 않다고 하시는 분들도 계신데요, 생색과는 조금 달라요. 사랑을 표현하고 나누는 거지요. 고백하는 거예요, 사랑한다고.

● 가시장미를 건네는 부모

아연 어렸을 때가 생각나요. 부모님은 넉넉지 않은 환경에서 자라셔서 원하는 만큼 공부를 하지 못하셨어요. 저희 삼남매에게 늘 '너희들이 하고 싶은 공부 다 시켜줄 테니 마음껏 욕심내라'고 하셨죠. 전 집에서 꼬물꼬물 놀고 책 읽는 게 좋았는데, 뭐라도 하나는 배워두라고 하셔서 피아노를 배웠어요. 그만두고 싶을 때마다 부모님이 좋아하시는 모습이 떠올라서 그만두지를 못했어요.

그래 주는 사람에겐 사랑이지만 받는 사람은 아프거나 버거운 사랑이 있지요. 특히 부모-자녀처럼 친밀한 관계에서는 이런 경우가 많아요. 워크숍에서 이런 상황을 '가시장미'라고 불러요.

아연 가시장미요?

그래   네. 사랑하는 사람에게 장미꽃을 선물하잖아요. 그런데 장미에는 가시가 있어요. 나는 사랑을 전하고 싶어서 예쁜 장미꽃을 선물하는데, 상대는 가시장미에 찔려 상처가 생길 수 있죠. 내가 주고 싶은 사랑으로만 표현하면 가시에 손이 찔려 아플 수도 있다는 생각을 하지 못해요. '얼른 받아' 하며 머뭇거리는 상대를 다그치기도 하고요. 이런 상황을 저희는 가시장미를 준다고 해요.

아연   부모가 아이에게 사랑을 전하려고 한 행동이 아이에게 상처를 줄 수 있다는 거네요.

그래   사랑해서 주는 거라는 걸 알고 있으니 아이는 상처를 입으면서도 그 장미를 받을 수밖에 없는 경우가 있어요. 사랑임을 알지만, 사랑이 느껴지기보단 가시에 찔려 아프고 괴로워요. 서로 사랑하지만 둘 다 원하는 사랑을 주고받지 못하는 상황인 거지요. 나와 가장 가깝고 소중한 사람이 내 사랑을 몰라주고, 나에게 가장 큰 상처를 주는 사람인 경우가 많아요.

아연   사랑이 쉬운 줄 알았는데, 건강하게 전하는 게 참 어렵네요. 사랑하는 마음이 이렇게 크고 간절한데 왜 어긋나는 걸까요?

사랑할 만해서 사랑하세요?

그래   흔히 사랑할 만해야 사랑한다고 하는데 저는 이 표현이 참 무섭게 느껴져요. '사랑할 만해서' 주는 사랑은 상대를 버겁게 해요. 사랑할 만한 사람이 되어야 할 것 같으니까요.

공부를 잘해서 사랑하고, 말을 잘 들어서 사랑하고, 선물을 사줘서 사랑한다면, 이 사랑을 받고 싶으세요? 내 배우자가 내가 요리를 잘하고, 돈을 잘 벌어오고, 키가 크고 예뻐서 사랑한다고 생각하면, 내가 정말 사랑받고 있다고 느낄까요?

아연 그런 거 다 잘하면 싫어할 사람이 어디 있겠어요. 내가 무얼 잘해서 사랑받았다면 그걸 잘 하지 못하는 순간 사랑을 잃게 되는 거잖아요. 그렇게 되면 전전긍긍할 것 같아요.

그래 그래서 전 제가 원하지 않는 무언가를 자꾸 해주려는 사람이 조심스러워요. 자기가 원하는 형태로 사랑받기 위해, 상대를 '인에이블링'(enabling, 도움이 필요 없는 사람에게까지 도움을 줘 상대가 자신에게 의존하게 하는 행위)하는 경우가 많거든요. 이 경우 원하는 사랑을 얻지 못한다고 생각하면 전혀 엉뚱한 방식으로 분노를 표현해요. 우리 아이들이 이런 방식으로 세상을 살아간다고 생각하면 정말 가슴 아프지요? 건강한 사랑을 주고받는 경험을 쌓아주는 게 부모 역할의 핵심인 이유예요.

돌봄 단계에서 우리는 '~ 때문에 사랑하는' 게 아니라 '그럼에도 불구하고' 존재 자체를 아끼고 사랑하는 어른으로 성장해왔어요. 잠투정을 하고, 대소변을 못 가려도 아끼고 사랑했어요. 아이가 유아기, 아동기에 들어서면 이 사랑의 힘은 유지하되 표현하는 방법은 달라져야 해요.

돌봄 단계에선 무엇이든 잘한다고 박수 쳐주고 내 방식대로 사랑을 표현해도 크게 무리가 없었지만, 아이가 좀 자라면 아이가 어떻게 느낄지를 고려해봐야겠지요? 돌봄 단계의 부모는 아이와 주고받는 사랑을 흠뻑 누리는 것만으로도 충분해요. 그리고 이젠 그 사랑이 나와 남을 함께 돌볼 수 있는 성숙한 형태로 성장해야 할 시기가 왔어요.

아연 아이가 초등학교에 들어갔을 때 생각이 나요. 제 눈에는 아직 '아기'인데 학교에 가고, 숙제를 하는 모습이 너무 대견했어요. 초등학생인 만큼 스스로 숙제하고, 할 일도 알아서 챙기는 습관을 들여주고도 싶었어요. 그래서 숙제를 잘하거나 가방을 잘 챙겼을 때처럼 강화하고 싶은 행동을 하면 쪽지에 칭찬을 적어 줬죠. 근데 아이가 그 쪽지를 쓱 보고 휙 버려요. 칭찬받았는데 기쁘지 않냐고 했더니 "진짜 칭찬 아니잖아. 나를 엄마 마음대로 조종하려고 하지 마"라고 해요.

그래 아이가 쪽지에 담긴 의도를 읽었군요.

아연 네! 아차 싶었어요. 그런데 그중 몇 개는 책상에 붙여놓고 계속 보더라고요. '코로나라서 학교에 가도 친구들과 놀 수도 없고, 마스크는 온종일 쓰고 있어야 해서 답답하고 힘들었지? 오늘도 수고했어', '수학이 갑자기 너무 어려워졌는걸? 대신 해줄 수도 없고… 엄마가 도와줄 수 있는 게 있으면 이 쪽지에 써서 돌려줘. 무조건 도와줍니다 쿠폰이야' 같은 쪽지는 책상에 붙여놨어요.

왜 붙여놨을까를 생각해봤는데, 그 쪽지를 쓸 때는 100퍼센트 아이 편이었어요. 힘들 것 같은데 해줄 수 있는 건 없고, 답답한 마음에 쪽지라도 쓴 건데 그 쪽지가 힘이 됐나 봐요.

그래 아이가 해야 할 일들보다 아이가 먼저인 마음을 담으셨군요. 쪽지의 내용에 어떤 것들이 들어 있는지 같이 살펴볼까요?

(친구들과 놀 수도 없고, 마스크도 온종일 쓰고 있어야 하고)
아이가 어떤 상황에 놓여있는지 충분히 이해하고,
(답답하고 힘들었지? 수학이 갑자기 어려워졌는걸?)
구체적으로 그 마음을 읽어주려고 애쓰셨네요.
(오늘도 수고했어. 대신 해줄 수도 없고.)
대신 해줄 수 없다는 걸 인정하고 응원해주는 걸 선택했고
(엄마가 도와줄 게 있으면….)
아이의 주도권을 존중해주고 한 발 물러섰어요.

아이가 간직한 쪽지에는 평가나 요구, 의도가 담긴 교정 대신 나를 향한 지지와 격려가 들어 있어요. 아이에게는 이런 사랑이 필요한 시기가 된 거지요.

세상엔 '사랑'이라는 이름으로 포장된 것들이 참 많아요. 내 마음에 드는 걸 가지고 싶을 때 '애정템'이라고 표현하고, 사랑한다고 고백하며 내 것이 되어달라고 하기도 하지요. 내 관심과 사랑을 받고 싶으면 그럴 만한 자격을 갖추는 게 당연한 거 아

니냐고 요구하기도 해요. 그렇게 내 기준과 조건을 앞세워 사랑을 거래할 땐 내 맘대로 되지 않으면 자꾸 화가 날 거예요. 세상은 그럴 수 있어요. 하지만 부모인 우리만큼은 아이와 그보다 깊고 안전한 사랑을 나누는 사이여야 하지 않을까요? 저는 아이들에게 세상엔 내 편이 되어 함께해주는 사람이 있다는 믿음을 주고 싶어요. 매일 결심하고 결심해도 정말 너무 어려워요. 그래도 '~하기 때문에'가 아니라 '그럼에도 불구하고' 사랑받는 경험은 아무나 줄 수 있는 게 아니잖아요.

부모가 없으면 아무것도 못할 것 같던 아이들이 자랍니다.

부모도 한 발 물러서 훈육자, 격려자로 성장해야 하는 시간이 옵니다.

아이가 자랄수록 다 해주고 싶은 마음도 성숙해가야 하겠죠.

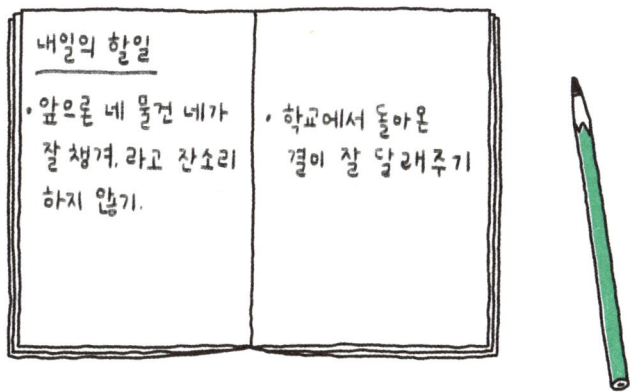

부모
30주차

훈육이 필요한 순간,
큰 산을 마주한 것처럼 막막해요

 아연 부모 역할의 두 가지는 사랑하기와 가르치기라고 하셨어요. 가르치기는 훈육을 뜻하는 걸까요?

 그래 맞아요. 왜곡된 훈육이 아니라 '건강한' 훈육을 뜻해요.

아연 건강한 훈육이요?

그래 혼내거나 벌을 주는 걸 '훈육'이라고 생각하기 쉬운데, 훈육은 '가르칠 훈訓'과 '기를 육育'으로 이루어진 단어예요. 말 그대로 가르치며 기르는 과정을 나타낸 단어지요.

아연 사실 저는 훈육을 하고 싶지 않았어요. 훈육이라는 말을 들으면 부모님께 혼나던 장면이나 학교에서는 맞았던 기억만 나거든요.

그래 부모님 세대에는 아이를 굶기지 않고 잘 돌보는 것이 가장 중요한 부모 역할이다 보니 가르치는 방법이 미숙한 경우가 많앉었어요. 큰 소리로 다그치거나 벌을 세우기도 하고, 때리거나 문밖으로 쫓아내는 일들이 일상적으로 일어났지요. 이렇게 부정적인 기억으로 남아 있는 훈육 방식이 우리를 건강한 훈육자로 성장하는 걸 더 어렵게 만들어요.

● 훈육하려다 주고받는 상처

아연   저도 훈육을 하려고 할 때마다 억울하고 힘들었던 기억이 떠올라 주저했던 것 같아요.

그래   가르치는 방식이 잘못됐던 겁니다. 그런 기억 때문에 '훈육'을 빌미로 체벌이나 아동학대행위를 정당화하려는 일들이 일어나곤 해요. 훈육에 대한 잘못된 사회 인식을 바로잡기 위해 2021년에 민법 제915조 징계권 조항이 삭제되었어요. 자녀 체벌을 공식적으로 금지하는 법적 기준을 세운 거지요.

아연   하지만 아직까지도 때려서라도 필요한 건 가르쳐야 한다고 생각하는 어른들을 보곤 해요.

그래   하아…. 그러니까요. 많은 분들이 노력하고 있으니 변하고 바뀔 거예요. 그렇기 때문에 아이를 위해서, 부모인 우리를 위해서도 '훈육'에 대한 바른 이해가 꼭 필요해요.

<u>많은 부모들이 엄하고 무섭게 훈육을 받았던 기억에서 벗어나고 싶어 해요. 하지만 '안 하겠다'만 있고 '어떻게 해야 하는지'</u>

에 대한 경험은 없어요. 그러다 보니 지나친 방임으로 또 다른 문제를 만들거나 한계에 부딪히게 되지요.

가령 식사 시간마다 밥을 입에 물고 있는 아이가 있어요. 이제 두 숟가락 먹었는데 유치원에 갈 시간은 다가와요. 초조해지기 시작하죠. '밥을 입에 물고 있으면 충치 벌레가 많이 생겨서 이가 아야 하니까 빨리 씹어서 삼키자'라는 설명도 하고, '다음 밥이 기다리고 있습니다. 어서 입 안에 있는 밥을 삼켜주세요!' 놀이처럼 해보기도 해요.

이런 방법들이 잘 통하면 좋은데 그렇지 못한 순간이 더 많아요. 그러면 서로 버티다가 한계에 도달하게 돼요. '빨리 먹으라고! 물고만 있지 말고 씹어 삼키란 말이야!', '먹지 마! 너 이제 밥 안 줘. 배고파야 알지!'라고 소리를 질러요. 심한 경우에는 손찌검을 하기도 해요. 정신이 들면 '내가 지금 무슨 짓을 한 거지?' 하며 후회하고, 내가 어렸을 때 받은 상처를 아이도 받았을 것 같아 마음이 무너져내리지요.

아연 친절하고 따뜻하게 가르치고 싶었는데 화를 내며 끝나는 경우가 많아요. 뒤늦게 후회가 몰려오고, 이럴 거면 아이를 재우고 늦은 밤까지 육아서는 왜 읽은 건지 자책하고, 반복하고 싶지 않았던 어린 시절의 상처를 대물림하는 것 같아 죄책감이 몰려왔어요. 그러면 안 된다는 걸 알고 있는데도 대체 왜 어느 순간 화를 주체하기 어려운 걸까요?

그래 그 순간엔 나도 아이도 '혼'이 나가 있는 거 아닐까요? '혼낸다'

의 혼은 정신을 의미해요. 혼을 깨우기 위해 나무라거나 벌을 주는 게 아니라, 혼이 로그아웃되는 행동을 하고 있는 거지요. 나는 혼이 나가 정신줄을 놓고 있고, 아이 역시 혼이 나가 있으니 아무것도 배울 수 없는 게 당연하잖아요. 그러니 우리 '혼'이 나가는 행동은 오늘부터 그만합시다.

아연 어우… 너무 소름 끼쳐요. 혼이 나가면 살아있을 수가 없잖아요. 그 순간 우리는 무언가에 휘둘리는 좀비 같은 상태가 되어 있는 거네요. 그렇게 나를 휘두르고 있는 게 뭘까요? 알고 있는 데도 맘대로 안 되고 툭 튀어나오는 거요.

그래 알고 있는 것보다 경험으로 기억하고 있는 것들이 더 힘이 세요. 그 경험들은 내 안에 내재되어 있다가 감정이 한계에 다다르면 툭 튀어나옵니다. 그 순간은 부모도 아이만큼 상처를 받아요. 더하면 더했지 결코 덜 아프지 않아요.

기억하는 훈육 vs 하고 싶은 훈육

그래 '내가 기억하는 훈육'과 '하고 싶은 훈육'을 명확하게 이해하면 이런 순간을 줄일 수 있어요. '훈육'을 떠올렸을 때 생각나는 장면들을 구체적으로 살펴보면, 내가 훈육에 대해 어떤 기억들을 갖고 있는지를 확인할 수 있어요. 언제, 어떤 상황에서 부모님이 나에게 어떻게 행동했는지를 영화의 한 장면을 보듯이 떠올려보는 거예요. 그리고 그때의 내 마음에 머물러보는 겁니다. '훈육'이라고 하면 어떤 장면이 떠오르세요?

아연 초등학교 때 늘 친구와 함께 등교했어요. 아홉 살 새 학기가 시작되고 얼마 지나지 않았던 날, 집 앞에서 친구를 기다리는데 아무리 기다려도 오지 않는 거예요. '언제 오지?' 하고 있는데 엄마가 저를 발견하시고 아직도 학교에 안 갔냐며 빨리 가라고 하셨어요. 그리고 조금 있다 다시 나오셔서 "왜 아직도 안 가! 넌 친구가 죽으면 같이 죽을래!"라고 소리를 지르셨어요

그래 좋아요. 어떤 상황인지 그려지네요. 그때 엄마는 왜 그러셨을까요?

아연 학교 갈 시간이 다 됐는데도 친구를 기다리고 있으니 걱정되고 답답하셨을 것 같아요.

그래 아홉 살, 그곳에 있던 내 마음을 솔직하게 이야기해보실래요?

아연 '학교 가기 싫어. 새 학기라 친구들도 낯설고 선생님도 낯설어. 친구까지 없으면 더 싫은데 엄마는 무조건 가라고만 해. 엄만 내 마음을 몰라.' 혼자 학교에 가느니 차라리 결석하고 싶고, 도망가고 싶었어요.

그래 엄마는 등교 시간이라는 규칙을 잘 지키길 바라셨을 거예요. 또 내 딸이 친구 따라 줏대 없이 이리저리 끌려다닐까 걱정되셨을 수도 있겠지요? 우리도 집에선 아이가 내 말에 잘 따르길 바라다가도, 밖에선 자기 의견을 표현하길 바랄 때가 있잖아요. 그런데 엄마가 선택한 방법은 효과가 없었네요. 두려워하

는 딸에게 힘이 되어주지도 못했고, 학교에 더 가기 싫어졌으니까요.

여기까지가 아연님의 기억 속 훈육이에요. 비슷한 상황에서 한계에 다다르면 엄마와 비슷한 행동으로 문제를 해결하려 들기 쉽겠지요.

아연 맞아요. 저는 해야 할 일은 아무리 하기 싫어도 꾹 참고 해요. 아이들이 어떤 일을 하기 싫다고 하면 이유를 묻고 이야기를 나누지만, 속으로는 '해야 할 건 그냥 좀 하지'라는 말이 계속 올라와요. 엄마처럼 소리 지르는 건 싫어서 꾹꾹 참으며 말하지만 그러다 별거 아닌 일에 빵 터져버려요.

그래 자… 이제 내가 기억하는 훈육 하나를 찾았어요. 이런 방법으로 '내 몸에 익숙한 방식이라 자꾸 이렇게 훈육을 하게 되는구나. 내가 원하는 훈육을 하려면 어떻게 해야 할까?'에 대해 정리해볼 수 있지요.

아연 그럼 내가 원하는 훈육은 어떻게 알 수 있어요?

그래 어른인 내가 그때로 돌아가 아홉 살의 나에게 다정하게 묻는 거예요. '아연아… 혼자 가는 게 겁나고 두렵지? 친구랑 같이 가고 싶어서 기다리고 있는 건 알겠는데, 엄마는 지금 혹시 친구 기다리다가 너까지 늦을까 봐 걱정하시는 거야. 지금 엄마가 어떻게 가르쳐주면 좋겠니?'라고요.

아연 등교 시간이 거의 다 되었는데 친구를 계속 기다리면 지각을 할 수도 있고, 선생님께 괜히 혼날까 봐 염려가 된다고 말해주셨다면, 서둘러 학교에 갔을 거예요. 친구를 기다리면서 '혼자 학교 가기 싫다'는 생각만 하고 있었지, 지각하게 될지도 모른다는 생각은 못했거든요. 왜 친구랑 같이 가고 싶은지도 물어봐주시면 새 학년이라 낯설고 무섭다는 이야기도 했을 것 같고요.

그래 무척 이상적인 모습인데요? 이제 그대로 해보면 되겠네요. 물론 내 아이들은 내가 원하는 대로 반응하지 않을지도 몰라요. 하지만 내 안에 내가 바라는 훈육자로서의 기준과 방법은 명료해졌어요. 이런 작업을 하나하나 계속 해나가는 게 훈육자로 성장하는 과정이에요.

훈육은 단순히 아이가 원하는 걸 못하게 하거나 잔소리를 하며 내가 원하는 대로 끌고가는 게 아니에요. 권위를 가지고 필요한 걸 잘 가르치는 훈육자가 되려면, 나를 돌아보고 내가 진짜 가르치고 싶은 것과 어떻게 전달해야 할지를 먼저 생각해야 합니다. 그래서 훈육은 부모의 변화와 성장을 만들어가는 아주 중요한 과정이에요.

아연 제 부모나이가 열한 살인데 오늘 처음으로 나를 위해서도, 아이를 위해서도 훈육을 잘 하고 싶어졌어요. 그런데 제가 기억하는 훈육과 원하는 훈육 사이의 간극이 너무 크게 느껴져요. 어렸을 때를 떠올리니 같은 기억을 물려주고 싶지 않은 마음은 더 커졌는데, 내가 원하는 훈육을 할 수 있을까요?

그래 단번에 해내고 싶은 마음이 들지요? 그럴 땐 아이들을 떠올려보세요. 빠르게 많은 걸 흡수하는 것 같아도 그게 바로 보이지는 않아요. 반복을 통해 바탕을 다져나가다가 어느 순간 훌쩍 자란 모습을 보여주잖아요. 우리도 마찬가지예요. 깨달았다고 해도 삶의 모습이 한 번에 변하지는 않아요. 욕심 부리지 않아야 계속할 수 있어요. 저도 그래요. 깨닫게 되기까지도 쉽지 않았지만, 알고 있다고 언제나 원하는 모습대로 살고 있지 못해요. 그저 '이쪽으로 이렇게 가야지' 알아차리고 노력하는 과정을 반복할 뿐이에요. 정신줄을 놓치면, 놓친 정신줄을 다시 잡으려고 노력합니다. 그러다 보면 정신줄을 다시 잡기까지의 시간이 조금씩 짧아져요.

아연 언제 정신줄을 놓치는 줄 알았으니 다시는 놓치지 않으려고 했는데, 조급했네요.

그래 사람이 가장 불행한 순간은 내가 원하는 이상과 현실의 간극이 클 때예요. 간극이 클수록 내가 해내야 하는 게 더 커 보이고, 상대적으로 나는 더 작아 보이죠. 그 간극을 줄여나가는 과정이 성장입니다.

부모가 되고 자존감이 떨어졌다고 하시는 분들을 자주 만나요. 내가 갑자기 다른 사람이 된 게 아닌데, 자존감이 어떻게 이렇게 단번에 떨어질 수 있냐고 물으시죠. 부모라는 역할을 정말 잘해내고 싶어서 그래요. 잘해내고 싶은 이상은 높은데, 마음대로 되지 않으니 현실의 내가 부족하고 작아 보이는 것이죠.

부모
31주차

훈육의 기준을 알려주세요

아연 그래님과 이야기를 나눌 때마다 제가 알고 있던 것들을 다르게 보게 되네요. 아이들을 잘 돌보고 싶었는데, 이젠 저도 잘 돌보고 싶고요. 아이들을 많이 사랑하고 싶었는데, 이젠 잘 사랑하고 싶어요. 아이들을 잘 가르치고 싶어서 육아서를 많이 봤는데, 이젠 내 삶을 돌아보고 있어요. 아이를 키우며 일상에서 나를 돌아보게 된 적이 많은데도 그걸 훈육으로 연결해서 생각해보지는 못했어요.

그래 지금 이렇게 깨닫고 연결해보는 순간을 즐기세요. 그러면 다시 일상으로 연결될 겁니다. 아이 덕분에 일상에서 나를 돌아보게 되는 순간이 있으셨어요?

아연 인사할 때요. 길을 가시던 어르신들이 인사를 하시면 둘째는 제 뒤로 숨어요. 그러면 저는 "너도 인사해야지"라고 이야기를 하면서도 그 자리에서 빨리 벗어나고 싶은 마음에 발걸음이 빨라져요. 저도 낯을 가리거든요. 낯선 사람에게 말을 거는 게 어려워요. 낯선 사람이 적극적으로 다가오는 것도 부담스럽고요. 결이 마음을 알겠어서 그렇게 넘겨왔는데, 낯을 가리지만 필요할 땐 용기를 낼 수 있으면 좋겠다는 생각이 들었어요. 저도 결이도요. 그래서 결이가 제 뒤에 숨으면 제가 먼저 인사를 하기 시작했어요. 결이에게 가르치고 싶은 건 저부터 해보려고요.

그래 결이 덕분에 내 삶을 돌아보고, 나를 조금 더 이해하고, 새로운 시도를 하셨네요. 아이에게 가르치려고 하는 것들은 대부분 나의 가치관이나 생활양식과 밀접하게 연결되어 있지요. 중요하다고 생각하지만 나도 잘 못하고 있는 걸 강력하게 요구하는 경우도 많고요. 그래서 건강한 훈육을 연습하다 보면 자아성찰을 하게 된다는 분들이 많아요. 나를 돌아보고 내가 가진 기준을 다시 보게 되는 거지요.

● 당연한 것들에 다시 질문해보기

아연 자아성찰! 너무 공감돼요. 아이를 키우며 내 안에 '금지령'이 많다는 걸 깨달았어요. 아이가 바닥에 떨어진 꽃잎을 주울 때도, 놀이터에 주저앉아 놀려고 할 때도 반사적으로 "안 돼"라고 했어요. 그러면 아이가 "왜 안 돼?"라고 물었죠. "더러우니까"라고 했는데 다시 생각해보니 꼭 그렇진 않더라고요. 손이 더러워지면 씻으면 되고, 바지가 더러워지면 갈아입으면 되는 거였어요. 그렇게 생각하니 해방감 같은 감정이 느껴졌어요.

그래 마음이 홀가분해지셨군요.

아연 맞아요. 홀가분했어요. 내가 가지고 있던 틀이 아이 덕분에 깨지며 가볍고 자유로워진 느낌이에요. 그동안 참 좁은 세상에서 살았구나 싶었어요.

그래 당연한 줄 알았는데 당연하지 않은 것들이 꽤 많지요? 그렇게 틀이 하나둘 깨지고 말랑해지면서 유연한 태도를 갖춘 어른으로 성장해가는 거 아니겠어요?

누구나 익숙한 방식을 반복하며 사는데, 익숙해지면 의문이 생기지 않아요. 그런데 아이에게는 익숙한 방식이 없으니 부모의 말에 '왜?'라고 질문을 해요. 아이의 질문에 귀를 기울이고 솔직하게 대답하다 보면 새로운 방식을 시도해볼 수 있어요. 삶을 새롭게 배우는 기회를 얻는 거죠. 세상에 꼭, 당연히, 언제나, 그래야 하는 것들은 별로 없어요.

아연 '~ 해야 한다'는 틀에서 벗어날 때마다 홀가분하고 기분이 좋아요. 그런데 꼭 그래야 하는 게 없으면 아이에게는 무얼 가르쳐야 하죠? 그냥 다 마음대로 하게 할 순 없잖아요. 전 제가 해보고 좋은 게 있으면 주변에 적극적으로 권하고 같이 하자고 부추겨요. 아이에게는 그러고 싶은 마음이 더 커요. 내가 살면서 도움이 되는 건 아이도 했으면 싶고, 내가 힘들었던 건 아이가 하지 않았으면 싶어요.

그래 아이에게는 좋은 걸 주고 싶고, 가르치고 싶지요. 그럴수록 조심해야 하는 게 있어요. '아이에게 좋은 것과 나쁜 것'을 내가 다 알고 있다는 지나친 확신이요. 우리는 서로 개별적인 존재예요. 내가 원하는 하루와 아이가 원하는 하루가 다르고, 내가 원하는 삶과 아이가 원하는 삶은 다를 거예요. 이 사실을 존중하지 않고서는 잘 가르칠 수도, 잘 사랑할 수도 없어요.

저는 얇은 대패삼겹살을 좋아해요. 상추나 깻잎을 두 장 포개고 바싹 익은 얇은 고기 하나를 얹어서 먹어요. 남편과 아이들은 두꺼운 삼겹살을 좋아해요. 저는 채소와 고기를 함께 먹는 스타일이어서 남편과 아이들에게도 채소와 함께 먹는 걸 권해요. 좋아하는 걸 좋아하는 사람에게 권하는 건 자연스럽잖아요. 다만 '엄마는 이게 이래서 좋아. 그래서 너도 한번 해보면 좋겠어'라고 권하는 정도로요. 권유했지만 아이가 먹지 않겠다고 할 수도 있어요.

아연 그러면 저는 '엄마가 네 몸에 나쁜 거 먹으라고 하겠어? 그냥 한 번 먹어봐!'라고 할 것 같아요

그래 이럴 때 나와 아이를 분리해서 보는 연습이 필요해요. 어디까지가 내 몫이고, 어디부터가 아이 몫일까요? 권유를 통해 다양한 옵션을 제공하는 것까지가 내 몫이에요. 받아들이거나 거절하는 건 아이 몫이지요. 아이가 거절하면, 아이를 존중하며 물

러서면서 이유를 물어보세요. 대화를 하면 아이가 무얼 좋아하고, 무얼 중요하게 생각하는지 알 수 있어요. 아이가 추구하는 가치를 이해할 수 있지요. 이 과정이 당장 채소를 먹이는 것보다 중요해요.

때로 가치를 가르치고 싶어서 수단이나 방법을 강요하는 경우도 있어요. 건강의 중요성을 알려주고 싶어서 고기와 채소를 골고루 먹으라고 강요하는 것처럼요. 아이에게 좋은 걸 가르치고 싶다는 마음이 앞서 모든 규칙을 내 마음대로 정하고 통제하는 게 정말 '가르치기'가 될 수 있을까요?

아연 뜨끔하네요. 저희 집은 '간식은 하루 한 개' 규칙이 있거든요. 왜 간식을 많이 먹으면 안 되는지를 아이들과 이야기하고 같이 정한 규칙이지만, 어느 날부터 왜 우리가 간식을 조절하려고 하는지는 잊고 규칙만 강요하고 있는 것 같아요.

그래 '뜨끔'한 김에 하나만 더 말해볼게요. 제가 아이하고 정한 규칙이라 생각한 것들은, 사실 내가 중요하다고 생각한 것들을 아이에게 일방적으로 통보하고 '같이 정했다'고 여긴 적이 많았어요. 그래서 규칙을 세울 때 내가 어떤 가치를 중요하게 여기는지, 그 가치를 실천하는 수단과 방법에는 어떤 것들이 있는지를 먼저 이해하는 게 중요해요.

아연 나에게 익숙한 수단과 방법이 있겠네요. 좀 더 다양한 방법들을 생각해보면 도움이 되겠어요.

그래 부모마다 가르치고 싶은 가치도, 그 방법도 달라요. 건강의 중요성을 가르치고 싶다면, 단순히 하루 세 번 양치하는 습관을 들이고, 먹는 걸 통제하는 것이 아니라, 내가 '건강'을 중요하게 여긴다는 걸 알아차리고, 내가 어떤 방식으로 건강을 유지하고 있는지 먼저 돌아보세요. 그다음에 아이들에게 건강의 중요성을 이야기해주고, 건강을 유지하기 위한 적절한 수단과 방법을 제시하거나 함께 찾아보는 거예요. 아이가 스스로 선택할 수 있게 안내하고 필요에 따라서는 제한할 수도 있어요.

아연 정말 가르치고 싶은 가치를 알고, 다양한 수단과 방법을 함께 찾아보는 것. 규칙은 이 과정을 통해서 정해야 되는 거군요. 이 과정을 아이와 함께하면 제한을 해도 무엇 때문인지 이해하니까 관계가 나빠지진 않겠어요.

● 건강한 훈육을 위한 3가지 기준

그래 부모인 우리는 '내가 생각하기에' 아이에게 필요한 것을 '내가 생각하는' 방식으로 따르게 하고 싶어 해요. 가장 익숙하고 쉽거든요. 하지만 훈육의 기준과 방법은 내가 아니에요. 훈육의 주인공은 아이입니다. 아이가 필요로 하는 것을, 아이가 할 수 있는 방법으로 익히도록 도와줘야 해요. 훈육의 기준과 방법을 내 마음대로 정하다 보면 아이에게 신뢰를 잃게 돼요.

가령 아이와 영상은 하루에 30분을 보기로 약속했어요. 아이가 30분을 다 보고 더 보고 싶다고 했을 때, 부모가 어떤 날은 약속은 지켜야 하는 거라며 안 된다고 하고, 또 어떤 날은 보너스라며 더 보게 해준다면 아이는 무얼 배울 수 있을까요? 훈육은 부모 마음대로 하는 게 아니에요.

아연 정말 아이는 부모의 눈치만 보게 될 수 있겠네요. 그렇다면 훈육은 무얼 기준으로 해야 하죠?

그래 세 가지를 기준으로 한번 점검해보세요.

첫 번째, 아이의 행동이 누군가에게 해롭거나 위험한가?
두 번째, 사회적·도덕적으로 허용되는가?
세 번째, 아이의 발달단계와 욕구를 충분히 고려하고 있는가?

해롭거나 위험한 행동이라면 명확하게 알려주고 제한해야 해요. 구구절절 설명하지 않아도 괜찮아요. 단, 해롭다는 기준이 내 마음대로가 아니라 객관적인지만 점검하세요.

사회적·도덕적으로 허용되지 않는 경우에는 '하지 마', '안 돼' 대신 어떻게 행동해야 하는지를 정확히 알려주세요. 어떻게 행동해야 하는지를 익혀야 다른 사람과 건강하게 어울려 살아갈 수 있어요. 가령 아이가 집 안에서 계속 뛰어다녀요. 뛰는 건 아이에게 해롭지도 위험하지도 않아요. 그렇지만 층간소음 때문에 사회적으로 문제가 될 수 있죠. 훈육이 필요하지요.

우리가 훈육에서 가장 간과하기 쉽고, 가장 어려운 게 바로 세 번째 기준이에요.

가령 아이가 다른 사람의 물건을 가져왔다고 상상해보세요. 아이가 네 살이라면 그냥 갖고 싶었던 거예요. 아직 네 것과 내 것이 구분이 안 되는 시기니까 물건을 돌려주고 간단하게 설명하면 충분해요.

일곱 살 정도라면 안 되는 걸 알면서도 가져온 이유가 있을 거예요. 모든 행동에는 이유가 있어요. "네가 이렇게 한 데는 그럴 만한 이유가 있을 거야. 엄마, 아빠에게 이야기해줄래? 도와줄게"라고 묻고 들어주는 거죠. 아이가 원하는 건 들어주고, 내가 가르치고자 하는 걸 설명하는 게 훈육의 바탕이에요.

만약 열다섯 살의 아이가 그랬다면 단순히 물건을 가져온 행동으로 보고 대응하면 문제를 해결할 수 없을 거예요. 그 안에 많은 이야기가 묻혀 있는 상황일 겁니다.

아연 그동안 아이들의 행동을 보고 '놀고 싶었겠지', '내가 모를 줄 알았겠지'라고 짐작하고 넘어온 순간들과 내 기준에서 생각하며 날을 세운 순간들이 떠오르며 아차 싶었어요. 내가 미처 모르는 부분이 있을 수 있으니 물어보는 태도를 가져볼게요.

그런데요 그래님, 저는 적절하게 훈육을 하다가도 어느 순간 '그 정도 가르쳤으면 알아들어야 하는 거 아니야?' 하는 마음이 올라올 때가 있어요. 그럴 때 너무 지치고 힘들어요.

그래 그럼요. 힘들지요. 정말 힘들어요. 아연님에게만 힘든 게 아니라 원래 힘든 거예요. 힘든 걸 힘 들이지 않고 될 거라고 생각하면 답답하고 화가 나요. 금방 지치고요. 내가 뭘 잘못한 건가 싶어 불안해지기도 하지요. 생각해보세요. 우리가 그동안 나눈 이야기가 참 많은데 아연님은 한 번에 알아듣나요?

아연 아… 뇨. 매번 다른 이야기 같이 들려요. 알아들었다고 생각했는데 한참 지나고 나서 '그때 그게 이런 뜻이었구나' 싶을 때가 많아요.

그래 저도 그래요. 우리가 부족하거나 이상한 게 아니에요. 마음이 없어서도 아니고요. 새로운 걸 배우고 익히는 건 원래 시간이 드는 일이에요. 또 행동으로 옮기려면 용기가 필요해요. 마음의 준비도 필요하고요.

그런데 우리는 한 번 이야기하면 아이가 그대로 이해하고, 기억하고, 실천하기를 바라요. 아이가 습득할 때까지 다시 알려주고, 이해하게 도와주고, 반복적으로 경험하며 습득할 수 있게 도와주는 게 훈육이에요. 어렵고 힘들죠. 그렇게 어려운 과정이기 때문에 나와 아이에게 매일매일 지지와 격려가 필요해요.

아연 훈육은 내가 아이를 가르치는 건 줄 알았는데, 아이가 배우는 거네요. 아이에게 필요한 걸 아이가 배울 수 있게 도와준다고 생각하니 훈육이 다르게 보여요.

아이가 자라는 게
기특하면서도 허전해요

 **아연** 첫째 아이가 초등학교에 입학하고 처음 학원에 가는 날이었어요. 하교 후에 학원 셔틀을 타는데, 그 사이 10분 정도 시간이 비어요. 아이는 잘 기다릴 수 있다고 했지만 걱정이 됐어요. 아무래도 마음이 놓이지 않아서 하교 시간에 맞춰 학교 앞으로 갔어요. 셔틀을 잘 타는지 숨어서 보려고 했는데 아이와 눈이 딱 마주쳤어요. 들켜버린 거죠. 바로 저에게 뛰어오는 아이를 보며 같이 집에 가겠다고 할까봐 조마조마했는데, 인사만 하더니 "나 학원 차 타러 갈게~" 하고 휙 가더라고요. 참 기특하면서도 허전했어요.

 **그래** 4년이 지난 지금도 기억이 또렷한 걸 보면 그때의 느낌이 강렬했나 봐요. 스스로 할 수 있는 일들이 하나둘 늘어갈 때 우리 마음이 그래요. 아이가 자라면서 비슷한 순간들을 더 자주 경험

하게 되겠지요?

아연 머리로는 아이가 잘 크고 있는 증거이니 기뻐할 일이라는 걸 알아요. 아는데 아이에게 내가 점점 덜 필요해지는 것 같아 불편하고 불안하기도 해요.

그래 불편하고 불안한 마음을 아연님처럼 솔직하게 인정하는 분들을 만나면 전 오히려 반갑고 안심도 돼요. 자꾸 그 감정을 감추고 괜찮다고 할 때 더 큰 문제가 생기거든요.

아이들이 어릴 때 부모의 일상은 무척 고되지요. 고된 하루하루를 버틸 수 있는 동력 중 하나는 아이로 인해 맛보게 되는 자기충족감일 거예요. 이 아이가 나에게 100퍼센트 의존하고 있고, 이 아이에게 내가 세상의 전부라고 느껴지던 순간이 있으시지요?

아연 맞아요. 내 품에서만 울음을 그치고, 잠을 자는 아이를 보면서 묘한 쾌감이 있었어요.

그래 내가 누군가에게 이렇게 절대적인 사람일 수 있다는 경험은 참 매혹적이에요. 아이가 나에게 보내는 애정은 그 무엇과도 비교할 수 없을 만큼 절대적이니까요. 그 사랑이 우리를 채우고, 과거의 상처에서 회복할 수 있도록 도와주고 성장시켜요. 그런데 아이가 크는 만큼 부모인 나도 잘 자라려면 적절한 때에 그 쾌감과 만족감을 내려놓을 수 있어야 되더라고요.

● **아이를 세상에 내보내고 내 세상으로 돌아오기**

아연   부모인 내 안에는 이중적인 마음이 있는 것 같아요. 아이가 스스로 자기 할 일을 척척 알아서 했으면 싶다가도 여전히 나를 필요로 하길 바라기도 해요.

그래   아이에게 절대적이고 중요한 사람이고픈 마음이지요. 하지만 자녀가 하고 싶어 하는 것, 할 수 있는 걸 방해하는 부모가 되지 않으려면, 내가 자녀에게 '필요 없어지는 순간'을 받아들일 수 있어야 해요. 나의 준비와 상관없이 아이는 아이의 시간을 살아요. 이미 떠나가고 있어요. 그걸 알아차리면 나와 아이 모두에게 도움이 되는 것들을 선택할 수 있을 거예요.

아연   아이가 10대에 들어서니 저에게서 멀어지고 있는 게 확실히 느껴져요. 그리고 한걸음 떨어져서 바라보면 아이는 제 생각보다 훨씬 더 자라 있어서 흐뭇해요. 동시에 불안하기도 하고요.

그래   아이가 세상을 향해 나아갈 때 걱정되고 불안한 건 자연스러운 마음이에요. 그런데 아이가 뭘 하고 있는지, 뭘 보고 있는지 걱정되고 궁금해서 자꾸 부르면, 아이는 그때마다 멈춰서 대답하느라 제 속도로 나아갈 수가 없어요.

아연   그럼 아이 뒤를 따라 걸으면 될까요?

그래   부모님이 내 뒤에 바짝 붙어서 계속 따라오길 바라셨어요? 아이의 길을 따라 걷겠다는 건, 아이가 어렸을 때 필요로 했던 부모 모습에 머물러 있겠다는 거잖아요. 아이가 어렸을 때와 똑

같은 영향력을 행사하고 싶은 욕심에 사로잡히면 부모도 아이도 제대로 성장하기 어려워요.

아이가 처음 혼자 등교할 때 기억나세요? 아이가 힐끗힐끗 뒤를 돌아보며 멈칫하는 게 자연스러운 것처럼, 학교에 들어간 아이 뒷모습을 보고 교문 앞을 서성이는 부모의 모습도 자연스러워요. 다만 아이가 하루, 일주일, 한 달이 지나면 뒤돌아보지 않고 친구들에게 뛰어가는 것처럼, 부모 역시 아이를 향했던 에너지를 내 쪽으로 조금씩 더 가져와야 해요. 아이가 자신의 세상을 향해 나아가는 것처럼, 부모도 나의 다음 세상으로 나아가야 해요. 인생의 스테이지가 바뀌는 때가 온 거예요.

아연 아이와 멀어지는 게 아니라 부모인 나의 다음 세상으로 나아가는 거라고 생각하니 완전히 다르게 느껴져요.

그래 자녀의 아동기까지를 부모의 인생발달주기에서 '성인기'라고 부릅니다. 이 시기는 부모인 나도 어른으로 성장해가요. 내 삶에 대한 주도권을 가지고 적극적으로 삶의 태도를 형성하는 시기지요. 성인기 이전까지의 세상이 부모님이 계획한 일정 안에서 경험하는 패키지여행이라면, 성인기의 삶은 내가 여행지와 일정을 선택하는 자유여행이에요. 패키지여행에서의 경험을 통해 나에게 도움이 되는 것과 그렇지 않은 것을 파악하고, 주도적으로 내 삶을 여행하며 새로운 경험을 축적하는 시기죠. 안 좋은 기억으로 남았던 여행지를 다른 모습으로 새롭게 방문해볼 수도 있지요.

아이가 청소년기에 접어들면 부모는 중년기가 시작돼요. 중년기에는 사회적·개인적으로 가장 많은 변화가 일어나요. 성인기를 어떻게 보냈는지에 대한 성적표를 받는 것 같아요.

아연 요즘은 아이들의 사춘기가 빨라졌으니 저도 곧 중년기가 되겠어요. 아직 중년인 저의 모습을 상상해본 적이 없는데….

그래 중년기에 접어들면 우선 사회적으로 많은 도전을 받아요. 어느 정도의 사회적 역량을 쌓았지만, 다음 스텝을 선택해야 하는 순간이 오지요. 양육에 전념했건, 직장생활을 계속했건 양쪽 모두 이제 내가 무얼 하며 어떻게 살지를 고민하고, 변화를 마주하게 될 거예요. 아이들이 자기 정체성을 찾아가는 것처럼 나도 나의 정체성에 대해 고민하는 시간이지요. 또 자녀 양육뿐 아니라 내 부모님을 돌봐야 하는 경우도 생겨요.

아연 말만 들어도 압박감이 커지네요. 그 시기를 잘 지내려면 어떻게 해야 할까요?

그래 혼자라면 정말 버겁고 힘들 수 있어요. 그래서 많은 가족관계 전문가들이 다시 부부 중심으로 돌아오는 데 집중하라고 권해요. 배우자와의 관계에 변화가 필요하죠. 사이가 좋다, 나쁘다의 이야기가 아니에요. 부모가 되면 많은 부부의 일상이 자연스럽게 아이 중심으로 바뀌어요. 배우자보다 아이에게 집중하는 삶을 살았을 거예요. 이제는 그 초점을 서로에게로 다시 옮겨와야 하는 거죠.

아연 맞아요. 연애 때나 신혼 초기엔 둘이 같이 있기만 해도 행복하고 좋았는데, 어느 순간 돌아보니 남편과 둘이 있는 게 서먹했어요. 남편과 잘 살고 싶었는데, 함께 일상이 온통 아이와 일로 가득 차 있는 것 같아요.

그래 저도 배우자를 늘 그 자리를 지키고 있는 '기본값'으로 여기고 살았던 시간이 있어요. 그 사람이 내 곁에 있는 게 당연한 일이 아닌데 말이에요.

배우자에 대해 물으면 대부분 불만스럽거나 아쉬운 점, 혹은 미안한 것들만 떠오른다는 분이 많아요. 하지만 그런 이야기를 나눌 시간도, 여력도 없으니 마음속에 담아두며 지낸다고 하세요. 지금까지 아이와 함께하는 삶에 적응하며 잘 지내왔다면, 이제는 배우자와 이야기를 나눠야 하는 때가 온 거예요. 서로에게 가장 안전한 지지자, 격려자가 되어주세요.

아이에게 혼자만의 세상이 생기니 허전하다고 했지요? 그 허전함을 배우자와 채워보세요. 세상을 향해 나아가는 아이에게는 격려와 지지가 필요해요. 격려와 지지에는 기다림과 인내가 필요하죠. 혼자 견디고, 혼자 기다리는 건 어려워요. 배우자와 함께하면 그 시간들이 훨씬 수월해집니다. 나만큼 자녀를 사랑하고 의논할 수 있는 사람, 내 아이를 가장 잘 알고 있는 사람은 배우자니까요. 부모로서 아이를 지지하는 동시에 부부가 서로에게 지지자가 되어주는 거죠.

아이는 점점 더 빠른 속도로 세상을 향해 뛰어갈 거예요. 그때 나 자신과의 관계, 배우자의 관계가 건강하고 안정되어 있다면, 아이와도 건강하게 멀어질 수 있어요.

부부에 대해 이런 이야기를 할 때마다 제 마음 한켠이 편치 않아요. 여러 가지 이유로 그렇지 못한 상황이신 분들도 계시다는 걸 알거든요. 만약 그런 상황이시라면, 더욱 더 함께할 안전한 네트워크를 만드시길 권해요. 자신을 질책하고 죄책감에 사로잡히거나 지나치게 자녀에게 집중하는 건 아이와 나, 모두에게 도움이 되지 않아요.

● 잔소리대신 보내는 힘이 되는 말

아연 얼마 전 초등학교 아이를 둔 친구들을 만났는데, 아이들이 잔소리 좀 그만하라 한다며 푸념을 해요. 저도 잔소리를 하지 않으려고 노력하고 있는데도 가끔 웅이에게 "엄마가 잔소리해?"라고 물어보면 "줄어들긴 했지"라고 하며 말꼬리를 흐려요.

그래 아이들에게 잔소리가 뭐냐고 물어보면 '아는데 또 하는 말'이라고 해요. 알고 있는데, 하려고 했는데 엄마, 아빠가 자꾸 말하면 기분이 상하고 하기 싫다는 거예요. 우리도 어릴 때 나름대로 계획이 있었잖아요. 웅이도 같은 마음 아닐까요? 열한 살이면 내가 할 일을 나 스스로, 주도적으로 하고 싶을 거예요. 그만큼 자랐어요. 그동안 웅이 열심히 가르쳤잖아요. 이제 기본적으로 알아야 할 건 다 채워졌어요.

아연   그건 저도 아는데, 알아도 안 하니 잔소리가 나오죠. 알아서 제대로 하면 저도 잔소리할 일이 없잖아요? 숙제가 없다고 하더니 알림장을 보면 있을 때가 얼마나 많은데요.

그래   숙제를 안 해갔을 때 어땠대요?

아연   선생님께 깜빡했다고 죄송하다고 말씀드렸대요. 선생님께서 다음 날까지 해오라고 하셨고 하루 늦게 제출했대요.

그래   숙제를 제때 하면 더 좋았겠지만, 아이는 숙제를 안 한 것에 대해 충분히 책임을 다했네요. 앞으로도 숙제를 깜빡할 때가 있겠지만 스스로 책임을 질 거고, 자꾸 깜빡한다는 걸 알게 되면 숙제를 잘 챙길 방법을 찾지 않을까요?

아연   아이도 그렇게 말하긴 했어요. 숙제를 안 하는 책임도 질 테니 걱정하지 말라고요. 그런데 부모로서 걱정을 놓을 수가 없네요. 어떻게 될지 뻔히 보이잖아요.

그래   내 숙제를 내가 책임지는 게 얼마나 낯설겠어요. 아직 서툴러서 잘 되지 않을 때가 많을 거예요. 시행착오를 겪겠죠. 그럴 때 잔소리는 내 마음이 놓이지 않아서 하는 거고요. 아이에게 필요한 건 격려와 지지예요. 저도 잔소리가 올라올 때가 있는데, 그럴 땐 '아, 이건 내가 필요해서 하는 거구나' 하고 알아차리면 좀 덜하게 되더라고요. 나도 모르게 '따다다다' 잔소리를 하다가 퍼뜩 정신이 들 때면, "미안! 엄마가 필요해서 한 거야. 자꾸 걱정되고 마음이 불편해서… 들어주느라 수고했어. 고마워"라고 말하기도 해요.

아연   갑자기 잔소리하던 엄마가 그렇게 말하면 피식 웃음이 날 것 같아요. <u>잔소리는 나에게 필요한 것, 아이에겐 필요한 건 격려와 지지</u>. 잘 가르치고 싶은 마음은 같은데 그동안 완전 번지수를 잘못 찾았네요.

그래   부모도 아이가 잘 해나가길 바라고, 아이도 잘 해내고 싶어 해요. 마음은 같은데 표현하는 방식과 받고 싶어 하는 방식이 다른 거죠. 한 번에 성공하지 않아도 스스로 애써보는 거, 견디며 해결해보는 게 아이 몫이고요. 그 순간 내 마음이 불안해도 아이 몫을 가로채지 않고 격려해주며 그 자리에 서 있는 게 부모의 몫이에요. 내 몫을 잘 하는 게 부모 나잇값을 하는 거 아닐까요? 엄마가 된 덕분에 '나잇값' 하며 사는 게 얼마나 어려운 일인지 저도 절절히 깨닫고 있어요.

● 격려와 지지를 하고 싶다면

아연   저도 잔소리 대신 지지와 격려를 하는 엄마로 저의 '부모 나잇값'을 하며 살고 싶어요. 그런데 막상 격려와 지지를 하려니 어떻게 해야 할지 잘 모르겠어요. '힘내. 잘 할 수 있어', '괜찮아'라고 하면 될까요?

그래   그럴 땐 나의 기억을 떠올려보는 게 도움이 돼요. 부부가 함께 이런 기억을 나눠보는 것도 좋아요. 이야기를 나누면 우리 부부가 서로 어떤 방식으로 격려와 지지를 보내고 있는지를 이해하는 기회가 될 수도 있어요.

아연 그래님은 이런 이야기를 남편과 함께 나누세요? 전 굉장히 어색할 것 같은데….

그래 저도 처음엔 어색했어요. 첫째인 건우가 열 살이 되면서 시작했으니 남편과 17년째 연습 중이에요. 부모로서의 이야기 말고 서로에게 집중하는 이야기를 나눠보자고 했어요. 심문하듯, 심각하게 하는 게 아니라 조금씩 관심을 가지자고 했지요.

남편에게 부모님께 지지와 격려를 받았던 기억을 물었더니 이런 이야기를 해줬어요. 열한 살 겨울이었대요. 논이 얼면 썰매를 만들어서 탔는데 너무 추웠대요. 생각한 끝에 큰 비닐집 같은 걸 만들어 썰매에 얹고, 그 안에 들어가서 손만 쏙 내놓고 타면 춥지 않겠다 싶더래요. 비닐집을 올리려면 썰매도 튼튼해야 하잖아요. 커다란 날을 붙이고 기둥을 세운 썰매 도면을 그려서 아버지께 보여드리며 썰매날을 만들어달라고 했대요. 아버님은 그림을 한참 들여다보시더니 읍내 철공소까지 찾아가서 만들어주셨다고 해요. 그렇게 만든 썰매는 너무 크고 무거워서 논까지 옮기는 게 힘들었대요. 결국 두어 번 정도 타고 말았다는 말에 헛웃음이 나더라고요. 제가 아버님이었다면 분명히 '그 칼날을 구하느라고 얼마나 고생했는데 두어 번 타고 안 타느냐'고 한마디 했을 거예요.

이 이야기를 듣고 나서 남편이 가족에게 보내고 있는 지지의 표현이 이해되었어요. 남편은 말이 많은 편이 아니에요. 표현을 잘하거나 칭찬을 잘하는 편도 아니고요. 가끔 '유머'를 시도하지만, 분위기가 참 어색해지곤 하죠. 하지만 아이들이 무얼 해보고 싶다고 하면 길게 묻지 않아요. "그래? 그럼 해보면 되지" 하면서 몸으로 도와줘요. 하다가 잘 안 되어도 지적이나 비난하지 않고 "야. 이거 잘 안 된다. 그치?" 하며 무안하지 않게 물어서요. 어른의 눈으로 보면 의미 없어 보이고, 시간과 에너지만 쓸 것 같을 때도 함께해주려고 애써요. 아내인 저에게도 그렇고요. 아버님과의 기억을 몰랐을 땐 남편이 하는 행동들이 참 비효율적으로 보였어요. 못마땅한 마음에 자꾸 참견하곤 했었는데 지금은 그 모습이 고맙고 존경스러워요.

아연 저희 남편도 제가 무언가를 해보고 싶다고 하면, 깊은 한숨을 쉬고 "하고 싶은 건 해야지"라고 해요. 전 그 한숨이 하지 말라는 말 같아서 "왜? 마음에 안 들어? 솔직히 말해봐" 하고 다그쳤는데, 남편은 마뜩치 않아도 저를 지지하고 격려해주려고 했던 거 같기도 하네요.

그래 내 입장에서는 의미가 없는 일일지라도, 상대에게는 중요한 일일 수 있다는 걸 존중해주는 거죠. 격려는 그 사람 곁에 서서 (stand by) 이해하고 견뎌주는 겁니다. '네가 그렇게 하고 싶었구나. 애썼구나'라며 알아주고, 상대의 속도나 방법이 내 생각과 다를 때도 존중하며 응원하는 거예요. 그 마음을 표현하는 게 지지고 격려입니다.

> 부모
> ASK

사랑하는 아이가 잘 자라길 바랍니다. 이 마음은 아이가 어렸을 때나 지금이나 똑같아요. 하지만 아이가 원하는 사랑은 그때와 다른 모습일 수 있어요. 아이가 필요로 하는 것들도요.

부모인 우리는 사랑하고 가르치는 과정을 통해 아이와 더불어 성장합니다. 내 사랑을 돌아볼 아이에게 내 사랑을 잘 전달할 수 있고, 내가 어떤 삶을 살고 있는지를 이해하고 있어야 아이에게 필요한 걸 가르칠 수 있습니다. 부모인 우리는 사랑을 배우고 삶을 가르치는 과정을 통해 오늘도 아이와 함께 자라고 있습니다.

ask 17 사랑하는데 자꾸 지치고 화가 나거나 사랑하는 사람들과 함께 있어도 외로움이 커진다면, 우리의 사랑을 잘 연결하기 위한 노력이 필요해요. 사랑하지 않는 게 아니라 사랑이 잘 전달되지 않고 있는 거니까요. 아이와 배우자 그리고 소중한 사람들과의 관계에서 주고받는 내 사랑의 메뉴를 점검해보세요.

내가 받고 있는 사랑	내가 주고 있는 사랑	내가 받고 싶은 사랑

ask 18 올해 아이에게 가르치고 싶은 중요한 '가치'가 있으신가요? 나는 내 삶에서 어떤 방식으로 그 가치들을 실천하고 있는지 찾아보고 배우자와 아이에게 자랑해보세요. 그 가치를 배우기 위해 아이가 실천할 수 있는 다양한 방법들을 함께 찾아보며 규칙을 정해보세요.

_____

_____

_____

독립
: 상담자·동반자로 성장하는 시간

'아이는 건강히 떠나보내기 위해 키운다' 이렇게 키우리라 다짐했던 이 말이, 아이가 자라 주말이면 친구와 함께하고, 집에 와서는 방문을 닫기 시작하니 다르게 다가옵니다.

아이가 세상을 향해 나아가는 동안, 부모인 나는 무얼 해야 할까요? 아이가 떠나간 뒤 부모는 아이와 어떤 관계로 남을까요? 부모가 되어 아이를 독립시키기까지의 과정은 내 인생에 어떤 의미일까요?

부모 33주차

아이방의 닫힌 문을
열게 하고 싶어요

아연 SNS에 지인이 아이 방문 사진을 올렸어요. 삐뚤빼뚤한 글씨로 '추립금지'라고 적힌 방문 사진을 올리며, '곧 진심으로 출입금지라고 붙이는 날이 오겠지?ㅠㅠ'라고 멘트를 남겼는데, 너무 공감이 됐어요.

그래 청소년기에 접어든 아이들의 대표 행동 중 하나가 집에 오자마자 방으로 들어가 문을 닫는 거지요? 부모들은 안에서 무얼 하고 있는지 알고 싶고, 그 문을 열고 싶어 해요. 상담이나 워크숍에서 어떻게 하면 방문을 열 수 있냐고 물어보시는 분들이 적지 않아요. 방문에 구멍을 내서 투명하게 아크릴 창을 만들었다는 분이나 잠금장치를 떼어내는 분도 계시고요. 서로 문을 닫는 게 싫어서 집 전체에 문을 없애고 천으로 가림막을 했다는 분을 만나보기도 했어요.

아연 그 정도로요? 저도 방문을 열고 싶긴 해요.

그래 음…. 방문을 꼭 열어야 할까요? 요즘 열일곱 살인 막내 현우도 문을 꼭꼭 닫아요. 방 안엔 에어컨이 없으니까 문을 열어놓아야 시원할 텐데, 괜찮다며 선풍기 하나 들고 들어가요. 저도 닫힌 그 방문을 바라볼 땐 여러 가지 감정이 느껴지곤 하는데요. 이럴 때 '아이가 문 닫는 걸 내가 어떤 의미로 해석하길래 이렇게 열고 싶어 하는 거지?'라고 스스로에게 물어보세요. '닫힌 문'이 어떤 의미로 들리세요?

아연 전 여긴 내 구역이니까 이젠 함부로 들어오지 말라고 선을 긋는 느낌이에요. 그런데 전 아직 선을 긋고 싶지 않아요.

● 방문을 여는 가장 간단한 방법

그래 아이가 자신만의 공간을 원하고 지키고 싶어 한다면, 그걸 존중하는 것도 큰 사랑이에요.

아연 아이 입장에서 생각해보니 제가 알고 싶은 만큼 아이는 알리지 않고 싶은 마음이 크겠어요.

그래 그렇지요? 나와 다른 마음이 생기는 게 자연스러워요. 우리도 그랬고, 지금도 그렇잖아요. 그리고 방문을 여는 방법은 아주 간단해요. 노크를 하고 기다리면 됩니다.

아연 노크라니…. 완전 허탈해요. 노크를 하면 되는데, 왜 억지로 여는 법만 생각했을까요?

그래 열고 싶었다기보다 닫는 걸 차단하고 싶은 마음이 더 컸으니까요. 저희 아이들이 방문을 닫기 시작했을 때, 남편이 노크를 하고 열릴 때까지 기다리는 모습을 보게 되었어요. 아이들은 "왜요?" 하면서 자연스럽게 문을 열었고, 남편은 "간식 먹을 건데 같이 먹을래?"라고 물었어요. 그 모습이 굉장히 신선하게 다가왔어요. 저는 노크와 동시에 "들어가도 돼?"라고 물으며 손잡이를 돌렸거든요.

아연 아이에 대한 존중이 느껴지네요. 어떻게 하면 방문을 열 수 있을까를 고민했는데, 방문을 닫은 건 아이니까, 방문을 여는 것도 아이여야 한다는 걸 깨달았어요.

그래 혼자만의 공간이 필요해서 문을 닫았는데, 누군가 계속 함부로 열고 들어오려고 하면 침해로 느껴질 수 있어요. 그러면 문을 더 닫고 싶어지고요. 어른인 우리의 상황으로 초점을 바꿔볼까요? 우리 집에 시부모님이나 친정 부모님께서 아무 때나 찾아오셔서 문 열라고 하면 어떨 것 같으세요?

아무리 편하고 좋은 사이여도 시도 때도 없이 '삑삑삑' 현관문 비밀번호 누르는 소리를 편안해하는 사람은 없을 거예요. 저는 어머님과 같이 살고 있는데요, 한번은 자고 있는데 느낌이 이상해서 눈을 떠보니 침대 발치에 어머님이 서 계셨던 적도 있어요.

아연 으아… 상상만 해도 너무 끔찍해요. 부부 침실은 지극히 프라

이빗private한 공간이잖아요!

그래 그렇죠. 이 이야기의 핵심은 지금 아연님이 이야기한 '프라이빗한 공간'에 대한 존중이에요. 어머님은 아기가 잘 자는지, 우유는 잘 먹였는지 궁금해서 들어오셨을 뿐이라고 하셨어요. 그때 막내가 어렸거든요. 지금의 우리처럼 그냥 궁금하고 알고 싶으셨던 것뿐이에요.

방문을 열 때 아이를 무시하거나 침해하는 게 목적이 아니지요? 그럼에도 불구하고 돕고 싶고, 조금 더 가까워지고 싶은 내 마음이 지나치게 앞서면 방문을 닫은 아이가 유난스럽게 여겨져 서운하고 화가 날 거예요.

아연 문을 닫는 건 '선'을 긋기 시작하는 게 맞군요. 제가 그 선이 낯설고 불안했나 봐요. 제 입장에서 생각해보니 그 '선'이 아이에게 얼마나 중요한 건지 알겠어요.

그런데 노크를 하고 방문이 열리기를 기다리고 기다려도 안 열릴 수도 있을 것 같아요. 시간이 지나도 반응이 없거나 거절당하면 조바심이 나고 괘씸할 것 같기도 해요.

그래 '꼭 나와야 한다'는 전제를 가지고 그 앞에 서 있으면 그렇겠지요. 반대로 방문을 열어주고 싶은 부모가 되면 되지 않을까요? 청소년기에 접어들면 아이의 책임과 권한이 점점 더 커져요. 아이가 인생이라는 무대에서 주인공으로서의 입지를 단단히 다져가기 위해 준비하는 시기지요. 아이와 건강한 관계를 맺고 싶다면 부모는 아이를 주인공으로 존중하며 조연으로 물러설 수 있어야 해요. 주인공 자리를 두고 다투거나, 내가 연기를 더 잘하니 나를 보고 배우라며 주인공을 못마땅해하고 있으면 아무리 훌륭한 부모라도 아이는 멀리하고 싶을 거예요. 내 삶의 자리를 빼앗고 침범하는 사람에게 문을 열어주고 싶은 사람은 아무도 없으니까요.

청소년기 부모는 상담자처럼

아연 그래도 아직 청소년이니 잘 모르고 부족한 부분들이 있잖아요. 책임과 권한은 커지는데 어떻게 다뤄야 할지 몰라 어렵고 막막한 순간도 있지 않을까요?

그래 있지요. 저도 여전히 그런 순간이 제일 어려워요. 그래서 이 시기 부모 역할을 '상담자'라고 표현한 것 같아요. 상담자의 역할과 태도 등 배웠던 것들을 되짚어보니, 독립 단계에서 부모가 처음 익혀야 하는 것과 상담자가 받는 수련이 매우 비슷하더라고요.

상담소를 찾아온 순간 이미 상담의 50퍼센트가 진행된 거라고 해요. 상담은 '당신에게 상담이 필요해 보이니 이리 와서 나와 상담을 해봅시다'라고 할 수 없거든요. 상담을 받고 싶은 사람이 나에게 찾아와야만 시작할 수 있어요. 그리고 이야기해주는 만큼만 알 수 있지요. 청소년기 부모-자녀와 정말 비슷하지 않아요? 아이가 '저 할 말이 있어요'라고 하면서 나에게 와야 이야기가 시작되죠.

며칠 전 현우가 친한 친구들과 문제가 생겨서 아무것도 하고 싶지 않다고 했어요. 한 달간 마음이 힘들었다고요. 비슷한 일로 중학생 때 힘들어하던 게 생각나서 불안했어요. 더 묻고 싶고, 도움이 되어주고 싶었어요. 그런데 말을 꺼내놓고는 더 이상은 이야기하고 싶지 않다고 딱 자르는 거예요.

저는 두 가지를 확인했어요. 난처하고 위험한 상황인지를 물었더니 그런 건 아니래요. 엄마가 그런 이야기를 나눌 수 있는 사람이라고 생각하는지를 물었어요. 그렇대요. 말하면 잘 들어줄 걸 알고 있으니 필요하면 말하겠다고 했어요. 딱 거기까지였어요. 기다리겠다고 하고 물러나는 게 얼마나 힘들던지요. 어떻게 해야 하는지를 알아도 실천하는 건 쉽지 않아요. 아이는 엄마가 이렇게 애써서 물러났다는 걸 모르겠지요? 그러고 나서 제 마음을 다독이느라 평소 안 하던 홈트를 한 40분쯤 했던 것 같아요.

아연 아이가 찾아오기를 기다리고, 말할 때까지 기다려야 하는군요. 힘든 일이 있으면 당연히 부모에게 가장 먼저 털어놔야 하고, 부모에게 알리지 않는 건 문제라고 생각했어요. 아이가 힘들어 보이면 부모가 먼저 알아차리고 물어야 한다고 생각했어요. 그렇지 않으면 방임인 것 같았거든요. 그런데 아이가 자라면 그게 아닐 수 있겠어요. 생각해보니 그맘때 저도 부모님께 숨겼던 것들이 많았어요.

그래 여성가족부에서 발표한 <청소년 통계, 2021> 결과를 보면, 고민이 있을 때 청소년 열 명 중 네 명은 친구들에게 상의를 하고, 두 명은 스스로 해결하려고 했어요. 친구에게 털어놓거나 스스로 해결하려는 아이들이 열 명 중 여섯 명인 거죠. 네 명만이 부모님과 상의를 해요.

아이들에게 왜 부모님과 상의하지 않느냐고 물어보면, '말해봤자 소용이 없어요'라고 하거나 '이거 아시면 우리 엄마 아빠 난리 나요'라고 해요. 문제를 해결하는 데 도움을 받을 수 없거나 걱정을 시켜드리고 싶지 않아서 부모에게 털어놓지 못하는 거지요.

상담자는 내 이야길 나누고 싶은 사람이에요. 위로받고 싶거나 도움이 필요할 때 찾아가고 싶은 사람이잖아요. 저도 '나는 오늘 내 아이에게 그런 사람일까?' 하는 질문을 자주 해요.

아연 부모의 역할 중 80퍼센트는 사랑이라고 하셨던 게 생각나요.

그래 좋은 관계를 맺고 있어야 서로 마음길이 연결되어 가르치고 도울 수 있어요. 저도 꽤 많은 시행착오를 겪으면서 깨달아가는 중이에요.

아이가 자랄수록 아이에게 필요해 보이는 게 많아져서 우선순위를 결정하기 힘든 순간들이 있어요. 특히 중·고생 때는 진로, 입시, 공부, 이성친구, 교우관계까지 신경쓰이는 것들이 많다 보니 부모로서 압박감이 느껴지는 순간도 많으실 거예요. 참견하고 싶은 말들이 올라올 때마다 저는 '이것이 우리 관계에 도움이 되는가'를 기준으로 보려고 노력 중이에요. 관계가 망가진 상태에서 부모가 할 수 있는 건 아무것도 없더라고요. 관계가 연결되어 있으면 아이들은 문을 열고 다가옵니다. 먼저 이야기를 시작해요.

● 내 이야기를 나누고 싶은 부모

아연 저는 엄마를 사랑해서 말하지 못한 적도 많은 것 같아요. 힘든 일을 털어놓으면, 다음 날 아침 엄마 얼굴이 무척 피곤해 보이셨어요. 밤새 못 주무신 거죠. 괜한 걱정을 시켜드렸구나 싶어서 마음이 더 힘들었던 기억이 나요.

그래 엄마를 사랑하니까 미안하고 마음이 힘들었겠네요. 엄마는 어떠셨을까요? 내 딸이 그런 힘든 일을 혼자 삭히지 않고 털어놔 줘서 고맙고 안심되지 않았을까요? 자녀 입장에서 부모가 약하고 돌봐야 하는 존재로만 여겨진다면 건강한 관계로 보기 어렵지요. 그래서 상담자로서의 부모는 스스로를 돌보고 회복할 수 있는 힘과 안정감을 갖춰야 합니다. 어렵게 고민을 털어놨는데 '엄마라는 사람이 자식한테 이런 일이 있는지도 모르고 밥만 잘 먹고 있었구나' 하며 무너지면, 아이는 부모에게 다시는 이야기하고 싶지 않아져요.

사랑하는 내 아이가 힘들어하는데 속상하지 않을 부모는 없지요. 하지만 부모가 과도하게 걱정하거나 감정적으로 행동하면 아이 입장에선 문제가 하나 더 생긴 꼴이 돼요. '그 정도는 아니야', '아냐. 나 괜찮아'라며 부모를 안심시켜야 하니까 더 힘들지 않겠어요?

속상한 마음에 '그렇게 하지 말라고 하지 않았냐', '이렇게 될 때까지 뭘 한 거냐' 등 비난이나 지적을 쏟아내는 경우도 적지 않아요. 그렇지 않아도 힘든데 부모님의 비난까지 감당해야 한다면 아이는 다시는 속내를 털어놓고 싶지 않겠죠.

아연 아이가 찾아오고 싶은 사람이 되어, 찾아올 때까지 기다리고, 찾아왔을 때 잘 견뎌내는 부모…. 잘 견뎌내고 싶은데 할 수 있을까요? 아직 자신이 없어요.

그래 벌써 자신 있으면 그게 더 이상해요. 아직 부모 나이가 이 시기에 접어들지 않으셨잖아요. 부모로서 돌봄과 성장의 단계를 잘 지나가면 독립 단계에 접어들었을 때 일희일비하지 않을 수 있는 힘도 커져 있을 겁니다. 걱정하지 마세요.

아연 아이들이 크면 클수록 부모 노릇이 더 어렵다고 하잖아요. 이렇게 견디고 떠나보내는 게 어렵다는 뜻인가 봐요.

그래님과 이야기를 나누면서 그동안 막혀 있었던 곳이 뻥 뚫리는 것처럼 시원했거든요. 이렇게 하면 되겠구나 싶어서 의욕도 생기고요. 그런데 세 번째 단계는 뭔가 두렵고 막막해요. '내가 정말 끝까지 좋은 부모가 될 수 있을까' 두려워요. 노력하고 있는데 더 노력해야 할 것 같고, 결국은 성인군자가 되어야 하는 건가 싶어서 막막하고 겁도 나고 그렇네요.

그래 그런 이미지가 떠오르시는군요. 혹시 이걸 내가 혼자 완벽하게 해내야 한다는 압박감이 느껴지세요? 이건 함께 가는 과정에 대한 이야기라는 걸 기억하시면 좋겠어요. 함께 가기 위해서 우리가 놓치지 않아야 할 것들을 살펴보는 것이지, 완벽하게 해내야 하거나 이렇게 살아야 한다고 주장하는 게 아닙니다. 내 삶의 방식이 편하고, 내가 사랑하는 사람들도 별 무리 없이 편하게 잘 지내고 있다면, 그냥 그대로 살아가도 충분해요. 자꾸 비슷한 '구덩이'에 빠져서 허우적대는 것 같을 때, 그 구덩이를 피하거나 메우고 싶을 때 점검해봐야 하는 것들에 대해 말하고 있을 뿐이에요. 예방주사를 맞는 것처럼 들어두었다가 필요한 순간에 필요한 만큼을 꺼내어 연습해보시면 충분하지 않을까요? 생태계 연구가인 최재천 교수님께서 '앎'에 대해 "알아가려는 노력이 축적될수록 이해하고 사랑할 수밖에 없다"고 표현하신 적이 있어요. 이해하고, 사랑하고 싶을 때, 할 수 있는 만큼씩 노력하면 됩니다.

아연 부모로서 오늘만큼 자라면 그 구덩이들이 하나씩 잘 메워진다고 하신 게 기억나네요. 이게 내 삶에 드러나기까지는 시간이 걸린다고 하신 것도요. 그동안 좋은 부모가 되고 싶어서 열심히 살아왔으니까 그만큼 제 힘도 커져 있겠지요?

그래 그럼요. 지금 그 힘으로 이렇게 계속 질문하고 알아가려고 노력하고 있잖아요. 그러니 그런 나를 믿고 잘 돌봐주세요. 몸도 마음도요. 잘 먹이고, 잘 재워주고, 마음이 어떤지도 물어봐주고요. 그렇게 심리적 에너지를 유지해가면 내 안의 부모성이 잘 발휘될 겁니다.

돌봄 단계의 보호와 양육, 성장 단계의 훈육과 격려 모두 쉽지 않았지만, 독립 단계에선 심리적 에너지를 잘 유지하는 게 특히 더 중요해요. 한때 나와 한 몸이었던 자녀를 '나와 다른 사람'으로 존중하고 이해하는 게 얼마나 진이 빠지는 일이겠어요. '아차' 하는 한순간에 여전히 나와 한 몸처럼, 분신처럼 대하게 되더라고요. 관계에서의 독립은 나와 너를 구분하는 데서 시작해요. 내 것이 어디까지고, 무엇인지 잘 알면 이 구분이 좀 쉽지 않을까요? 나에 대해 이해하고 집중해보자고 하는 이유입니다.

부모
34주차

심리적 출산을 맞이할 준비는 어떻게 해야 할까요?

 아연 저희는 평일에 할 일을 다하지 못하면 일요일에 해요. 둘째가 지난주에 "일요일에 할게"라며 할 일을 미룬 게 꽤 많았어요. 그러라고 하면서도 속으로는 걱정을 했죠. 아니나 다를까 일요일에 숙제를 하며 울먹울먹하더니 결국엔 울음을 터뜨려요. 저도 답답한 마음에 "그러니까 미루지 말지!"라고 목소리를 높였어요. 그랬더니 아이가 "누가 안 한대? 내가 하려고 하니까 눈물이 나는 거잖아!"라고 하면서 더 크게 울어요. 순간 아차 싶었어요. 아이는 스스로 해내려고 울면서까지 노력하고 있는데, 그 모습이 안쓰러워서 제가 참견을 한 거예요. 아이 몫은 아이를 믿고 맡기려고 노력하는데도, 아이에게 문제가 생기거나 힘들어할 때는 자꾸 나서게 돼요.

 그래 아이가 어려움에 처했을 때 해결해주고 싶은 마음을 다스리는 게 참 어렵지요. 아이와의 동일시 때문이에요. 서로가 힘들어하는 걸 지켜보는 게 힘든 이유와 내가 원하는 방식대로 해결하고 도와주고 싶은 이유, 그리고 그러지 않으면 화가 나는 이유도 동일시가 가장 큰 이유일 겁니다.

하지만 사람은 누구나 내 일을 스스로의 방식대로 해결하고 싶은 욕구가 있어요. 그래야 성취감을 느끼고 자율성을 발휘할 수 있으니까요. 아홉 살인 결이가 눈물을 흘리며 숙제를 하는 것도 그걸 연습 중인 걸 거예요. 열일곱 살의 현우가 저에게 찾아와 힘든 이야기를 하는 것도 스스로 해결할 힘을 충전하고 조언을 구하고 싶은 거지 대신 해결해달라는 게 아니에요. 이때 <u>우리 역할은 아이에게 충분히 공감하면서 힘을 충전해주고 아이가 미처 고려하지 못한 부분을 볼 수 있게 도와주는 것</u>까지입니다.

아연 해결하거나 결정해달라는 게 아니군요. 내 것이 어디까지고 무엇인지 알아야 너와 나를 구분할 수 있다고 하신 게 이제야 이해가 되네요. 사랑해서 안쓰러운 마음이 든 거라고 생각했는데, 아이의 모습을 제 모습으로 느꼈나 봐요.

● 건강한 관계를 위한 따로 또 같이

그래 어른이 되고 자녀를 어른으로 독립시키는 과정은, 가장 가까운 관계였던 사람을 나와 다른 사람이라고 인정하고 받아들이는 '분리'의 시간이에요. 이 과정을 잘 거쳐 건강하게 독립할 때 서로 행복할 수 있지요.

나에게 전적으로 의지하던 아이가 점점 혼자 할 수 있는 게 늘고, 나와 다른 존재라는 걸 드러내기 시작하면 아무리 사랑하고 가까운 사이일지라도 내 마음대로 통제할 수 없다는 것을 받아들이고 존중하는 것을 배워요.

내가 사랑하는 사람들이 나와 다르다고 지나치게 분노하거나 무력감을 느낀다면, 아직 너와 나를 구분하지 못하는 어린아이 같은 사고의 틀에 갇혀 있는 걸 수도 있어요.

아연 한국인들이 가장 많이 동일시하는 대상이 어머니와 자기 자신이라는 기사를 읽은 적이 있어요. 딸은 특히 더 심하다고 해요. 저도 엄마와 아이들을 나와 다른 존재로 받아들이고 있는지 잘 살펴봐야겠어요. 그냥 사랑하니까 더 챙겨주고 싶고, 기쁘게 해주고 싶은 거라고만 생각했지, 동일시를 생각해본 적은 없거든요. 아이는 나와 다른 개별적 존재라는 사실을 존중하고, 건강한 관계를 맺으려면 어떻게 해야 할까요?

그래 저도 깨닫게 된 걸 이야기하고 있지만, 실천하는 건 참 어렵더라고요. 저는 일상 속에서 '따로 또 같이'를 이해하려는 시도를 해보고 있어요. 흔히 좋은 관계라고 하면 내 마음이 네 마음이고, 항상 서로가 최우선이어야 한다고 생각하는 경우가 많아요. 좋은 관계에 대한 지나치게 이상적인 기대죠. 특히 사랑하는 사이나 가족에게는 이 기대가 더 커요. 사람에게는 독립적이고 분리된 존재로 인정받고 싶은 욕구도 있고, 누군가와 연결되고 소속되고 싶은 욕구도 있거든요. 말 그대로 '따로'와 '같이'의 욕구가 공존하고 있는 거지요.

아연 저도 가족은 일심동체, 이심전심이라고 생각해요. 특히 아이와는 '같이'에 익숙한 것 같아요. 웬만하면 딱 붙어 있으려고 했어요.

그래 아이들 어렸을 때를 생각해보세요. 아이를 사랑하고 아이와 함께 있고 싶으면서도 혼자만의 시간이 필요했지요?

아연 네. 딱 30분이라도 나 혼자 있을 수 있다면 얼마나 좋을까 생각한 적이 많아요.

그래 그럴 때 '저는 아이를 덜 사랑하나 봐요. 자꾸 혼자 있고 싶어요'라고 하시는 분들이 계시는데, 아이를 덜 사랑해서가 아니라, 아이와 함께 있으며 '같이'의 욕구가 충족되어 '따로'의 욕구가 올라온 거라고 이해해보세요. 마치 시소처럼. 혼자의 시간을 충분히 보내면 또 아이가 그리워요. 그건 '이렇게 아이 생각이 또 날 텐데 괜히 혼자 나왔어요'가 아니라 '따로'의 욕구가 충분히 충족되니 '같이'의 욕구가 올라온 거지요.

아연 혼자 있고 싶은 건 '같이'의 욕구가 충족이 된 거고, 같이 있고 싶은 건 '따로'의 욕구가 충족이 된 거네요?

그래 맞아요. 그렇게 '따로 또 같이'가 유연하게 움직이며 균형을 맞춰가요. 아이가 자라면서 균형점이 달라져요. 아이가 어릴 때는 가급적 같이 있어야 건강한 관계를 맺을 수 있어요. 아이가 자라며 '따로'의 축으로 균형점이 조금씩 옮겨가죠. 또 '같이'의 욕구를 부모가 아닌 친구와 충족시키고 싶어 하고요.

아연 아이가 선을 긋고 방에 들어가는 건 저와 '같이'하고 싶은 욕구가 다 채워졌다는 신호라고 생각하니 덜 서운한데요? 그런데 그럼 저의 '같이'의 욕구는 어떻게 하나요?

그래 아이가 자라는 만큼 우리도 천천히 자라야 한다니까요. 아이는 열일곱 살이 되어 친구와 함께 있는 게 좋은데, 나는 여전히 일곱 살의 아이를 그리워하며 아이 뒤를 졸졸 따라다니며 서운해하거나 억울해하는 모습을 상상해보면 좀 그렇잖아요.

미운 ○살이라고 표현하는 시기가 있지요? 주도성이 발달하고 자기주장이 강해지는 시기이기 때문에 부모로서 가르쳐야 할 것이 많아지는 때이기도 하지만, 한편으론 조금씩 물러나고 떨어지는 연습을 시작해야 하는 시기이기도 합니다.

'같이'에 대한 욕구가 오로지 아이만을 향해 있으면 아이도 부담스러울 거예요. 자녀가 영유아기를 지나면 관심의 대상을 배우자에게로 조금씩 옮겨보세요. 아이가 '따로!'라고 외치는 시기가 왔을 때, 나도 건강하게 '따로'를 누릴 수 있는 준비를 하는 거예요. 그래서 중년기에는 어른으로 함께할 수 있는 사람들이 꼭 필요합니다.

🟢 부모가 견뎌야 할 두 번째 출산

아연 아이를 낳는 게 제일 힘들고 아픈 순간일 줄 알았는데, 아이를 한 사람의 어른으로 떠나보내는 과정도 그에 못지않을 것 같아요.

그래 그래서 자녀가 독립해가는 과정이 부모에겐 '심리적 출산'이 아닐까 하는 생각이 들어요. 한때 관심을 가졌던 연구 주제가 '자녀는 독립을 하는데, 부모는 자녀에게서 독립이 가능할까?'였어요. 부모가 자녀로부터 심리적 독립을 하는 건 그만큼 어렵게 느껴지거든요. 아이가 태어나면 탯줄을 끊어요. 만약 우리가 무섭다고 탯줄을 끊지 않으면 아기와 엄마 모두가 위험에 빠지는 것처럼 심리적 탯줄을 끊을 수 있어야 아이도 어른으로 성장하고, 부모인 우리도 자녀의 심리적 독립을 받아들일 수 있어요.

아연 몸으로 하는 물리적 출산과 마음으로 하는 심리적 출산이네요. 우리는 아이를 두 번 출산하고, 두 번 끊어지는 경험을 하게 되는 거군요. 그 순간은 언제쯤 찾아오나요?

그래 이른둥이가 있고, 예정일이 지나 나오는 아이가 있는 것처럼 개인차가 있지 않을까요?

첫째 건우가 고등학교 입학을 앞둔 겨울에 캠프에 참가했었어요. 마지막 날, 부모님을 초대해서 자기가 결심한 것이나 캠프에서 경험한 것에 대한 소감을 편지로 써서 발표하는 자리가 있었는데, 대부분 아이들이 '즐거웠다. 감사하다. 열심히 공부하겠다'고 했어요. 거의 마지막 순서에 건우가 맨손으로 달랑달랑 걸어 나왔어요. 저와 남편의 위치를 확인하더니, 저희를 바라보며 이렇게 말하더군요.

"저는 부모님께 '공부를 열심히 하겠습니다. 부모님의 마음에 드는 착한 아들이 되겠습니다'라는 이야기는 하고 싶지 않고, 할 수 없습니다. 지킬 수 없으니까요. 제가 얼마 전부터 폭풍 성장을 해서 키가 180센티미터가 넘었는데요. 이렇게 제 몸이 성장할 수 있었던 건 엄마가 저를 낳을 때 탯줄을 끊어주셨기 때문입니다. 그러니 이제는 마음의 탯줄도 끊어주세요. 그래야 제 마음도 어른으로 클 수 있습니다. 저는 이제 제 방식대로 저의 길을 나아가겠습니다."

여기저기서 가벼운 웃음이 터졌고 시선이 저희 부부에게 집중됐어요. 10년 전의 일이지만 그날 건우의 목소리며, 건우의 한마디 한마디, 박수와 탄식이 공존하던 분위기가 아주 생생해요. 지나고 보니 그게 심리적 출산을 위한 진통의 시작이었던 것 같고요. 스무 살이 되면서 법적 어른으로 태어나고 지금은 어른으로 성장해가고 있어요.

아연 평소에도 궁금했는데, 아이가 자라면 부모가 심리적 탯줄을 끊어야 한다는 말을 자주 들었어요, 심리적 탯줄은 제가 끊어야 하는 거예요?

그래 아이가 태어났을 때를 떠올려볼까요? 아이들 탯줄을 누가 끊었어요?

아연 웅이는 간호사가, 결이는 남편이요. 그러고 보니 저도 아니고, 아이도 아니었네요.

그래 탯줄을 누가 끊느냐는 중요하지 않아요. 건우가 심리적 탯줄을 끊어달라고 한 건, 심리적 독립을 원한다는 신호를 보낸 거라고 생각해요. 아이가 독립할 준비가 되었다는데, 부모가 '아니야. 너는 아직 어려. 내 품 안에 더 있어야 해'라면서 받아들이지 않으면 아이가 성장할 수 없어요.

출산할 때도 아이가 세상에 태어날 준비를 마치면 진통이 시작되는데, 엄마가 두려워서 출산을 거부한다고 생각해보세요. 아이도 엄마도 모두 고통스럽고 위험해지죠.

아연 심리적 탯줄을 끊을 때가 됐다는 걸 받아들이는 게 중요한 거네요. 이 과정이 부모에게만 두려운 건 아니겠어요. 아이에게도 용기가 필요한 일이네요.

그래 그래서 현명한 선택을 할 수 있게 도와주고, 도전해볼 에너지를 충전해주고, 잘 해낼 거라고 믿어주는 게 중요해요. 이런 말을 하면 '어떻게 믿어요? 뭘 보고 믿어요?'라고 하시는 분들이 계신데요, 누군가를 신뢰한다는 건 신뢰하기로 결심한다는 거예요. 사랑할 만해야 사랑하는 게 아닌 것처럼 믿을 만해서가 아니라 아이의 삶을 신뢰하기로 결심하는 겁니다. 부모와 안정되고 건강한 관계가 형성된 아이는 심리적 탯줄도 잘 끊어요. 뱃속에서 잘 자란 아이가 건강하게 태어나는 것과 비슷합니다.

심리적인 안전기지가 있으니까요. 물론 부모 입장에선 허전하고 상실감을 느낄 수 있겠지요.

아연 심리적인 탯줄을 끊으면 아이와의 연결이 끊어지는 것 같아요. 그래서 더 허전해요.

그래 출산과 탯줄 끊기로 표현한 건 '독립'에 대한 비유예요. '단절'이 아닙니다. '독립'을 단절로 이해하기 때문에 두려운 것 아닐까요? 정성껏 돌본 것처럼 정성껏 떠나보내면, 더 멋지고 자유로운 모습으로 삶의 동반자가 되어줄 거예요. 건우도 심리적인 탯줄을 끊어달라고 한 뒤에 "마음의 탯줄을 끊는다고 해서 엄마 아빠와 제 사이가 끊어지는 게 아니에요. 제가 이 다음에 가족이라는 둥지를 만든다면 아마 엄마 아빠 같은 둥지를 만들 거예요. 그러니 너무 서운해하거나 불안해하지 마세요"라고 덧붙였어요 건우의 이야기는 자기 삶의 주도권을 존중해달라는 뜻이었을 거예요. 내 삶은 부모님의 삶과 다르다는 걸 받아들이고 자기 권한을 인정해달라는 거죠. 지나고 보면 잘 떠나준다는 건 부모로서 가장 감사한 일이 아닐까 싶어요.

아연 쉽지는 않겠지만 아이들과 심리적인 탯줄을 잘 끊고 싶어졌어요. 그래야 아이도 건강한 어른으로 자라고, 저도 잘 늙어갈 수 있을 것 같아요.

그래 성장통이라고 하잖아요. 성장을 하려면 견디고 거쳐야 하는 과정이 있어요. 그래서 지금 이렇게 부모로서 성장하는 이야기를 나누고 있죠. 아이를 키우는 동안에 수시로 불안한 순간들이 찾아와요. 내가 개입하면 더 나을 것 같은 순간들이 참 많아요. 아이들이 어릴 땐 어린 대로 불안한 부분이 있고, 청소년은 청소년이라 불안한 부분이 있고, 성인이 된 아이는 성인이라 불안한 부분들이 있죠. 그런데요, 그 불안한 마음을 이기지 못하면 아이는 평생 나에게 의존하며 살게 될지도 몰라요. 그러다가 나 역시 내 삶을 건사하지 못해 아이에게 짐이 될 수도 있고요.

방문이 닫혀있는 아이의 방.
어떻게 하면 문을 열 수 있을까요?

간단해요. '노크'를 하면 됩니다.

방문을 닫은 게 아이라면 방문을 여는 것도 아이여야 합니다.

먼저 열고 들어가기보다는

열릴 때까지 기다려주세요.

닫힌 방문을 열려고 애쓰기보다 방문을 열어주고 싶은 부모가 되기 위해 할 수 있는 것을 생각해보세요.

부모
35주차

저는 부모님으로부터 독립을 했을까요?

 아연 심리적 독립에 대한 이야기를 나누다 보니 저와 부모님의 관계가 떠올라요. '나는 부모님으로부터 심리적인 독립을 했을까?', '나는 여전히 부모님께 의지하고 있지 않나?' 그런 점들이요.

 그래 제가 어른인 우리들의 관계를 주제로 워크숍을 진행할 때 여쭤보는 질문이 하나 있어요. 아연님은 '김치 독립'을 하셨어요?

아연 아뇨. 저 친정엄마가 매번 해주세요.

그래 음… 독립한 게 아니라고 생각하시는 거지요?

아연 네. 김치를 혼자 담아본 적이 없으니까요.

그래 이게 우리가 '독립'에 대해 가장 크게 오해하고 있는 부분이에요. 만약 엄마가 "이제 엄마도 늙어서 힘들다. 올해부터는 김장을 담그지 않기로 했다. 너희 집 김치는 알아서 해라"라고 하시면, 아연님은 어떻게 반응할 것 같아요?

아연   아쉽지만 어쩔 수 없죠. 적당한 곳을 검색해서 주문해야죠.

● 심리적 독립의 4가지 차원

그래   오~ 아연님은 우선 기능적으로 잘 독립하셨네요.
아연   기능적 독립이요?
그래   심리적인 독립*은 네 가지로 차원으로 나눌 수 있어요. 첫 번째로 <u>부모님의 도움 없이 나 자신의 일을 처리할 능력이 있다면 기능적 독립을 한 거예요.</u>
아연   저는 김장을 할 줄 모르는데 독립을 하지 못한 거 아니에요?
그래   그렇게 말씀하는 분들이 많은데, 모든 걸 내가 직접 해야 독립을 한 게 아니에요. 사 먹거나 다른 방법을 찾아보는 것도 내 일을 내가 처리하는 방법이지요. '엄마가 김장을 안 해주면 나는 어떻게 하라고! 해줘!' 하며 매달리거나, '엄마가 김장도 안 해준다고?'라고 당연하게 여기지 않잖아요. 또 김장을 해주셨을 때 감사를 표현하고 적절한 보상도 드리고요. 반대로 부모님은 김장을 해줄 수 있어 뿌듯하고 기쁘실 수 있는데 무조건 됐다고, 나도 살림하는 사람이니 알아서 하겠다며 극구 사양하면 그게 더 미성숙한 태도 아닌가요?

---

*   제프리 호프만이 개발한 심리적 독립 척도Psychological Separation Inventory, PSI

아이도 자라며 스스로 할 수 있는 것들이 늘어가죠. 기능적 독립을 해나가는 과정이에요. 그러다 나이가 들어 노년이 되면 누군가의 도움이 필요한 일들이 하나씩 늘어가요.

아연 엄마랑 햄버거집에 갔는데, 제가 키오스크에서 주문하는 걸 보시더니 엄마가 "난 햄버거도 이제 혼자는 먹으러 못 오겠다"고 하셨어요. "나랑 같이 오면 되지. 무슨 걱정이야~"라고 했는데, 그것보다 혼자 할 수 있게 알려드리는 게 더 좋겠네요. 기능적 독립을 유지하실 수 있게요.

그래 그렇지요? 기능적 독립을 유지할 수 있게 도와드리고, 나도 기능적 독립을 유지하면 서로가 멀어지거나 단절되는 게 아니라 더 편안하고 건강한 관계가 되는 거예요. 육아에 대해 부모님이나 다른 분의 도움을 받고 있는 상황에 대한 부분도 이렇게 이해하시면 됩니다.

두 번째는 '부모님과 구별되는 나만의 태도, 가치, 신념들을 가지고 있고, 그것들을 표현할 수 있는가'예요. 태도적 독립이라고 하죠. 부모님과 나는 삶의 기준, 가치관이 다를 수 있어요. 그런데 그걸 받아들이지 못하고 부모님의 삶의 태도를 그대로 따라야 한다고 생각하는 경우가 있어요. 예를 들어 '우리 엄마는 다 손빨래 해서 입히셨고, 그 어려운 상황에서도 삼시세끼 갓 지은 밥을 먹이셨는데, 나는 왜 이 정도도 못하지?' 하는 친구가 있다면, 어떠세요?

아연 그때랑 지금이랑 다르고, 네가 어머니와 다르게 잘하는 것도 많지 않냐고 할 것 같아요. 아… 서로의 태도가 다르다는 걸 인정하는 게 태도적 독립이군요.

그럼 반대로 아이가 저의 가치관을 따르지 않을 때 화가 나는 건 아이에게 태도적 독립이 되지 않은 걸까요? 전 웅이가 뭔가 대충하는 것 같을 때 그렇게 못마땅하고 화가 나요. '잘하고 못하고를 떠나 최선을 다해야지!' 하는 마음이 훅 올라오거든요. 웅이는 대충 할 때도 있는 거라고 하는 데 전 납득이 되지 않아요.

그래 아이는 태도적 독립을 해나가고 있고, 엄마인 아연님은 아직 웅이에게 내가 중요하게 여기는 걸 가르치고 싶어 하시는 건데요. 지금은 그럴 수 있는 시기라고 계속 말씀 드리고 있어요. 하지만 웅이가 고등학생이 되고 성인이 되었는데도 내 기준만큼 해내야 최선이라고 요구한다면 그건 좀 다른 이야기가 되겠지요.

아연 그러니까 독립은 어느 한 쪽이 아니라 상호 독립이 되어야 건강한 관계가 될 수 있겠군요. 자녀는 건강하게 독립했는데, 그렇지 못한 부모님들도 꽤 많겠어요.

그래 사실 부모가 자녀에게서 독립하지 못한 상태에서 자녀만 건강하게 독립하는 건 쉬운 일이 아니에요. 자녀도 함께 심리적 어려움을 겪고 있는 경우가 훨씬 많습니다.

부모가 불안한 마음에 아이에게 스스로 해볼 기회를 주지 않는다면 기능적으로 독립하는 게 쉽지 않을 거고요. 나의 기준과 가치에 따라 행동하도록 요구한다면 자신만의 생각을 가진 어른으로 성장하기 쉽지 않아요. 항상 아무거나 괜찮고, 뭘 물어도 잘 모르겠는 어른으로 성장해서 남의 눈치만 보며 살 수도 있어요.

정서적 독립과 갈등적 독립을 살펴보면 좀 더 와 닿으실 거예요. 정서적 독립은 부모님의 승인, 친밀감, 정서적 지지를 얻고자 하는 욕구에서 자유로운 거고요. 갈등적 독립은 부모님과의 관계에서 과도한 죄책감, 불안감, 책임감, 분노로부터 자유로운 거예요. 두 가지 상황 모두 부모님 또한 건강한 심리적 독립 상태가 아닐 가능성이 커요.

아연 엄마가 저에게 "넌 어렸을 때 꼭 내 입안의 혀 같았어"라는 말씀을 종종 하세요. 엄마가 싫어할 일은 하지 않았고, 좋아할 일만 했거든요.

그래 어릴 때는 엄마가 좋아하는 게 내가 좋아하는 거고, 엄마가 싫어하는 건 내가 싫어하는 거라고 생각할 수 있어요. 아기는 엄마가 울면 따라 울잖아요.

정서적 독립은 나와 타인의 감정을 구분할 수 있는 힘이 생긴 상태예요. 엄마의 감정과 내 감정이 다르고, 엄마의 욕구와 내 욕구가 다르다고 해서 죄책감을 갖지 않아요. 누군가의 마음에 들기 위해 지나치게 애쓰지 않죠.

아연 저는 지금도 상대를 흡족하게 하려고 애를 쓸 때가 있어요. 사랑하는 사람의 기분에 제 기분이 좌우되는 경향도 있고요. 정서적 독립이 안 됐나 봐요.

그래 정서적 독립이 '됐다, 안됐다' 이분법적으로 나누기보다 어느 정도 수준인지를 탐색해보세요. 정서적인 독립이 덜 된 경우, 내가 사랑하는 사람의 기대와 욕구에 맞추려고 애쓰는 것처럼 나를 사랑하는 누군가도 나의 기대와 욕구에 맞춰주길 바라는 마음이 클 거예요. 이걸 알아차리는 게 중요해요. 그래야 상대가 나와 다르다는 걸 자연스럽게 받아들일 수 있어요.

저는 남편에게 이런 마음이 일어날 때가 크더라고요. 내가 기대한 것과 다른 행동을 하면 불쑥 욱 하는 마음이 올라올 때가 있거든요. 가끔 미안한 마음에 '내 뇌에서 당신을 나와 가장 가까운 사람이라고 기억하고 있어서 그런가 봐'라고 변명을 하기도 해요.

아연 아… 조금 알 것 같아요. 저는 엄마가 싫어하는 행동은 하지 않으려고 애썼는데, 웅이는 제가 싫어하는 걸 알면서도 제 앞에서 태연하게 하면 '나를 자극하려고 일부러 내 앞에서 그러는 건가?' 싶거든요. 이런 감정이 크게 느껴지는 이유가 아마도 제가 이 부분에 독립이 덜 되어 있어서 그런가 봐요. 이제 아이가 저와 다르게 행동할 때 좀 더 순하게 볼 수 있을 것 같아요.

그래 아연님이 '입안의 혀'라고 표현할 만큼 부모님이 원하는 대로 행동했던 건, 그렇게 했을 때 부모님의 관심과 사랑을 받을 수 있었기 때문일 거예요. 만약에 그렇게 노력했는데도 원하는 관심과 사랑을 받지 못한다거나 도저히 부모님이 원하는 대로는 행동하기 싫었다면 어떨까요?

아연 부모님이 너무 밉고 원망스러웠을 것 같아요. 부모님이 하라는 건 더 하기 싫어졌겠죠.

그래 갈등적 독립이 그런 상황이라고 이해하시면 됩니다. 부모님이 하라고 하면, 그게 내가 하고 싶은 것과 같더라도 부정적인 감정이 올라와요. 부모로부터 벗어나려고 애를 쓰고 늘 삐딱선을 타죠. 그래서 갈등적 독립 상황에 놓여 있는 분들이 '부모님으로부터 독립했다'라고 착각하고 있는 경우가 많아요. 사이가 안 좋으니까 연락도 안 하고 서로의 삶에 관여하지 않고 사는 걸 독립이라고 오해하는 거지요.

아연 아이와의 심리적 탯줄을 끊는 게 어렵게 느껴지는 이유가 있었네요. 이렇게 들여다보니 제가 부모님으로부터 독립을 하지 못한 부분들이 보여요. 그러니 아이와의 독립이 어렵게 느껴질 수밖에요.

그래 나의 심리적 독립이 배우자, 아이, 그리고 내가 친밀하게 지내고 싶은 사람들과 건강한 관계를 맺는 바탕이에요. 부모님들과 이 주제를 깊게 다루는 이유입니다.

● 부모살이의 종착역, 아이에게 의미 있는 사람 되기

아연 아이들이 어른이 되면 부모는 아이에게 어떤 존재가 될까요? 아이가 건강하게 독립하길 바라면서도 그때 나는 아이에게 어떤 존재로 남을지가 그려지지 않아요.

그래 아연님에게 부모님은 지금 어떤 존재인가요?

아연 힘들 때 생각나는 분이요. 약한 모습을 보여드리고 싶진 않지만 진짜 무너질 것 같을 땐 품에 안겨 펑펑 울고 싶은 사람이요.

그래 만약 부모님이 안 계시다면 아연님의 삶은 지금처럼 유지되기 어려울까요?

아연 솔직히 그렇지는 않죠. 부모님이 계셔서 감사하지만, 안 계셔도 제 삶이 크게 변하는 부분이 있을 것 같지는 않아요.

그래 우리 아이들도 그래요. 얼마 전 건우가 어떤 설문에서 '부모님에게 하고 싶은 말은?'이란 질문에 '이젠 부모님이 필요없어요'라고 대답한 화면을 캡쳐해서 저에게 보냈더라고요. 혹시나 오해할까 싶었는지 '좋은 뜻'이라는 설명까지 달아서요. 저는 '만세' 이모티콘을 보내줬어요.

아연 전에 부모 역할의 최종 목적지가 '필요 없는 사람'이 되는 거라고 하신 적이 있는데 실제로 그런 순간이 오는군요. 그때도 이 표현에 마음이 쿵 내려앉는 것 같았는데, 다시 들어도 힘 빠져요.

그래 '좋은 뜻'이라잖아요. '필요 없는 사람'이 된다고 '의미 없는 사람'이 되는 건 아니에요. 아연님에게 부모님은 필요 없는 분들이지만, 힘들 때 생각나고 기대고 싶은 분들이죠. 좋은 걸 보면 부모님 생각도 날 테고요.

아연 맞아요. 부모님은 살아 계시는 것만으로 힘이 되어주세요.

그래 아주 의미 있는 소중한 분들이시네요. 그렇게 성인이 된 아이와 부모는 서로에게 동반자가 되는 거예요. '필요'와 상관없이 진심으로 서로의 삶을 응원하고 돌봐주는 사람으로요.

아연 '없으면 안 되는 사이'에서 '필요와 상관없이 사랑하는 사람'이 되어가는 거군요. 그런데 서로에게 동반자가 된다는 건 어떤 사이가 되는 거예요? 동반자라고 하면 남편이 떠올라요.

그래 사전을 찾아보면 동반자에 두 가지 의미가 있어요. 첫 번째는 어떤 행동을 할 때 짝이 되어 함께하는 사람. 그리고 두 번째는 어떤 행동을 할 때 적극적으로 참가하지는 아니하나 그것에 동감하면서 어느 정도의 도움을 주는 사람이요.

아연 첫 번째 의미에서는 남편이 떠올랐고, 두 번째 의미에서는 부모님이 떠올라요.

그래 맞아요. 저는 <u>동반자로서의 부모와 자녀는 상호 존중을 바탕으로 부모는 자녀의 독립성을, 자녀는 부모의 독립성을 인정하고 서로 의지하며 도와주는 관계가 되는 거라고 말씀드려요.</u>

아연 서로 의지하며 도와주는 관계라고 하니 생각난 게 있어요. 얼마 전에 친구들과 '너는 나중에 네 아이가 부모가 되어서 아이를 키워달라고 하면, 키워줄 거야?'를 서로 물었어요. 저는 남편이 동의하고, 체력이 허락한다면 돌봐주고 싶어요. 그래님은 어떠세요?

그래 저도 기꺼이 도울 거예요. 단, 어떤 도움을 바라는지를 가능한 구체적으로 나눠보고, 아이를 키워주는 게 아니라 엄마 아빠를 돕는다는 기준을 지키고 싶어요. 아이들이 도움받길 원하는 것과 내가 도와줄 수 있는 게 다를 수가 있거든요. 난 이게 최선인데 상대방은 더 원할 수가 있잖아요. 그럴 때는 내 최선까지만 다할 거예요. 상대가 원하는 걸 채워내는 데 급급하다 보면 좋은 관계를 유지할 수 없거든요. 그리고 도움이 필요하다고 하지만, 그 도움이 아이들에게 진정으로 도움이 되는지도 생각해볼 거예요. 떠맡기고 미루는 거라면 물러날 거예요. 두려워서 떠맡기고 싶은 거라면 용기를 내서 스스로 할 수 있게 돕고 싶어요. 동반자는 서로에게 '의지'하는 사이이지 '의존'하는 사이는 아니니까요.

아연 그러네요. 먼 미래를 가정하며 물을 것도 없이 지금 당장 아이가 저에게 의존하고 있는 건 없는지, 아이가 떠맡기고 미루는데 제가 해주고 있는 건 없는지, 제가 나서서 아이가 저에게 의존하게 하는 건지를 살펴봐야겠어요.

부모
36주차

아이에게 좋은 동반자로
성장한 어른이 되고 싶어요

 아연 부모는 자녀를 안전하게 지키고 돌보는 보호자로 출발해서 따뜻하게 돌보는 양육자로, 권위를 가지고 더불어 살아갈 수 있게 가르치는 훈육자로, 스스로 배워가는 과정의 격려자로, 아이를 믿고 존중하며 안내하는 상담자로 자라는 거라고 정리가 돼요. 그리고 마지막 단계가 동반자인 거죠? 좋은 동반자에 대해서 조금 더 알고 싶어요. 그런 어른이 되고 싶거든요.

 그래 음… 아연님과 저는 지금 좋은 동반자인 것 같은데요.

아연 네? 이렇게 배우기만 하는 동반자가 어딨어요.

그래 동반자를 무언가를 대등하게 주고받아야 한다고 생각하세요? 동반자는 함께하는 동료고 파트너예요. 우리는 꽤 긴 시간 동안 '부모'에 대해 함께 이야기를 나누고 생각해보고 있잖아요. 먼 길을 간다고 하면, 어떤 사람과 같이 가고 싶으세요?

아연   같이 있으면 편하고, 힘들다고 하면 잠깐 같이 쉬어주는 사람이요. 길가의 예쁜 꽃을 보면서 같이 미소 짓는 사람이면 좋겠어요.

그래   저도 비슷해요. 좋은 걸 보며 같이 나누면 신나고, 때론 무거운 가방을 서로 나눠 맬 수도 있으면 좋겠어요. 그런 사람과 함께 걸으면 든든하고 힘이 되지 않을까요? 저는 지금 우리 관계가 그런 것 같은데요.

아연   그렇게 생각하니 그렇네요. 그래님과 더 오래 같이 걷고 싶어서 더 좋은 동반자가 되고 싶은가 봐요.

부모님께도 동반자가 되고 싶어요. 몇 해 전에 친정아빠가 어깨 수술을 하셨어요. 그때 우리 삼남매 모두 연세도 있으시니 일을 그만하시면 좋겠다고 말씀드렸죠. 아빠는 "내 소원이 죽을 때까지 너희들에게 짐이 되지 않는 거다. 아직 할 만하다"라고 단호하게 말씀하시며 퇴원한 다음 날부터 다시 출근을 하셨어요. 아빠 마음을 알겠는데, 제 마음이 편하지는 않았어요. 의지하셔도 되는데 싶었거든요. 이럴 때 좋은 동반자는 어떤 모습이어야 하는 걸까요?

● **매우 귀중하게 대해야 하는 다른 마음**

그래   자녀 입장에서는 아빠의 건강이 염려될 수밖에요. 퇴원한 다음

	날부터 출근하셨다면 아버님은 계속 일하고 싶은 마음이 크셨나 봐요. 무엇 때문에 계속 일하고 싶으신지 여쭤보셨어요?
아연	네. 일할 때 살아있는 것 같아 행복하다고 하세요. 그래서 더 말씀드리지 못했는데 아빠를 정말 위한다면 조금 더 설득했어야 했나 싶기도 해요. 전 지금이라도 아빠가 일을 그만하셨으면 좋겠어요. 더 아프실까 봐 걱정되거든요. 아빠는 경제적인 짐을 말씀하시지만 전 그때도 마음의 짐이 더 무거웠고 갈수록 걱정이 돼요.
그래	음… 동반자로서의 부모와 자녀는 상호 존중을 바탕으로 부모는 자녀의 독립성을, 자녀는 부모의 독립성을 인정하고 서로 의지하며 도와주는 관계라고 했던 거 기억하세요?
아연	네. 저도 부모님과 그런 관계가 되고 싶어요.
그래	아연님은 '존중'이 뭐라고 생각하세요?
아연	상대방의 입장을 이해하고 배려하는 거요.
그래	저는 의미를 잘 이해하고 싶을 때는 한자나 사전의 정의를 찾아보는 습관이 있어요. 존중은 높을 존尊과 귀중할 중重으로 이루어져 있어요. 사전적 정의도 '매우 귀중하게 대하는 것'이래요. 우리가 그렇게 귀중하게 대해야 하는 것이 무엇일까요?
아연	나와 다른 가치관, 사생활, 생활 습관과 같은 것들이 아닐까요?
그래	네. 조금 더 간단하게 말하면 서로의 생각과 감정일 거예요. 그리고 저는 아리스토텔레스가 정의내린 "인간에게 선택의 자유를 허용하는 것"이 와 닿았어요. 나와 다른 선택을 할 권리를

나의 권리만큼 아주 귀중하게 대하는 것이라고 이해했어요. 그렇다면 계속 일하고 싶어 하시는 아버님과 아버님의 건강을 걱정하는 아연님은 어떻게 서로를 존중할 수 있을까요? 두 마음 모두 귀중하잖아요.

아연 상호 존중인데 저는 제 마음을 더 귀중하게 대하고 있었네요.

그래 내 마음도 귀중합니다. 그러니 그 마음도 쉽게 접고 물러나지는 마세요. 귀중한 마음이니까 정성껏 표현해보세요. 그리고 아버지의 마음도 그렇게 대하면 어느 쪽으로 결론이 나든 우리 마음이 그렇게 불편하지 않을 거예요.

● 거절은 나의 존재를 거절하는 게 아니다

아연 독립의 단계에 대한 이야기를 나누면서, 상대를 개별적 존재로 존중한다는 것을 여러 관계에 대입해서 생각해보게 되네요. 부모와 아이는 개별적 존재라는 건 저도 알아요. 저희 부모님이 저와 다른 존재라는 것도요. 그런데 일상에서는 분리해서 보지 못하는 순간들이 많아요.

그래 '내가 그렇게 분리해서 보지 못한다' 대신 그게 '참 어려운 거구나'라고 표현해보세요. 진짜 어려운 일이니까요. 상대방과 수직적 관계에 있을 땐 아랫사람이 윗사람의 뜻에 맞춰야 한다고 생각해서 한 덩어리로 대하기 쉽고, 아주 친밀한 관계일 때도 나와 같은 '덩어리'로 보고 싶어 하지요.

아연 이렇게 배울 땐 '덩어리 가족'이 되지 말아야지, 라고 결심한다니까요.

그래 좋아요. 실제 상황으로 연습해봅시다. 아연님이 정말 맛있는 짬뽕집을 발견했어요. 저에게 그 짬뽕집이 얼마나 유명하고 맛있는지 열심히 설명하고 저랑 같이 갔어요. 그리고 주문을 하는데 제가 메뉴판을 한참 살피더니 '마파두부밥 먹을래요' 하는 겁니다. 어떠세요?

아연 어… 당황스럽고 서운해요. '여긴 짬뽕이 진짜 맛있는데요' 하면서 다시 한 번 슬쩍 말을 흘릴 것 같아요. 그래도 다른 걸 주문하시면 속으로 '내가 뭐 잘못한 게 있나' 하는 생각도 들 것 같아요.

그래 그냥 물어보면 어때요? 아연님의 마음도 귀중하게 대하셔야 한다니까요. 짬뽕이 유명한 집까지 같이 와서 왜 굳이 마파두부밥을 시키는지 물어보세요.

아연 그게 참 어려워요.

그래 맞아요. 많은 분들이 어려워 하세요. 그런데 이상하지 않아요? 사실 그렇게 어려운 일이 아니잖아요. 그런데도 어렵게 느껴지는 건 그 순간 내가 짬뽕과 하나가 되어버렸기 때문이에요.

아연 네? 제가 짬뽕과요?

그래 제가 거절한 게 '짬뽕'이라고 생각하면 물어보는 게 그렇게 어렵지 않아요. 그런데 내가 그렇게 의미를 부여했던 짬뽕이 거절당한 순간에는 내가 거절당하고 있다고 착각하기 쉽지요. 내가 짬뽕이 된 거예요. 내 존재가 거절당했다고 생각하니 당황스럽고 선뜻 물어보기도 어려워지는 거지요.

아연 헉. 저와 짬뽕을 동일시해서 화가 난 거라고요? 부정하고 싶은데 너무 맞아서 그럴 수가 없네요. 비슷한 경우들이 많았거든요. 내가 최선을 다해 무언가를 준비했는데 상대가 시큰둥하면 너무 서운하고 화가 났어요. 저도 이해되지 않는 제 모습이었는데, 이제 이해가 돼요.

나와 타인을 존중하는 마음

아연 요즘 깨닫게 되는 게 많아지면서 '이상적인 나'는 높아졌는데 '현실의 나'는 제자리인 것 같아서 답답해요. 머리로는 아이를 존중하려고 하는데 현실에서는 '그래도 내가 부모고, 어른이니 아이보다 잘 알고 있는데' 하는 생각에 강요하게 돼요. '내가 정말로 아이를 진심으로 존중할 수 있을까?' 하는 의문이 생겨요.

그래 타인은 언제나 나보다는 좀 어렵지요? 그러니 무엇이든 '나'에서 출발해보면 길이 좀 쉽게 보여요. 다른 사람의 선택을 존중하고, 그 사람 자체로 존중하는 걸 '타인 존중'이라고 해요. 이걸 나로 바꿔서 이야기해볼까요?

아연 '나'의 선택을 존중하고 '나'를 나 자체로 존중한다로요?

그래   그걸 '자기 존중'이라고 해요. 한번 연습해볼게요. 만약 제가 이번 주에 계획한 일을 다 못해서 속상해하고 있다면 저에게 어떻게 이야기하실래요?

아연   일이 너무 많으셔서 그러신 거잖아요. 너무 무리하지 마시고 주말에라도 좀 쉬시라고 할 것 같아요.

그래   아연님도 요즘 계획한 일들이 많이 밀려서 부담스럽다고 하셨지요. 그때 저에게 이야기해주신 것처럼 스스로에게도 계획한 일이 너무 많았던 거라고 이해해주시나요?

아연   아니요. 제가 할 일을 다 못해서 같이 일하는 팀원들에게 지장을 주고 싶지 않아요. 노트북을 머리맡에 두고 새벽에라도 일어나서 하곤 해요. 음… 나를 대할 때와 남을 대할 때 저의 기준이 매우 다르군요.

그래   아이와 배우자, 사랑하는 사람들을 진심으로 존중하는 동반자로 성장하고 싶다면 나 자신도 함께 존중해야 한다는 걸 기억해주세요.

사람은 내가 나를 대하는 기준으로 다른 사람을 대해요. 내가 나를 존중하는 게 익숙하지 않으면서 다른 사람을 존중한다는 게 가능할까요? 그건 약자로서 동의하고 있거나 내가 의식조차 못하는 다른 목적이 있는 경우일 거예요. 다른 사람이 스스로를 존중하는 걸 보면 이기적이라는 생각이 들어 불편할 수도 있지요.

아연   엇… 저 남편이 무언가를 하던 중에 '여기까지만 할래. 나는 충분히 노력했어'라고 하면 '왜 저렇게 스스로에게 너그러울까. 충분은 무슨 충분, 될 때까지 해야지!'라는 마음이 올라오면서 도끼눈이 돼요.

그래   그렇다면 비슷한 순간에 내가 나를 도끼눈으로 바라보고 있을 수 있어요. 역으로 내가 나를 존중하지 않으면 다른 사람에게 나를 존중해달라고 과하게 요구하기도 쉬워요.

◉ 이상적 관계 : 너와 함께 있을 때의 내가 참 좋아

아연   언젠가 내가 나를 대하는 것처럼 아이를 대할 거라는 말씀을 하신 적이 있어요. 이 말을 들은 날부터 내가 나를 어떻게 대하는지를 관찰해봤어요. 와… 관찰해보니 저를 무척 가혹하게 대하고 있었어요. 부모가 되고 할 일이 많아질수록 나를 챙기기 어렵더라고요. 나를 돌보며 아이를 돌봐야 한다고 머리로는 알고 있지만 마음속에서는 '나까지 어떻게 챙기라는 거야!' 싶었어요. 그래님 말씀이 사실이라면 할 일이 많을 때 저는 아이들이 힘들어하고 있어도 할 일을 하라고 다그쳤어요. 그건 제가 원하는 게 아니에요.

그래   제가 처음 이 일을 시작하면서 만든 슬로건이 'for me, for family'였어요. 우리는 나를 알기도 전에 남을 위해 나를 희생하라는 가르침을 받고 자라는 경우가 많아요. 그런데 부모가 되고 긴 고민의 시간을 거치고 나니 나를 이해해야 가족을 이해하고 사랑하며, 그래야 삶을 이해하고 사랑할 수 있다는 걸 깨달았어요. 그래서 부모를 대상으로 하는 일을 하면서 가족과 자녀보다 '나'를 강조하고 있어요.

아연 저도 이제 나를 이해하고 돌보는 것이 얼마나 중요한지에 대해 머리를 넘어 마음으로 느끼고 있는 것 같아요. 나 자신과 사이좋게 지내는지 자주 물으시잖아요? 처음엔 그 질문이 그렇게 어색했어요. 'for me'는 어떻게 하는 거지 싶었고요. 나를 돌보고 나와 사이좋게 지내라는 흔한 말이 암호 같았어요.

그래 아이들에게 '사이좋게 지내라'는 말을 자주 하지 않으세요? 알고 보면 어른인 나에게도 꼭 필요한 말이에요.

좋은 사이는 필요한 도움을 요청할 수 있어요. 건강하고 편하게 돌보는 걸 중요하게 여기고, 거절하는 걸 두려워하지도 않아요. 좋은 일이 있을 때 진심으로 자랑스러워하고 기뻐하고, 격려와 응원도 보내주고요. 그리고 제가 생각하는 좋은 관계는 이 문장에 가장 잘 드러나요.

'I like me best, when I'm with you(나는 너와 함께 있을 때의 내가 참 좋아).'

누군가와 함께 있을 때 서로가 서로의 마음에 들 때 좋은 사이라고 생각하기 쉽지요. 그런데요, 진정으로 좋은 사이는 그 사람과 함께 있을 때의 내가 참 편하고, 다정하고, 좋은 사람으로 느껴지는 거예요. 좋은 동반자는 이런 사이가 아닐까요?

부모
ASK

부모살이의 종착역은 아이에게 필요 없는 사람이 되는 것입니다. 필요하지 않지만 소중하고 가장 큰 영향력을 주는 사람으로 남게 되지요. 우리는 언제까지 부모일까요? 나를 부모로 기억하는 아이가 살아 있는 한, 나는 죽어서도 부모입니다. 우리가 우리 부모님을 기억하고 있는 것처럼요. 그때 어떤 모습으로 기억되고 싶으신가요? 오늘의 내 모습이 먼 훗날 아이에게 기억되고 싶은 모습이길 바랍니다.

ask 19 부모님을 떠올리면 어떤 감정이 느껴지세요? 부모님과 나는 부탁과 거절이 편안한 사이인가요? 네 가지 심리적 독립을 기준으로 나와 부모님의 관계를 살펴보세요. 부모님과의 관계가 지금 배우자, 아이와의 관계에 미치고 있는 영향이 있을까요?

ask 20 내가 나를 존중하고 돌보는 방법은 나에게 다정하게 대하되 나에게 필요한 것들을 할 수 있게 해주는 것입니다. 내 모습이 내가 기대한 것과 다른 순간, 뭔가 실수했거나 부족하다고 느껴지는 순간을 떠올려보세요. 그때 나에게 들려주고 싶은 'for me' 문장을 만들어보세요.

_____

_____

_____

Part 2. 부모로 자라다

Part 3.

부모로
살다

부모로 살아가는
우리들의 이야기

: 먼저 나에게 집중하기.
그래야 내가 사랑하는 사람도 보입니다

"어디로 가야 하는지 알려주세요."
"그건 네가 어디를 가고 싶은지에 따라 다르지."
〈이상한 나라의 앨리스〉에 나오는 이야기입니다. 부로모 사는 오늘, 우리는 내가 원하는 곳을 향해 가고 있을까요?
오늘 순간을 내가 원하는 대로 살 수는 없겠지만 매일 내가 원하는 것을 할 수는 있습니다. 그 하나의 도전, 경험, 이해가 쌓여 내가 원하는 곳으로 나를 데리고 갑니다.

들어가는 이야기 ▶▶▶ 그래

내가 원하는 모습으로
오늘을 살아갑니다

부모가 되면 좋은 부모가 되고 싶습니다. 아이와 잘 지내고 싶고, 양육자를 넘어 한 사람의 어른으로서 내 삶도 잘 살아내고 싶죠. 저도 그랬습니다. 나에게 익숙한 방법대로 더 열심히 살아보자고 나를 몰아붙였고, 주변에서 해야 한다고 하는 것들까지도 잘 해내려고 애썼습니다. 그런데 아무리 애써도 모든 걸 해낼 순 없었어요. 어느 순간부터 주변 사람과 상황이 못마땅하고, 화가 나고, 너무 지쳐서 아무것도 할 수 없을 것 같은 무력감과 두려움이 몰려왔습니다. 그것들이 다 해내야 하는 것이 아니라 나의 선택지 중 하나라는 걸 조금 일찍 알았더라면 나와 내가 사랑하는 가족은 좀 더 편안하게, 서로가 함께하는 삶에 집중할 수 있었을 겁니다.

내가 언제까지 엄마일까 생각해봅니다. 처음엔 '엄마로 태어난 이상 죽을 때까지 엄마겠지'라 생각했는데, 엄마가 돌아가신 지 30주기가 되는 오늘도 저는 엄마를 엄마라고 부르며 기억하고 있습니다. 아직도 제 삶의 많은 부분엔 엄마와의 기억이 영향을 주고 있고요. 나를 아빠, 엄마로 기억하는 누군가가 이 세상에 살아있는 한 나는 부모이고, 오늘은 그중 하루입니다. 그러니 부모로 살아가는 이 여정은 정말 내가 원하는 모습이어야 하지 않을까요?

어떻게 해야 내가 원하는 모습으로 살 수 있지요?

답은 간단합니다. '나'를 주어로 내 이야기를 시작해보세요.

- ☐ 나는 _____할 때 에너지가 차오릅니다.
- ☐ 나는 _____한 내가 좋습니다.
- ☐ 나는 _____가 어렵습니다.
- ☐ 나는 _____를 원합니다.

어렵지 않은 문장인데 막상 적으려 하면 쉽지 않을 수 있어요. 지금까지 우리가 받아온 익숙한 질문의 대부분은 '뭐 할 거야? 언제 할 거야? 어떻게 할 거야?'와 같이 할 일에 관한 것들이에요.

할 일은 우리가 맡고 있는 역할과 연결되어 있습니다.

'나'를 주어로 한 질문에는 나에 대한 이해가 선행되어야 답할 수 있습니다. 나의 특성, 욕구와 가치 등에 따라 부모마다 다른 답이 나올 겁니다. '나'를 주어로 이야기해보면 '나만의 해답'이 보이고, 그렇게 살기 위해 무엇을 해야 하는지도 알 수 있어요.

머리로는 아는 이야기일 수도 있습니다. '나답게 살고 싶다', '나다운 부모가 되겠다', '나다운 아이로 키우고 싶다'는 이야기를 자주 하니까요. 하지만 실제로 '나만의 해답'을 가지고 있는 분을 찾기는 어렵습니다. '나'를 주어로 한 질문을 받는 일도 드물고, 잘 들어주는 사람도 없으니까요. 질문을 받는다고 해도 워낙 빠르게 돌아가는 세상 속에 살고 있고, '할 일'이 많다 보니 그 질문에 머무를 시간을 내기 어렵기도 합니다. 그러나 내가 원하는 삶을 살고 싶다면 나를 위하는 시간을 내어야 합니다. 이것부터가 선택입니다.

나에게 머물고, 나를 들여다보면 나를 이해하게 됩니다. 내가 나를 잘 이해하게 되면 나를 다정하게 대할 수 있어요. 내가 진짜 원하는 것들을 알고 있으면 나에게 좋은 걸 선택할 수 있고요. 나를 다정하게 대하고, 나에게 좋은 걸 선택하다 보면 삶의 만족도가 올라가고 안정감이 생기죠. 삶에 대한 긴장과 불안이 내려옵니다. 그러면 자연스럽게 내가 사랑하는 사람들을 다정하고 순한 태도로 대할 수 있습니다. 나를 외면하고 하는 노력은 거래가 되기 쉽습니다. 한계가 있고, 내가 원하는 결과가 나오지 않으면 미움과 분노에 휩싸이게 됩니다. 내가 가장 원하지 않는 모습으로 나이 들어가고, 기억될 수 있습니다.

나를 깊게 이해하면 자기중심적이고 이기적이 되는 게 아니라, '우리'에 대해 건강한 태도를 가질 수 있습니다. 역할에 초점이 맞춰진 도구적 부모가 아니라 자녀와 더불어 성장하는 전인적 부모가 되기 위해서는 부모인 내 이야기에 집중해보는 것. 그것이 부모로 사는 오늘 내가 할 수 있는 최선입니다.

그래서 부모들과 '나'를 탐색하는 워크숍을 열고 있습니다. 다른 이의 삶 이야기가 내 이야기의 열쇠가 되어주니까요. 그 안에서 내가 깨달은 '아하'를 '액션'으로 연결하는 작업을 반복합니다. 머리로는 알고 있어도 내가 직접 해보지 않으면 변하는 게 없으니까요. 그렇게 내가 원하는 삶을 찾고, 삶의 주인공이 되면 편안해집니다. 이런 변화는 내가 사랑하는 사람들에게도 영향을 줍니다.

앞으로 소개해드리는 다섯 분은 부모가 되고 내 삶이 한계에 부딪혔다고 느꼈을 때, '나'를 주어로 '나의 이야기'를 시작한 분들입니다. 나의 이야기를 시작하며 어떤 변화와 성장을 경험했는지 직접 들어보세요. 이분들의 이야기를 통해 당신의 이야기를 시작해보시길 바랍니다.

나의 이야기 ▶▶▶ 프리

성취 중심의 사고방식에 균열이 생긴 순간, 내 삶이 궁금해졌어요

안녕하세요. 부모 나이 아홉 살인 프리입니다. 사회적 정답을 따르는 수동태의 삶을 살다가, 부모가 된 덕분에 '내 삶'에 집중하고 '나만의 해답'을 찾으며 '능동태의 삶'을 살아가고 있습니다.

주말도 밤낮도 없이 일이 몰리고, 남편은 장기 해외출장 중이어서 시어머니의 도움을 받아 여섯 살 딸아이를 돌보고 있을 때였어요. 매일매일을 누구도 나보다 더 열심히 살 수는 없다고 할 만큼 최선을 다하며 지냈는데, 이상하게 만족스럽지 않았어요. 5년을 준비하여 입사한 회사에서, 인정받으며 원하는 일을 하고 있고, 입사 이후 목표였던 승진을 앞두고 있었는데, '이 삶이 내가 원하던 삶이 맞나?' 하는 생각이 하루에도 여러 번 들었어요.

그러던 어느 주말 밤에 아이를 재우며 "내일부턴 엄마가 출근하니 할머니가 오실 거야'라고 하니 "할머니가 없어졌으면 좋겠어. 할머니가 오면 엄마가 없잖아"라면서 엉엉 울어요. 갑자기 저도 눈물이 터져 나왔어요. 내가 이렇게 열심히 살아왔는데, 결국 내 아이가 상처받고 내 삶이 피폐해졌다는 생각이 들더라고요. 더 이상은 이렇게 소란스러운 삶을 살고 싶지 않았어요. 그런데 어떻게 살아야 할지, 무엇부터 해야 할지 막막하더군요.

그때 복직 과정에서 참여했던 부모교육이 떠올랐어요. 어떤 부모가 되고 싶은지, 내 가치관은 무엇인지를 묻고, 내 삶에서의 한 순간을 떠올리게 하는 질문들이 무척 낯설면서도 기억에 남았거든요. 무작정 그분을 만나야겠다는 생각에 연락처를 수소문해 다짜고짜 전화를 드렸어요. 그분이 그래님이에요. '저를 기억하실 리 없겠지만, 어디 계시든 만나러 가겠다. 만나 달라'고 했어요. 그렇게 휴가를 내고 대전에서 용인까지 가면서도 뭔가 의아하고 이해되지 않는 게 있었어요. 저야 답답하고 절박해서 전화를 드렸지만 그래님은 무척 바쁘시고 저를 만날 이유가 전혀 없잖아요. 만나자마자 한 첫 질문이 '왜 저를 만나주세요?'였어요. 잠시 저를 바라보시더니 '만나지 않아야 할 이유가 있나요?'라고 반문하셨어요. 만나지 말아야 할 이유가 없고, 어떻게 살아도 괜찮고, 그런 순간들이 내가 예상하지 못하는 삶의 문들을 열어주고 세상과 연결해주기 때문에 마음이 가는 대로 여기 와 있다는 그래님의 말에 뒤통수를 한 대 맞은 것 같았어요. 그동안 나는 내 계획대로 이유가 있고, 목적이 있는 것에만 집중해왔다는 걸 깨달았지요. 성취 중심의 사고방식에 균열이 가는 순간이었어요.

내가 가장 사랑받았던 순간을 떠올리니

성취 중심의 사고방식이 깨지기 시작하면서 일상이 다시 보이기 시작했어요. 워크숍에서 '내가 가장 사랑받았던 순간'을 그림으로 그리는 작업을 했는데, 그때 제가 그린 장면은 과자 두 개를 넣은 검정 비닐봉지를 들고 걸어오는 아빠였어요. 의아했어요. 당연히 사달라는 걸 다 사주시고, 절 위해 애쓰시던 엄마가 떠오를 줄 알았거든요. 아빠 성취 욕구가 크지 않으시고 삶의 에너지가 강하지 않으셔서 엄마랑 자주 부딪히곤 했어요.

어린 제 눈에 아빠 무능해 보였고, 아빠 때문에 엄마가 고생하시는 것 같아서 원망스러울 때가 많았는데, 가장 사랑받았던 순간에 아빠가 떠오르다니…. 왜 이 장면이 떠올랐는지가 계속 궁금했는데, 이야기를 하면서 그동안 '아빠는 이래야 해'라는 프레임으로 아빠를 바라봤다는 걸 알게 됐어요. 그 프레임도 엄마의 지분이 90퍼센트였고요. 그 프레임을 벗겨내니 아빠가 한 사람으로 보이기 시작했어요.

'우리 아빠는 이런 사람이지', '이런 사람이 엄마를 만나 평생 구박 아닌 구박을 받고 살았을 수도 있겠다'라고 생각하니, 그제야 아빠의 삶이 이해되고, 아빠의 사랑이 보이기 시작했어요. 아빠는 제가 어렸을 때도, 지금도 "아빠 나 어디 있는데 좀 태우러 와주세요"라고 전화하면 바로 달려오세요. 저에게 바라는 것도 없으세요. 있는 그대로의 저를 끔찍하게 사랑해주셨어요.

검정 비닐봉지도 그랬어요. 밤샘 근무를 하고 지친 몸으로 집에 오셨는데, 제가 과자를 먹고 싶다고 하니 바로 다시 나가셨어요. 언제 오시나 궁금해 창밖으로 보고 있었어요. 아빠는 다 큰 어른이 과자를 들고 다니는 게 창피하셨는지 과자가 담긴 검정 비닐봉지를 등 뒤로 들고 주춤주춤 걸어오시더라고요. 전 그런 아빠를 한참 바라봤어요.

사회적 요구를 하나씩 '클리어' 해온 시간들

어렸을 때 엄마가 무척 멋있었어요. 늘 예쁘게 단장한 모습이셨고, 체육대회 학부모 달리기에서 1등은 울엄마 차지였고, 생활력도 강하셨어요. 선생님도 친구들도 '너희 엄마 최고다!'라고 하셨죠. 해주시는 것도 많고 '이거 해라', '저거 해라'고 권하시는 것도 많았어요. 엄마를 닮고 싶었고, 욕심도 많았던 전 엄마가 시키는 걸 열심히 했어요.

어렸을 때는 엄마가, 자라서는 사회에서 요구하는 것들을 하나씩 '클리어' 하며 살아왔던 것 같아요. 학생은 열심히 공부해서 좋은 대학에 들어가야 하고, 대학을 졸업하면 누가 들어도 알 만한 이름의 직장에 들어가야 하고, 시댁에는 상냥한 며느리가 되어야 하고, 아이를 낳으면 좋은 엄마가 되어야 한다고 생각했어요. 그러려고 했고, 그게 제가 원하는 건 줄 알았어요. 모두 클리어 하면 행복할 줄 알았어요.

그런데 남들이 모두 부러워하는 직위로 승진을 앞두고도 행복하지가 않았어요. 가만히 살펴보니 더 높은 직위에 있는 사람이 더 행복하고, 낮은 직위에 있는 사람이 덜 행복한 것도 아니었어요. 어렸을 땐 무척 멋있어 보이던 엄마도 집에서는 아빠와 사이가 좋지 않았고, 저에게 비싸고 좋은 걸 베풀어주셨지만 정작 제가 기억하는 사랑은 아빠의 검정 비닐봉지였고요. 무엇보다 유기농 재료로만 이유식을 만들어 먹이고, 아무리 피곤해도 매일밤 자기 전 동화책을 읽어주며 키운 내 아이가 행복하지 않다고 했어요. 저 역시 육아에 '해내야 한다'는 중압감이 더해지니 열심히 하면서도 아이가 예쁘지 않았어요. 하나하나 깨달아가며 더 이상은 이렇게 살고 싶지 않다는 마음이 확고해졌어요. 동시에 그동안의 삶에 대한 억울함이 몰려왔습니다.

그동안의 선택이 모두 잘못된 거였다니…

결국 이렇게 될 거였는데 최선을 다 해온 게 너무 억울하다고 했어요. 그런데 그래님은 그 모든 게 저의 '선택'이었다고 하셨어요. 더 화가 났습니다. 나 스스로 억울한 구렁텅이로 가는 어이없는 선택을 한 거니까요. 그때 전혀 다른 대답을 들었어요.

"프리님은 언제나 가장 좋은 선택을 해왔고 최선을 다해왔어요. 한 순간도 잘못된 선택을 한 적이 없어요. 그 선택을 한 그때 나에겐 그럴 만한 이유가 있었어요. 그걸 내가 몰라주면 누가 알아줘요?"

매 순간 나는 그럴 만한 이유가 있어서, 나와 내가 사랑하는 사람들을 위해서 가장 좋은 선택을 하며 살아왔다는 말씀에 마음이 조금씩 차분해졌어요. 정말 그랬거든요. 최선의 선택을 했고, 그 선택에 최선을 다했어요. 결과가 예상과 다른 것뿐이었죠. 동시에 앞으로 어떻게 살아야 할지, 어떤 선택을 해야 할지 막막했어요. 또다시 잘못된 선택을 할까봐 두려웠어요.

그때 그래님의 이야기를 해주셨어요.

"저도 어떤 게 좋은 건지 혼란스러울 때가 많아요. 내가 원하는 결과가 아니면 어쩌나 두렵기도 하고요. 무엇을 기준으로 삼아야 할까 싶을 때, 저는 제 아이를 떠올려요. 만약 지금 여기, 나와 똑같은 상황에서 아이가 나와 같은 질문을 한다면 나는 뭐라고 대답할까…. 그때 '딱 나만큼 살아라'라고 할 수 있는 선택을 해요. 저는 아이를 사랑하잖아요. 사랑하는 그 아이에게 지금의 나로서 가장 좋은 걸 주고 싶을 거예요. 내 안의 부모성을 믿고 그걸 내 삶에서 실천해보는 거지요."

저는 이 이야기를 중요한 선택의 순간마다 이정표로 삼고 있어요. 그리고 처음으로 제 삶에 스스로 브레이크를 걸었어요. 지난 시간을 돌아보니 최선을 다했고, 해보고 싶은 걸 다 해봤더라고요. 시간을 되돌린다 해도 이만큼 양껏 할 자신이 없었어요. 주변에서는 승진을 앞두고 왜 사표를 내냐고 했지만, 전 제 딸에게도 '진짜 원하는 걸 선택해. 그래도 괜찮아'라고 말해주고 싶었어요.

내 삶에 집중하고 있는 오늘의 나

퇴사를 하고 4년이 지난 지금, 저는 하고 싶은 공부와 일을 간간이 하면서 인생 2막을 고민하며 지내요. 오늘의 삶을 충분히 누리고, 어떻게 나이 들어가고 싶은지를 스스로에게 끊임없이 묻고, 내가 중요하게 생각하는 가치를 찾아가고 있어요.

좋은 엄마가 되려고 했을 땐 아이와의 시간이 숙제 같았는데, 요즘은 아이가 궁금해요. 꼬물거리는 뒷모습만 봐도 너무 예뻐요. 남편과도 이야기를 자주 나눠요. 남편이 좀 답답했는데 이야기를 나누며 남편이 저만큼 민감한 사람이 아니란 것도 알게 되었어요. 서로의 차이를 알게 되니 남편이 이해돼요. 물론 여전히 답답할 때도 있지만, 내가 원하는 속도, 내가 원하는 방식을 남편에게 강요하진 않아요. 누구나 각자의 속도와 각자의 방식이 있다는 걸 존중하게 된 것 같아요.

예전에는 남들과 다른 것을 추구할 때 불안했어요. 그런데 요즘은 '이렇게 사는 것도 괜찮지 않나? 나답지 않나?' 하는 생각이 들어요. 내 삶에 집중하고 있는 지금은 내가 궁금하고 기대돼요. 마음이 편안합니다.

나의 이야기 ▶▶▶ **조이**

그냥 80점짜리 엄마면 충분한 거라 결심했어요

안녕하세요. 조이입니다. 두 딸과 함께 자라고 있는 부모 나이 열네 살 엄마예요. 부족한 걸 채우려고 애쓸 땐 버거웠던 육아가, 내 안의 부모성을 발견하면서부터 즐거워졌어요. 아이들과 함께 흘러가는 지금은 매일이 '나의 리즈 시절'입니다.

원래 책을 잘 읽지 않았는데 임신 사실을 알게 된 순간부터 육아서를 읽기 시작했어요. 좋은 부모가 되고 싶었거든요. 육아서에는 몰랐던 사실이 가득했고, 배우는 게 좋았어요. 한편으로는 책장 한 칸이 그간 읽었던 책으로 가득한데 모르는 게 있다니, 좋은 엄마가 되려면 얼마나 더 알아야 하나 싶어 답답하기도 했어요. 하지만 어쩔 수 있나요. 더 노력하는 수밖에요. 육아서를 더 열심히 읽고, 육아 관련 방송 프로그램도 다 찾아봤어요. 부모교육도 열심히 참여했죠.

첫째 아이가 여섯 살 무렵 <EBS 부모>라는 프로그램에서 '부모명함'을 만들며 부모들이 스스로 내가 원하는 부모상에 대해 정의하는 걸 봤어요. 그동안 받아온 교육들과 다른 방식에 눈길이 가더라고요. 수소문 끝에 교육에 참석했는데 예상과 많이 달랐어요. 효과적이고 새로운 양육법을 가르쳐줄 것이라는 기대와 달리 질문을 하면 질문이 돌아오고, 저에 대해 관심을 가지고 궁금해하시는 거예요. 나에 대한 질문들이 별로 어렵지 않은데, 이상하게 입이 떨어지지 않았어요. 그런데 신기했어요. 대답을 잘 못하면 불편할 것 같잖아요? 그렇지 않았어요. 다른 부모들의 이야기를 듣고 있으면 나만 그런 줄 알았는데 다들 비슷했고, 당연히 해야 한다고 생각했는데 꼭 그런 것도 아니더라고요. 또 해내지 못하면 큰일 날 줄 알았는데 그렇지 않더라는 경험담을 들으며 '내가 지나치게 걱정하고 있었구나' 하는 안도감이 들었어요. 그동안 제가 추구하던 '100점짜리 엄마'는 세상 어디에도 없고, 그럴 필요도 없는 '비현실적인 엄마'였다는 생각이 들었죠. 점점 홀가분해졌어요. 그때부터 '80점짜리 엄마'가 되기로 했어요.

부족한 엄마? 함께하며 지켜보니…

워크숍에서 만난 분들은 대부분 저처럼 스스로 부족하다고 말씀하셨어요. 그런데 제 눈에는 전혀 부족해 보이지 않았어요. 때론 과하다 싶을 정도로 애쓰고 있는 모습이 보였죠. 그렇다면 '나도 그렇지 않을까?' 하는 생각이 들었어요. 늘 부족한 것, 못한 것만 신경을 쓰고 있었는데 처음으로 내가 애쓰고 있는 것과 해낸 것에 관심이 생기기 시작했어요.

하루는 워크숍이 있는 날이라 일찍 일어나 서두르는데 둘째 아이가 어린이집에 가지 않겠다고 떼를 써요. "가야 해, 빨리 준비해" 하고 다그치니 "엄마는 내가 아플 때만 친절해!"라는 거예요. 순간 아이에게 너무 미안했어요. '내가 지금 뭐 하는 거지? 아이랑 잘 지내려고 워크숍에 참여하는데, 워크숍에 가느라 이렇게 화를 내면 다 소용없는 거 아니야? 차라리 이 시간에 한 번 더 안아주는 게 낫지 않아?' 하는 자책과 비난이 올라와서 워크숍에 가는 내내 마음이 불편했어요. 워크숍에서 솔직하게 이 이야기를 했어요. 같이 참여하는 분들이 '정말 속상했겠다, 혼란스러울 만하지. 그럴 수 있겠다'고 마음을 알아주시고, 아이가 아팠을 때 엄마가 잘 보살펴준 걸 기억하고 있으니 얼마나 고맙냐고, 그런 엄마가 좋으니 조금 더 다정하게 대해달라는 뜻이 아니겠냐며 말씀해주셨어요.

제가 생각하지 못했던 관점이었어요. 그렇게 바라보니 상황이 다르게 보였어요. '이렇게 좋은 엄마가 되고 싶어 애쓰고 있고, 아쉬운 마음까지 드는 조이님은 정말 좋은 엄마'라고 하시는데 '맞아! 나 진짜 그런 엄마야!' 하고 자긍심이 차올랐어요. '좋은 삶을 살고 싶어서 새벽같이 일어나 아침을 준비하고, 아이들을 어린이집에 보내고, 지하철을 한 시간이나 타고 워크숍에 왔어. 이렇게 열정적인 나, 정말 괜찮지 않아?' 하는 말이 내 안에서 들렸어요. 부족한 점을 채우려고 했을 땐 채워도 채워도 끝이 없고 마음만 조급해지고 지쳤는데, 내 안에 이미 있던 열정을 발견하니 나는 이미 충분히 좋은 엄마였어요. 부족한 걸 채우려 하지 말고 내 안에 이미 있는 걸 찾아보기로 했어요.

왜 자꾸 화가 나지? → 내가 넘치게 애썼구나

한동안은 워크숍이 열릴 때마다 꾸준히 참여했어요. 늘 관점을 전환해주는 질문을 받았고, 그 질문을 마주하면서 깨우치는 게 많았거든요. 저 혼자 생각할 때는 저의 틀을 벗어나기 어려웠고, 사실 저에게 틀이 있다는 걸 깨닫지도 못했어요. 다양한 분들과 이야기를 나누면 모인 사람 수만큼의 이야기가 나오니 같은 상황에 대해서도 다양한 관점으로 바라볼 수 있었어요. 내 틀 안에서는 막막하기만 하던 상황이었는데, 이야기를 나누면 다르게 보이고, 다른 방법을 찾을 때가 많아요. 내 틀이 깨질 때마다 반갑고 짜릿했어요. 가급적 많이 기억하고 곱씹어보고 싶어서 워크숍에서 듣는 이야기들을 열심히 받아 적었어요.

가령 "화를 내고 싶지 않은데, 아이들에게 자꾸 화를 내게 된다"고 했을 때 그래님은 "나에게 의미없고, 애쓰지 않은 일에는 화가 나지 않는다"고 하셨어요. 눈이 번쩍 뜨였어요. '화'에서 '소중한 것, 나의 애씀'으로 초점을 바꾸니 화를 내는 부족한 내가 아니라 아이들에게 하나라도 더 해주려고, 한 번이라도 더 놀아주려 노력하는 내 모습이 보였어요. 그동안 힘들고, 버거워 화가 났겠다 싶더라고요. 넘치게 애 쓰는 내가 보이고, 더 잘 해주고 싶었던 내가 이해되니 자책하지 않고 나를 다독일 수 있었어요.

누군가 아이 때문에 스트레스를 받는다고 했을 때 "아이에게 어떤 기대를 가지고 계세요?"라고 되물었던 것도 계속 제 삶에 적용해보고 있어요. 힘든 순간 저의 기대를 돌아보면 과도한 기대를 하고 있을 때가 적지 않아요. 아이를 탓할 게 아니라 저의 기대를 점검하고 조율하고 있어요. 이런 경험들이 쌓이며 제 안의 긍정성과 부모성이 회복된 것 같아요.

해야 할 것들을 덜어내니 자연스럽게 채워진 것들

예전엔 좋은 재료를 구해 음식을 만들어 아이들을 잘 먹이는 게 엄마로서 가장 중요한 일이라고 생각했어요. 해야 해서 열심히 하긴 했는데, 즐겁진 않았어요. 즐겁지 않은 일에 왜 이렇게 애를 쓸까 생각해보니 친정엄마가 요리에 정성을 다하셨던 게 떠올랐어요. 엄마에게 사랑을 받았던 순간을 떠올리면 그 안에는 늘 음식이 있어요. 끼니마다 새로운 반찬이 여럿 있었고, 그 시절에 손수 피자를 만들어 동네 아이들을 모두 초대해서 먹이셨거든요. 우리 집 대문은 늘 열려 있던 게 기억나요.

요리는 엄마가 저에게 사랑을 표현하는 방식이었을 뿐, 엄마라고 꼭 그래야 하는 게 아니라는 걸 깨달았어요. 저는 요리하는 시간이 아까워요. 먹을 것만 요리해 간소하게 먹는 게 좋아요. 그런 제가 온종일 주방에 서서 요리를 하려니 즐거울 리가 없었죠. 요리에 힘을 빼기로 했어요. 배달도 시키고 냉동음식도 사 먹고 간단하게 한끼를 때우기도 했어요.

평소와 다르게 해보려니 처음엔 '파는 음식을 아이들에게 먹여도 되나?' 하는 생각들이 올라왔어요. 이럴 때 마음을 솔직하게 드러내고 질문해볼 수 있다는 게 큰 힘이 돼요. 그때 그래님께서 "가족을 사랑하는 나는 나와 내 가족에게 나쁜 선택을 하지 않아요. 스스로 균형을 찾게 될 거예요. 걱정하지 말고 나를 믿어 보세요"라고 하셨어요. 남편도 "다 좋아. 마음대로 해"라고 했고, 아이들도 불편해 보이지 않았어요. 그때 전 제가 막 나가는 엄마 같았는데 남편과 아이들에겐 그제야 자연스럽고 편안한 엄마가 되어가고 있었던 거예요. 가족들의 반응을 보면서 그동안 불필요한 힘을 쓰고 있었다는 걸, 그걸 가족도 감당하고 있었다는 걸 깨달았어요. 힘을 빼도 괜찮았고, 내 기준과 중심이 아니라 가족과 함께 우리에게 어떤 힘이 얼마만큼 필요한지 확인하는 계기가 되었어요.

일상이 쌓여 일상이 변하다

내 안의 힘을 알고, 나를 믿게 되니 아이에 대한 믿음도 커졌어요.

문제가 생기더라도 아이 스스로 해결할 수 있을 거라는 믿음이 생겼죠. 예전의 저는 아이들만 두고 쓰레기를 버리러 가는 것도 망설였어요. 이후로 아이들이 안전하게 있고, 괜찮다고 하면 잠깐 볼일을 보러 나갔다 오기도 했어요. 지금은 저는 일이 있고 아이들은 원격수업을 하면, 저는 외출해요. 아이 둘이 수업도 듣고 끼니를 챙겨가며 잘 있어요. 아무 일도 일어나지 않았고, 오히려 그 덕분에 아이 혼자 무엇을 어디까지 할 수 있는지를 알게 되었죠. 아이는 자신감이 생기고 저는 그런 아이를 더 믿게 됐어요. 아이에 대한 믿음이 생기니 내 삶에 집중하고 싶은 욕구가 더 커졌어요.

저는 임신을 하며 회사를 그만뒀어요. 다시는 사회적 직업을 갖지 못 할 거라고 생각했죠. 업무 공백이 길어질 테고 아이도 돌봐야 하니까요. 그런데 다시 시작할 수 있겠다는 생각이 들었어요. 남편에게 대학원에 가고 싶다고 했어요. 경제적으로 여유가 있지 않아서 망설였는데 남편은 꼭 일로 연결되지 않아도 배우는 것 자체로 좋은 거라며 제 선택을 지지해줬어요. 첫 두 학기 학비도 내주고요. 남편의 응원에 힘입어 대학원에 갔어요.

졸업할 때가 다가오니 정말 일을 할 수 있을까 걱정이 됐어요. 그때도 남편이 "공부한 거 아까우니 50만 원만 벌어 봐. 힘드니까 절대 50만 원 넘게는 벌지 마"라고 하더군요. 부담이 적어졌어요. '그래, 딱 50만 원만 벌자!' 생각하며 일을 시작했어요. 그런데 한번 시작하면 끝내는 것도 쉽지 않잖아요? 저, 지금도 일해요. 물론 50만 원보다 훨씬 더 많이 벌고 있어요. 남편이 저를 믿어주고 시작할 수 있는 힘을 보태준 덕분이에요.

 이렇게 뒤돌아서 결과를 가지고 이야기하면 모든 게 완벽한 것 같지만, 좋은 엄마가 되려고 했을 땐 부모로 사는 게 정말 힘들었어요. 그때와 지금의 가장 큰 차이는 나에게 초점을 맞추고, 내 안의 부모성을 믿고 가족들과 함께 흘러가고 있다는 거예요. 지금은 제 속도와 방법을 알고 있는 제 삶이 꽤 좋아요.

나의 이야기 ▶▶▶ 올리브

엄마가 준 상처로부터
자유로워지고 싶었어요

안녕하세요. 두 딸과 함께 '제2의 유년기'를 누리고 있는 부모 나이 여덟 살 올리브입니다. 친정엄마를 한 사람으로 바라보며 저도 한 사람으로 독립할 수 있었어요. 늦게 열매가 열리지만 한 번 열리면 오래 수확할 수 있는 올리브나무처럼, 늦게 시작한 '진짜 내 삶'을 여유 있고 편안하게 즐기고 있어요.

워크숍 첫 시간이 기억나요. 부모로 살고 있는 나를 사진으로 소개하는 건데 참 다양한 이야기를 들을 수 있었어요. 아이들이나 남편만 있는 사진을 보여주며 나는 사진 속에 없지만 늘 함께 있다는 분, 목이 늘어난 티셔츠에 후줄근한 바지를 입고 있는 사진을 보여주며 회사에서는 각 잡힌 옷을 입고 각 잡고 있지만 부모로서는 이런 모습이라고 말하는 분, 아이들과 있으면 내가 무얼 걸치고 있는지, 어떤 사회적

지위에 있는지가 전혀 신경 쓰이지 않는다는 분들의 이야기를 듣다 보니 제가 준비한 사진이 다시 보였어요.

아이들과 눈썰매를 타면서 밝게 웃으며 손 흔드는 모습, 저는 최대한 제가 예쁘고 행복하게 나온 사진을 골라왔거든요. '아, 나는 이렇게 예쁘고 즐겁게 사는 모습만 보여주고 싶구나' 하는 생각이 들었어요. '부모로 살고 있는 진짜 내 삶은 이렇게 예쁜 모습만도 아니고, 언제나 내가 주인공이어야 하는 것도 아닌데 나는 왜 그렇게 예쁜 모습에 집중했을까'라는 생각이 들더라고요. 학창 시절 저는 사람들에게 '잘 사는 모습'을 보여주고 싶었어요. 공부는 당연하고 뭐든 열심히 했어요. 친구들 사이에서 인기 많고, 학교에서도 인정받고 예쁨받는 모범생이었어요. 그러다 2019년, 친정아빠가 돌아가시며 생각이 바뀌었어요. '잘 사는 모습'을 보여주는 게 아니라 정말 '잘 살고' 싶었어요. 내가 좋아하는 일을 하고, 잘하는 일을 하며 남을 도우면서 살고 싶더라고요.

아빠가 돌아가시며 떠오른 어릴 적 기억

아빠가 돌아가시고 얼마 지나지 않을 때였어요. 태어나면서부터 지금까지 내 인생의 발달단계마다 가장 강렬하게 기억나는 장면을 찾고 나누는 작업을 했어요. 태어난 순간, 영아기, 유아기, 청소년기, 성인기… 각 단계마다 바로 떠오르는 장면이 있는데, 유독 아동기는 잘 떠오르지 않았어요. 좋은 기억, 예쁜 기억을 그리고 싶은데 아무리 생각해도 없길래 '그냥 아무거나 그려야겠다'고 생각하는 순간, 초등학생 때 창문 너머로 본 장면이 떠올랐어요.

학교가 끝나고 집에 왔는데 작은 방 문이 닫혀 있었어요. 늘 열려 있는 방이라 엄마께 물어봤더니 '그냥 닫아놨어. 가지 마'라고 하셨어요. 가지 말라고 하면 더 궁금하잖아요? 집 뒤로 돌아가 창문 너머로 들여다봤더니 처음 보는 아저씨가 누워 있더라고요. 엄마께 왜 작은 방에 모르는 아저씨가 누워있는지 물었죠. '엄마 친군데 아파서 잠깐 돌봐주고 있어'라고 하셨어요. 초등학교 2학년 때 일이거든요. 한 번도, 누구에게도 말한 적 없지만 이 장면이 떠오른 건 그만큼 나에게 큰 충격으로 남아 있는 거라는 생각이 들었어요.

이젠 아빠가 돌아가셨으니 더 이상 숨기지 않아도 된다고 제 마음이 허락한 것도 같아요. 그때 엄마가 그러셨거든요. '절대 아빠가 알면 안 된다'고요.

처음엔 엄마 말을 믿었어요. 그런데 그 뒤로도 아저씨가 자주 왔어요. 아빠가 출장가면 오고, 제 숙제를 봐주시기도 하고, 같이 놀러도 갔어요. 엄마는 주기적으로 아빠에게 말하면 안 된다고 하셨고, 저는 한참 뒤에야 엄마가 사람들이 말하는 바람이란 걸 피고 있다는 걸 눈치 챘지요. 저 스스로도 '절대 아빠에게 들키면 안 돼. 그리고 다른 사람에게도 들키면 안 돼' 하는 생각이 늘 마음속에 있었어요. 아저씨는 술을 마시면 엄마를 협박했고, 때리기도 했어요. 집에 있으면 아저씨가 올까봐 긴장되고 불안했어요. 엄마는 제가 모르는 줄 아셨을 거예요. 티를 낸 적이 없거든요. 오히려 그렇기 때문에 공부도 더 열심히 하고 더 모범적으로 지내려고 했어요.

엄마를 '한 사람'으로 바라보니…

이 장면을 떠올리기 전까지만 해도 다 지난 일이고, 저는 제가 잘 살고 있는 줄 알았어요. 이때의 기억으로 인한 영향이 없는 줄 알았는데, 수면 위로 끄집어내니 친구들에게 "난 집에 혼자 있으면 불안한데 넌 안 그래?"라고 자주 묻던 제가 생각났어요. 엄마와도 잘 지내왔는데 실은 너무나 미웠어요. 그동안 꾹꾹 눌러둔 미웠던 감정이 한꺼번에 올라왔어요. 어떻게 그럴 수 있냐며 가서 분노를 쏟아내며 따지기도 했어요. 아빠가 돌아가시고 3년을 엄마와 싸우며 미워하며 지냈어요. 혼자가 된 엄마는 스스로 할 수 있는 게 거의 없으시더라고요. 세제 주문해달라, 강아지 병원에 같이 가달라… 도움이 필요하실 땐 수시로 전화하시고 빨리 해결해달라고 하셨어요. 제가 엄마를 필요로 할 땐 이모랑 약속이 있다는 둥 핑계를 대며 도와주지 않으시면서요. 어릴 땐 다른 아저씨, 지금은 이모… 엄마 삶에서 저는 늘 2순위로 밀려 있는 것 같았어요.

　엄마랑 싸웠던 어느 날, 엄마가 내 나이였을 때를 떠올려봤어요. 부모님은 사이가 안 좋았어요. 아빠는 직업 때문에 장기간 집을 비우곤 하셨거든요. 내가 만약 30대 초반에 남편과의 사이가 엄마아빠 같았다면 당연히 이혼했을 거예요. 그런데 엄마는 결혼생활을 유지하셨어요. 늘 누군가에게 의지하고 싶어 하시는데, 아빠와 사이가 안 좋으니 힘들고 외로우셨을 거예요. 물리적으로도 심리적으로도요. 어쩌면 엄마는 그 아저씨가 좋아서가 아니라 의지할 사람이 필요했던 걸 수도 있겠다 싶었어요. 맞고 협박을 당해가면서도 벗어나지 못했으니까…. 그렇게 사는 방법이 최선이었던 엄마의 삶이 보이기 시작하니 안타깝고 가여운 마음이 들었어요.

아빠가 돌아가시고 엄마께 운전면허도 따고 문화생활도 즐기면서 편안하게 지내라고 말씀드렸어요. 우리집 근처로 이사 오셔서 가까이에 살면 좋을 것 같아서 엄마랑 같이 집도 보러 다녔어요. 계약 직전까지 갔는데, 엄마가 계약서를 앞에 두고서야 싫다는 말씀을 하시는 거예요. 처음엔 어이가 없었는데 내가 억지로 엄마를 끌고 다녔다는 게 보였어요. 엄마를 위해서 엄마가 운전을 하고 문화생활을 즐기길 바랐고, 엄마와 가까이 살려고 했어요. 그런데 이것들은 모두 나의 기준이었어요. 엄마는 나와 다른 사람이고, 나와 다른 기준을 가지고 있다는 걸 그제야 깨달았어요.

엄마가 좋은 삶을 살길 바란다는 건 엄마가 '내가 생각하는' 좋은 삶을 살길 바란다는 거였어요. 엄마의 좋은 삶은 나의 좋은 삶과 다르니, 엄마의 삶을 내가 함부로 판단하고 조언할 수 있는 게 아니었어요. 그리고 제 마음을 한 번 더 들여다보니 솔직히 저는 '딸이 번듯하게 사는데 엄마는 왜 이렇게 살아?' 하고 남들에게 비난받을까봐 엄마의 삶에 더 관여하고 있었더라고요. 그것 역시 내 몫이 아닌데 말이죠.

그렇다고 제가 엄마가 원하는 삶이 마음에 든다는 건 아니에요. 여전히 마음에 안 들고, 걱정되는 부분도 많아요. 하지만 내가 생각하는 좋은 삶을 엄마에게 강요하지 않고, 내 기준으로 엄마의 삶을 보지 않으려고 애써요. 존중하려 노력해요.

엄마의 삶, 그리고 나의 삶

엄마의 삶과 내 삶을 구분하니 자연스럽게 내 삶을 돌아보게 됐어요. 나는 내가 생각하는 좋은 삶을 잘 살아가려고 노력하고 있어요.

제가 생각하는 좋은 삶은 내가 좋아하는 걸 잘 알고, 그걸 편안하게 하는 거예요. 처음엔 내가 좋아하는 걸 잘 해서 남을 돕는 삶을 추구했어요. 그러려면 내가 좋아하는 걸 알아야 하는데 모르니 일단 남들이 좋아하는 걸 따라 해봤어요. 한번은 새벽에 일어나 책을 읽고 글을 쓰는 모임을 했는데, 4시 30분에 일어나서 책을 읽고 서평을 올리다 보니 너무 힘들고 행복하지 않았어요. 책을 읽는 것도 좋아하고 남들과 나누는 것도 좋아하지만, 이건 나에게 맞지 않는다는 걸 알겠더라고요. 아무리 좋아하는 일이라도 내가 힘들면 지쳐서 오래 지속할 수 없다는 것도요. 또 너무 잘하려고 하거나 남을 돕고 싶은 마음이 커졌을 때, 자꾸 힘이 들어가서 내가 할 수 있는 것보다 더 많이 해내려고 애쓰고, 결국은 그만두게 된 경우들이 많았어요.

이제는 내가 좋아하는 걸 내가 편안한 만큼 하려고 해요. 그럴 때 내가 만족하고, 남도 도울 수 있다는 걸 알았어요.

저는 제가 생각하고 싶은 것에 집중하고 자연에서 머무르며 멍하니 있을 때 좋아요. 책을 읽는 것도 좋고, 춤추고, 배드민턴 치는 것도 좋아요. 그래서 가족들과 시간이 나면 자연 속으로 들어가 책을 읽고, 몸으로 뛰면서 놀아요. 그런 나의 삶을 SNS에 공유하고요. 그러다 보니 자연스럽게 기회가 생겨서 독서모임과 놀이관찰 클래스를 진행하고 있어요. 남을 돕고자 할 땐 내가 힘들었는데, 내 삶을 누리니 남을 돕게 된 게 참 신기해요.

그래도 나에겐 좋은 엄마

엄마의 삶과 내 삶을 구분하니, 엄마를 '나의 엄마'로만 볼 수 있었어요. 엄마가 참 싫고 미웠는데, 제가 엄마가 되고 아이를 키워보니 다른 아저씨를 만난 것을 제외하면 엄마는 충분히 좋은 엄마였어요. 늘 저를 따뜻하게 맞아주셨고, 끼니도 정성껏 차려주셨어요. 무얼 한다고 했을 때 하지 말라고 하거나 간섭했던 기억이 없어요. 공부하라고 하신 적도 없고, 학교도 가고 싶지 않다고 하면 가지 말라고 하셨어요. 대학생이 되어 남자친구랑 여행을 간다고 했을 때도 다녀오라고 하셨어요. 엄마가 나를 믿고 지원해주시는 게 느껴졌고, 좋았어요. 저 역시 아이들을 믿고, 지원하는 엄마가 되고 싶어요.

엄마에게 아쉬운 부분도 있어요. 나를 향한 사랑과 관심이 부족하다고 느꼈어요. 저는 진심으로 사랑받고 싶었어요. 그래서 아이들을 더 많이 사랑하려고 해요. 그런데 재밌는 건 여전히 아이들이 "엄마는 날 사랑하지 않아"라고 할 때가 있다는 거예요. '내 사랑이 부족한가?' 싶었는데, 그게 아니라 아이들이 받고 싶은 사랑과 제가 표현하는 사랑이 다른 거였어요. 어렸을 때 저 역시 내가 받고 싶었던 사랑과 엄마가 준 사랑이 달라서 저에게 와 닿지 못한 부분이 있었을 것 같아요. 그래서 요즘은 제 사랑이 아이들에게 잘 전해질 수 있게 표현하고, 아이들이 원하는 사랑을 주려고 노력하고 있어요.

나의 이야기 ▶▶▶ 셜리

특별한 엄마,
특별한 아이를 꿈꿨어요

안녕하세요.《빨강머리 앤》의 앤 셜리를 닮고 싶은 부모 나이 스물세 살 셜리입니다. 어린 시절 만난 앤 셜리는 낭만적으로만 보였어요. 사춘기 아들과 부딪힐 때 다시 만난 앤 셜리는 자신의 삶을 용기 있게 견디며 스스로 행복을 만들어가고 있었습니다. 그녀처럼 저도 부모인 내 몫을 견디며 더 '잘 사는' 우리를 기대하고 있습니다.

첫째 아이가 기질적으로 예민해서 더 신경 쓰고, 더 노력하며 키웠어요. 아이 발달단계별로 해줘야 하는 것들을 다 해줬고, 밥도 간식도 유기농 재료로 직접 만들었어요. 공부 스트레스를 주고 싶지 않아서 잔소리도 하지 않았고, 더 큰 세상을 보여주고 싶어 해외 프로그램에 보내기도 했어요. 여러 사람과 다양한 경험을 할 수 있도록 최대한 서포트 했어요. 아이에게 가급적 완벽한 환경을 제공하고, 완벽한 부모

가 되려고 했어요. 개인적인 일정과 소비는 최대한 줄이고 아이에게 집중했어요. 힘들긴 했지만 부모니까, 이렇게 하는 게 당연하다고 생각했죠. 내 아이는 특별한 삶을 살길 바랐거든요.

사춘기가 되니 아이가 더 예민해졌어요. 주말부부여서 저 혼자 전전긍긍하며 큰 아들과 작은 아들을 키웠어요. 나름 애를 썼지만 저 역시 한창 일이 많고 바쁜데다 정서적으로도 고갈되던 시기라 아이에게 감정적으로 폭발할 때도 있었어요. 노력하면 할수록 관계가 오히려 벌어졌죠. 점점 더 지쳤고, 평일에 육아와 살림을 저 혼자 감당하는 게 너무 억울하고 분했어요.

그즈음 워크숍에서 쭉 펼쳐진 여러 사진 중에 나를 닮은 걸 고르는 수업이 있었는데, 줄에 촘촘히 걸려 말려지고 있는 오징어 사진이 눈에 들어왔어요. 당시에 제가 그 오징어처럼 분신술을 하며 사는 것 같았거든요. 제가 저를 한 100개 정도 만들어서 100가지 일을 시키고 있는 것 같았어요. 그런 저에게 그래님은 "정말 잘 살고 싶으셔서 애쓰고 있는 것들이 많으시네요. 어떻게 이 모든 걸 감당하며 살아오셨어요? 저라면 정말 힘들 것 같아요. 셜리님은 어떠세요? 괜찮으세요?"라고 물으셨어요. 마음이 쿵 내려앉는 것 같았어요. '너니까 그걸 다 해낸다', '대단하다'는 말은 많이 들었지만 제가 애쓰고 있는 걸, 힘들 거라는 말을 처음 들었던 것 같아요.

내가 나를 인정하니 보이는 것들

내가 무엇이든 다 해내면, 내 아이도 아주 잘 자랄 거라고 생각했어요. 그런데 저도 힘들었던 거예요. 그럼에도 스스로를 다그쳤어요. 그렇게 애쓰는데도 아이와의 관계가 어긋나니 답답하고 억울했죠. 내가 힘들다는 걸 인정하니 그제야 다른 것들이 보이기 시작했어요. 노력해도 아이와의 관계가 틀어지는 건, 내 노력이 아이와의 관계에 통하지 않는다는 뜻이었어요. 다른 방식을 찾아야 하는데, 통하지 않는 방식을 고수했으니 관계가 어긋날 수밖에요.

아이에게 가장 좋은 걸 주고 싶은 마음에, 제 기준에 가장 좋은 걸 아이에게 주고 있었어요. 아이가 싫다고 해도 '이게 가장 좋은 거야'라며 억지로 주고, 엄마 말대로 하라고 통제했어요. 그때까진 내가 준비한 가장 좋은 것을 기반으로 세상을 훨훨 날아다닐 아이를 떠올리고 있었던 것 같아요. 하지만 내 눈 앞의 아이는 힘들어하고 있었어요. '아, 아무리 좋은 거라 해도 아이에겐 그렇지 않을 수 있구나' 하는 생각이 들었죠.

그 뒤로는 제 눈엔 보잘 것 없어도 아이가 좋다고 하면 아이의 선택을 존중하려고 해요. 그리고 아이가 충분히 혼자 해볼 수 있게 한 발 물러서 있어요. 아이가 제 도움을 필요로 하면 '잘 하고 있었는데 이 부분이 힘들었구나' 공감해주고, 아이가 원하는 만큼만 도와주려고 해요. 아이의 방식으로, 아이의 속도대로, 아이가 원하는 방향으로 갈 수 있게 지지하려고 정말 많이 노력하고 있어요.

엄마는 희생해야 한다는 프레임

힘들어도 오징어 분신술을 써가며 계속 할 수 있었던 건 엄마는 희생해야 한다는 프레임 때문이었어요. 아이들이 아프면 밤새 간호하잖아요. 그러면 몸이 피곤하니 낮잠을 잘 수도 있는데 그러지 않았어요. 엄마는 희생하는 게 당연하니까 힘들면 '아, 내가 희생하고 있구나. 이 정도는 감내해야지' 하고 생각했어요. 피곤해서 음식을 배달해 먹거나 개인적인 시간을 가지며 나 자신을 돌보면 왠지 엄마의 책임을 다 하지 않는 것 같아서 죄책감이 들었어요. 엄마의 희생이 당연한 게 아니에요. 희생은 힘들고 억울한 마음도 들게 해요. 보상심리 때문에 아들에게 엉뚱한 화를 쏟아냈지요. 나를 희생하고 아이를 우선으로 하는 것이 진정한 엄마의 역할이라 생각했어요. 이것이 내가 엄마로 할 수 있는 최선이라 여겼지요. 아이의 생각이 무엇인지 물어보지를 않았던 것 같아요.

아이가 상처받는 줄도 모르고 오랜 시간 아이로부터 보상에 대한 전가를 하고 있었던 것 같아요. 그땐 며칠 출장을 가면 그만큼의 음식을 다 해두고, 집안일도 미리 해두고 갔어요. 그러면서도 뭔지 모를 죄책감에 마음이 편치 않았어요. 이제는 무언가를 과하게 미리 해두려고 하지 않고 그 과정을 최대한 누려요. 아침에 일어났는데 너무 피곤하면 고등학생인 둘째의 아침을 차려두고 엄마는 조금 더 자야겠으니 잘 챙겨먹고 학교 잘 다녀오라고 인사하고 다시 자요. 밥 먹을 때 옆에 있어주고 집을 나설 땐 배웅도 꼬박꼬박 했는데, 꼭 그렇게까지 하지 않아도 되더라고요. 아이들이 원하는 것도 아니고요. 그렇다면 그 시간에 내가 조금 더 자면서 내 몸을 돌보는 게 오히려 낫지 않나요? 그렇게 내가 나를 돌보면서 내 인생을 행복하게 꾸릴 권리를 조금씩 되찾고 있어요. 이제는 덜 억울하고 덜 힘들어요. 가족을 위해 희생할 땐 '내가 너희들을 위해 이만큼 하니 너희들도 나에게 보답해. 내 희생을 알아줘' 하는 보상심리가 있었어요. 그 마음이 나와 가족 모두에게 상처로 남았는데, 희생을 덜하니 상처를 주고받을 일도 적어지네요.

아이에게 정말 전하고 싶었던 건 사랑

처음 워크숍에 참여했을 때 사춘기였던 첫째가 대학생이니, 벌써 10년이 지났어요. 그때부터 지금까지 부모로서 제가 가장 중요시하는 건 제 마음을 아이에게 잘 전하는 거예요. 어렸을 때를 돌아보니 아이를 사랑해서 해주고픈 게 많았던 건데, 그 마음이 너무 커지다 보니 저는 저대로 지치고 아이는 아이대로 힘들었던 것 같아요. 아이가 기뻐하지 않으면 제 마음을 몰라주는 것 같아 화가 났어요. 제가 소리를 지르면 아이도 가만 있지 않았고 결국 우리에게 남는 건 부정적인 감정뿐이었죠. 아이가 가끔 그때 이야기를 하면 지금도 마음이 아파요. 저는 몇 달을 절약해 큰마음 먹고 해외연수를 보냈고, 그러다 보니 아이에게 자꾸 무언가를 바라면서 안 좋은 소리를 하게 됐었어요. 그래서 아이는 또 저에 대한 원망을 품고 있었고요. 좋은 경험을 하게 해주고 싶었던 건데, 안하느니만 못했던 거죠. 또 아이가 잘못을 저지르면 걱정되는 마음에 하나하나 가르쳤는데, 제가 감정이 격한 상태에서 가르치다 보니 아이는 저의 격한 감정만 기억하고 있었어요. 걱정도, 사랑도, 가르침도 전달되지 않았어요.

사랑을 잘 전하고 싶습니다. 여전히 좋은 걸 보면 아이에게 주고 싶고, 아이에게 알려주고 싶은 것도 많지만 잠시 멈추려고 해요. 멈추는 건 매번 어려운데 제가 실패한 경험이 많잖아요. 또 실패하고 싶지 않거든요. 일단 멈추고 내 마음부터 돌봐요. 그리고 지금 내가 아이에게 전하고자 하는 게 무엇인지를 살피죠. 걱정될 때는 걱정을, 안타까울 땐 안타까움을 잘 전하려고 노력해요. 내 마음을 이해하면 자기중심적 관점에서 벗어날 수 있더라고요. 그러면 내 이야기를 앞세우지 않고 아이의 이야기를 잘 들으려는 태도가 만들어져요. 예전엔 제가 말을 하고 아이가 그 말대로 하는지, 하지 않는지를 지켜봤던 것 같아요. 제 말대로 하게 하는 데 초점을 맞춘 거죠. 지금은 저와 아이의 의견이 다를 때, 아이가 무얼 말하고자 하는지 이면의 것들을 알아듣고 존중하려고 해요. 제 말을 듣게 하려고 할 땐 아이가 듣지 않았는데, 아이의 이야기를 듣기 시작하니 아이도 제 의견을 묻네요.

때로 아이의 말이 저를 자극해서 욱 하는 감정이 올라오면 "5분만 있다 이야기하자" 하고 그 자리에서 물러서요. '아이가 왜 이럴까?', '이걸 어떻게 하지?' 하는 생각은 멈추고 내 마음이 어떤지에 집중하려고 해요. 제가 마음을 다스리는 동안 아이도 아이만의 방식으로 돌아봐요. 시간이 지나면 아이가 설거지를 하거나 슬쩍 말을 건네기도 해요. 생각해보니 미안했던 거죠.

아이가 자극할 때 어떻게 해야 하냐는 질문을 했을 때 '링 위에 올라가지만 않으면 된다'는 말을 듣고 무슨 의미인지 이해가 안 됐는데, 지금은 아이가 가드를 올리고 싸울 태세를 취해도 나는 너와 같은 팀이란 걸 확실하게 보여주기 위해 노력해요. 링 위에 오르면 우리는 서로를 이겨야 하는 상대편 선수가 되잖아요. 나도 주먹 쥐고 링 위에 올라가지만 않으면 되는 거였어요.

완벽해서 특별한 가족이 아닌 사랑으로 특별한 가족

이 과정을 함께하며 만난 동기들과 정기적인 스터디 모임을 지금까지 해오고 있어요. 그렇게 내 삶에 적용해보며 서로를 응원하고 있지요. 대표로 몇 사람이 돌아가며 재수강을 하고 전달 교육을 진행하기도 해요. 그런 긴 시간을 통해 처음 부모가 됐을 땐 제 안에 '가장 행복하고 특별한 가족'이라는 한 편의 시나리오가 있었다는 걸 깨달았어요. 가족 네 명 모두를 주연배우로 세우고, 내 시나리오대로 움직이게 하려고 애를 썼더라고요. 부모로 살아가며 가족이라는 영화는 네 명이 주인공인 장편 시나리오가 아니라 각각이 주인공인 네 편의 옴니버스가 동시에 돌아가는 거라는 걸 깨달았습니다.

예전의 전 꼭 주인공이어야 했어요. 내가 주인공인 만큼 내 가족도 모두 주인공을 만들어야 했고요. 지금은 완벽한 주인공이 아니어도 돼요. 조연도 좋고, 엑스트라여도 재밌어요. 완벽한 주인공이고자 했을 땐 '내가 왜 그랬지?', '어떻게 니가 그래!' 하면서 저 자신을 다그쳤거든요. 지금은 나이 탓인지 빈틈이 더 많아지고, 잘 잊어버리고, 여기저기 흘리고 다니는데, 그럴 때 '나 이런 거 너무 매력적이지 않아?' 하며 웃음이 나요. 나에게 빈틈을 허락해주는 내가 좋아요.

이제 내 인생 시나리오의 주인공은 저 혼자에요. 남편, 아이들은 조연이나 엑스트라로 등장하고 때론 카메오로 나올 때도 있을 거예요. 그렇게 나는 나의 시나리오를 만들어가고 남편과 아이들도 각자가 주인공인 시나리오를 만들어가고 있어요. 남편과 아이들의 시나리오엔 제가 조연, 엑스트라, 카메오로 등장하죠. 네 편의 옴니버스에서는 각기 다른 스토리가 펼쳐지지만 메인 테마는 똑같을 것 같아요. 우리가 서로 사랑한다는 거요.

나의 이야기 ▶▶▶ 우산

엄마는 엄마예요

안녕하세요. 우산입니다. 뱃속에 첫 아이가 있을 때 그래님을 만나, 두 아이의 부모가 된 지금까지 부모를 연구하며 부모를 위한 문화를 함께 만들어가고 있습니다. 저 역시 한 사람의 부모로서 부모들과 나 자신에게 '부모는 진짜 이래야 할까?'라는 질문을 하고 있어요. 나와 내 아이, 오늘에 기준을 두고 답을 찾고 있습니다.

부모들과 워크숍을 진행할 때, 제 닉네임 우산의 이미지를 물으며 시작하곤 해요. '비에 젖지 않게 지켜준다', '보호해준다'와 같은 답을 많이 하세요. 이 이미지가 부모 하면 떠오르는 이미지와 비슷하지 않냐고 하면 다들 고개를 끄덕이시죠.

하나를 더 물어요. 맑은 날에는 우산이 어디에 있어야 하냐고요. 저희 집은 신발장 안에 있어요. 비가 올 것 같은 날엔 작고 가벼운 우산이 가방 안에 있으면 안심이 되겠지요. 우산은 저의 첫 워크숍에서 정한 닉네임이면서 동시에 제가 원하는 부모상을 나타내요. 첫째 아이를 낳고 100일이 지났을 무렵 처음으로 부모 명함을 만드는 작업을 하며 우산 같은 부모가 되고 싶다고 부모 목표를 정했습니다. 그리고 14년이 흘렀어요. 지금까지 이 우산의 의미를 조금씩 재발견하고 있습니다. 그땐 미처 생각지 못했던 것들까지도요. 그건 제가 부모로 오늘을 살며 성장해가고 있는 덕분일 겁니다.

아이와 적당한 거리를 둘 수 있는 부모

저와 남편은 각각 삼남매의 장녀, 장남이에요. 우리가 결혼하며 양가 부모님은 자식을 처음으로 독립시키셨죠. 시댁에 가면 시어머니는 아직은 제 요리가 서투르니, 남편이 좋아하는 반찬을 싸주셨어요. 친정엄마도 연락을 자주 하셨고요. 그 상황에서 아이가 태어나니 연락은 더 자주 오고 주말이면 양가에서 '음식 해놨으니 먹으러 와라'는 연락이 오곤 했어요. 사랑과 애정이라는 건 알겠는데 편하지는 않았어요. 싸주신 음식을 제때 다 먹지 못해서 버리는 것도 아까웠고, 주말 일정이 있는데 이미 음식을 준비했다고 하시니 안 가기도 그렇고요.

저도 아이를 처음 낳았으니 엄마로서의 삶에 적응하기 바빴고, 몰두하고도 싶었어요. 남편과의 결혼 생활에 집중도 하고 싶었고요. 동시에 며느리로서 시부모님과의 관계, 결혼한 딸로서 부모님과의 관계에도 적응하고 있던 시기예요. 며느리로서도, 딸로서도 잘 하고 싶은데 무엇을 얼만큼 해야 잘 하는 건지 혼란스러웠어요. 누워 있는 아이를 바라보니 지금은 부모로서 이 아이를 24시간 지켜주고 보호하지만, 자라면 적당한 거리를 둬야 건강한 관계를 맺을 수 있겠다는 생각이 들었어요.

그래서 부모 목표를 정할 때 적절한 거리를 두는 것을 첫 번째로 생각하게 된 것 같아요. 우산은 비가 내리면 아이를 보호하기 위해 함께 나서지만 맑은 날에는 집에 있어요. 맑은 날에 우산이 아이를 따라나서면 무겁고 짐이 되잖아요. 우산 같은 부모의 첫 번째 의미는 적당한 거리를 두고 아이를 지켜주는 부모였어요.

아이에게 해주고 싶은 게 점점 많아지더라고요. 그러다 비가 내리는 날 아이들이 우산을 들고 가는 걸 보고 있으니 우산이 참 작아요. 조금 더 큰 우산이면 비를 덜 맞을 텐데 싶다가 그러면 무거울 테니 아이가 들기 힘들겠구나 싶었어요. '아, 우산도 아이에게 맞는 크기여야겠구나. 비를 더 잘 막아준다 해도 큰 우산을 주면 아이가 버겁겠구나' 하는 생각으로 이어지며 부모의 영향력을 어디까지 가져가야 할지를 고민하게 됐죠. 우산 같은 부모의 의미에 아이에게 적절한 영향력을 미치는 부모가 더해졌어요. 아이에게 가장 좋은 우산은 가볍고 투명해서 스스로 들고 다니기에 무리가 없어야 하니까요. 저에게는 안전하고 좋은 큰 우산이 아이에겐 버겁고 오히려 아이를 위험하게 만들 수도 있겠더라고요.

최선을 다해도 어찌할 수 없는 일

첫째 아이가 어린이집에 다닐 때였어요. 선생님께서 아이가 줄을 서라고 해도 안 서고, 오라고 해도 안온다는 이야기를 계속 하셨어요. 제가 아는 우리 아이와 너무 다른 모습이었어요. 만약 그렇다고 하면 이유가 있을 텐데 부정적인 피드백을 계속 받으니 불편하고 걱정스러웠어요.

저는 아동학을 전공했고, 유치원에서 일한 경험도 있어요. 그렇지만 이 상황에서는 우선 내가 놓친 부분이 있는지 객관적으로 아이를 살펴보려고 노력했어요. 발달 단계를 봐도, 또래 아이들과 객관적으로 비교해봐도 선생님이 말씀하시는 것만큼 아이의 행동이 문제시되지 않았어요. 혹시 내가 내 아이를 감싸는 건가 싶어서 남편과도 상의하고, 아이를 자주 만나는 다른 분들에게도 물었어요. 문제로 보이지 않는다고 해요. 그런데 여전히 심란하고 속상한 거죠. '왜 이렇게 마음이 힘들지? 뭐가 힘든 거지?' 하고 제 마음을 들여다봤어요.

저는 아이를 정말 잘 키우고 있다고 자부하고 있었는데, 선생님은 나를 그렇게 보지 않을 거라는 게 힘들더라고요. 선생님께 좋은 엄마로 인정받고 싶었다는 걸 깨달았어요.

'선생님의 인정이 필요한가?' 아니었어요. 생각을 정리하니 상황이 좀 더 객관적으로 보이고 내가 선택할 수 있는 옵션들이 무엇인지 알 수 있었어요. 선생님과 몇 차례 상담을 더 한 후 다른 기관을 알아보고 옮겼어요. 무척 속상했어요. 열심히 알아보고 최선의 선택을 해서 보낸 어린이집인데 결과적으로 아이는 잘 맞지 않는 선생님과 만나 불편한 경험을 하게 되었으니까요. 이런 일이 생길 줄은 아무도 몰랐어요.

제 탓도 아니고 아이의 탓도 아니에요. '이 일을 막을 수 있었나?' 그렇지도 않아요. '앞으로는 막을 수 있나?' 아니요. 집에서는 절대 쓰지 않는 말을 아이가 친구와 어울리며 배워올 수도 있고, 아이와 전혀 맞지 않는 선생님을 담임선생님으로 만날 수도 있어요. 내가 아무리 최선을 다해 키우고 대비해도 원치 않는 상황에 처할 수 있어요. 그럴 때 자책하지 않고, 아이 탓도 하지 않고, 이런 일이 벌어질 수 있음을 겸허히 받아들이는 게 중요하겠다는 생각이 들었어요.

아무리 좋은 우산을 쓰고 있어도 비바람이 거셀 땐 젖을 수밖에 없잖아요. 비를 멈추게 할 수도 없고 우산 탓도 아니에요. 그게 큰 불행이거나 유독 나에게만 생긴 일이 아니에요. 부모이기에 아이에게 힘들거나 나쁜 상황이 생기는 걸 막아주고 싶지만 그건 불가능해요. 누구에게나 원치 않는 상황이 생길 수 있어요. 나에게도 아이에게도요. 부모로서 최선을 다하되 내 능력 밖의 것은 받아들이려고 해요. 그때 머리 정도는 젖지 않게 지켜줄 수 있으면 그걸로 된 거 아니겠어요? 우산을 써도 젖을 수 있다는 게 우산 같은 부모의 세 번째 의미가 됐어요.

엄마 자격이 없다고 느껴질 때

첫째가 올해 중학교에 입학했어요. 신학기마다 힘들어하긴 하는

데, 올해는 좀 더 힘들어했어요. 중학교 입학에 맞춰 이사를 했거든요. 환경도 낯설고 친한 친구들도 없으니 많이 긴장되었을 거예요. '이럴 줄 알았으면 4, 5학년 때 이사를 할 걸 그랬구나' 싶었죠. 부모로 살다 보면 '이렇게 했어야 했는데…', '이렇게 했더라면 조금 더 좋았을 텐데' 하고 아쉬운 순간들이 있어요. 아이가 커갈수록 내가 예상할 수 있는 범위를 벗어나고, 아이와 자라는 지금과 내가 자라온 환경이 워낙 다르니 그런 순간이 더 많아져요.

우산을 써도 젖을 수 있다고는 했지만 뒤늦게 '내가 이걸 놓쳤었구나' 싶은 것들이 보이며 '현타'가 올 때가 있어요. 우산으로 치면 멀쩡한 줄 알았는데 살이 휘고 너덜너덜한 부분이 있었던 거죠. 그럴 때 '이런… 망가진 우산이 됐군. 이젠 쓸모없네'라고 생각할 수 있어요. 힘이 탁 풀리면서 '이러면서 내가 무슨 엄마야. 엄마 자격도 없어' 하는 생각으로 흐르기도 해요. 저도 그렇고요. 그런데 찢어졌다고 우산이 아닌가요? 부족하다고 부모가 아닌가요? 부족해도 부모예요.

그리고 나는 너무 아쉽고 미안한데, 정작 아이는 괜찮을 때도 적지 않아요. 나는 좀 더 좋은 엄마가 되고 싶어서 아쉬운데, 아이에게는 충분했을 수 있어요. 부모인 나를 너무 이상적인 잣대로 평가하고 있는 건 아닌지 생각해보세요. 저는 제가 엄마로서 잘하고 있는 점이 뭐냐고 물으면 '아이들이 먹고 싶어 하는 것을 물어본다'라고 대답해요. 여기서 중요한 건 '물어본다'입니다. 물론 여건이 허락하면 해주지만 저는 아이가 원하는 것에 관심을 가지고 물어본 것만으로도 제가 충분히 좋은 엄마라고 생각해요. 좋은 엄마로 살고 있다는 건, 좋은 엄마에 대해 지나치게 이상적인 기준을 가지고 그 기준에 맞추기 위해 애쓰며 사는 것과 달라요. 완벽한 우산만 우산인가요. 낡아도, 약해도, 찢어져도, 구부러져도 우산은 우산이에요. 부모도 그래요. 내가 이 아이를 낳았고, 이 아이를 사랑해요. 더 이상 어떤 조건이 필요할까요? 엄마는 엄마예요.

아이가 나를 찾지 않는 순간이 오면

얼마 전 점심시간에 갑자기 비가 내리기 시작했어요. 다들 책상 서랍 속에 잠자고 있던 우산을 찾아서 쓰고 나갔어요. 기념품으로 받았던 것인데, 좀 오래된 우산이어도 반가웠죠. 점심을 먹고 한참을 걸어오다 보니 식당에 놓고 온 우산이 생각이 났어요. 그 사이 비가 그쳐 있었거든요. 세상에⋯ 저희 모두가 우산을 두고 나왔더라고요. 조금 전까지 그렇게 고마웠던 우산인데 말이죠. 우산을 가지러 되돌아가면서 '그렇지. 우산은 비가 오면 가장 먼저 생각나고 비가 그치면 가장 먼저 잊혀지는 거야. 부모인 우리도 그런 존재네' 하며 웃었어요.

저도 그래요. 평소엔 부모님이 생각나지 않다가도 힘들거나 아플 때 부모님이 가장 먼저 생각나지요. 아이들도 그럴 거라고 생각하면 서운했는데, 이 말은 반대로 아이가 저를 찾지 않으면 그 아이 인생에 해가 떠 있는 맑은 날이라는 의미일 수 있는 거지요. 그러니 그때 너무 서운해 하지 말고, 아이가 나를 찾으면 기꺼이 몸을 펼쳐 할 수 있는 만큼만 아이에게 힘이 되어주자는 이야기를 나눈 오후였어요.

저는 제가 속해 있는 '필드'가 편안하길 바래요. 내가 일하고 있는 회사, 아이, 남편, 가족, 친구 모두 편안하면 좋겠어요. 그래야 나도 편안하고 행복하거든요. 그래서 내가 속해 있는 필드에서, 내가 할 수 있는 일에 최선을 다하고 있어요. 부모도 그 필드 중 하나예요. 지금 나와 함께 살고 있는 아이들이 편안하고 행복하면 좋겠어요. 아이들과 함께 살고 있는 제가 편안하고 행복하길 바라고요. 아이들을 위해 내가 할 수 있는 걸 하면서 아이들과 함께하는 오늘을 누리고 있어요.

에필로그

'좋은 부모'를 넘어
'좋은 어른'이 되고 싶습니다

"그래님! 저 부모가 되고 궁금한 게 너무 많은데 아무리 찾아봐도 답이 없어요. 저 다 물어봐도 돼요?"

작년 7월, 자람패밀리로 찾아갔습니다. 부모가 되고 막막할 때가 많았고, 그때마다 육아서를 읽고 전문가의 조언을 찾아왔지만 임시방편으로만 느껴질 뿐 무언가 근본적으로 해결됐다는 느낌이 없었을 때입니다. 매일 열심히 살고 있는데 왜 늘 부족하게만 느껴지는지, 아이만큼이나 부모인 내 삶도 소중한데 세상은 왜 아이, 육아만 이야기하는지 답답하고 억울했습니다. 게다가 첫째인 웅이가 십대에 들어서며 변화가 느껴졌고, 남편과의 관계가 삐걱댔고, 회사에서도 갈림길에 선 것 같았습니다. 그땐 부모로서 흔들린다고 생각했는데, 지금 와서 돌아보니 내 모든 게 흔들리고 있었던 것 같습니다.

그러던 어느 날 그래님을 만나게 됐습니다. 처음 만났는데 '나'에 대한 질문을 계속 하셨습니다. 질문이 낯설고 어려워 당황스러웠습니다. 답을 안하고 싶은데, 반대로 답을 잘, 정말 잘 하고 싶은 마음이 올라왔습니다. 집으로 돌아가서도 그 질문들이 계속 맴돌았습니다. 그래님이라면, 그동안 내가 찾고 있던 답을 가지고 계실 거라는 묘한 확신이 들었습니다.

그렇게 매주 한 번씩 만나 질문을 하고 답을 들으며 이 책을 엮기 시작했습니다. 아이 둘을 키우며 직장에 다니는 저에게도, 늘 여러 프로젝트를 진행하고 계신 그래님에게도 시간을 내는 게 쉽지 않았습니다. 어렵게 시간을 맞춰 만나면 마음이 바빴습니다. 바로 노트북을 열고 준비한 질문을 드리면 그래님은 "어떻게 지냈는지"를 물으셨습니다. "잘 지냈어요. 근데 이 부분이요…" 하고 다시 책 내용을 꺼내면 "점심은 먹었는지" 또 물으셨습니다. 결국 제 이야기만 하다가 책 이야기는 꺼내지도 못하고 돌아오는 날이 태반이었습니다. 책을 끝내기로 한 날은 이미 지났는데, 진행이 더뎌 한숨이 나는데 또 묘하게 마음이 편안했습니다.

나를, 아이를, 배우자를 '한 사람'으로 대하기

"일을 사람보다 앞세우지 않는다."

부모학의 9가지 주제 중 하나인 관계 워크숍의 첫 시간에 그래님께서 하신 말씀입니다. '그래. 사람이 우선이지'라면서 고개를 끄덕이다 순간 멈칫했습니다. 퇴근하고 집에 가면 "엄마~" 하면서 뛰어오는 아이들에게 "숙제는 다 했어?" 묻던 제가 떠올랐거든요. 잠이 쏟아지는데도 일을 끝내려고 새벽마다 커피를 마시던 저도 떠올랐습니다. 일상을 돌아보니 해야 할 일을 아이들보다, 나보다 앞세운 순간들이 너무도 많았습니다. 당장은 할 일을 끝냈으니 뿌듯했고 편안했습니다. 그런데 이상하게도 침대에 누우면 '내가 원하는 하루였나?', '아이들, 남편은 행복한 하루였을까?' 물음표가 떴습니다. 그런 날들이 점점 많아지고 있었습니다.

책을 엮는 내내 이 물음표가 건드려졌습니다. 이 책의 엮은이로서 '일'을 하기 위해 그래님을 만났던 저는, 매번 "아연님은 어때요?" "지금 마음이 어때요?"라고 '나'를 묻는 질문에 울컥 눈물이 나곤 했습니다. 그때 그래님은 혼자, 열심히, 해내려고 애쓰며, 지쳐있는 '한 사람'인 저를 만나셨던 것 같습니다. 그래님을 통해 나를 일보다 앞세우는 경험을 하고, 처음으로 어깨에서 힘이 빠지는 걸 느꼈습니다. 일을 나보다 앞세울 땐 더 잘 할 수 있는 방법을 고민해 나를 다그치기 바빴는데, 나를 일보다 앞세우니 잘 하고 싶어서 애쓰고 있는 내가 보였습니다. 꼭 안아주고 응원해주고 싶었습니다. 사람이 사람에게 해줄 수 있는 가장 가치 있는 일이 무엇인지도 깨달았습니다. 그래님의 말씀처럼 "사람을 있는 그대로의 한 사람으로 대하는 건 사람만이 할 수 있는 일"이었습니다. 그래서 나부터 나를, 아이들을, 남편을, 내가 사랑하는 사람들을 '한 사람'으로 대하려고 애쓰고 있습니다.

그렇게 1년이 지나 에필로그를 쓰고 있는 지금은 어떠냐고요? 솔직히 말씀드리면 여전히 일을 앞세우는 순간이 적지 않습니다. 하지만 그 순간을 알아채고 멈추는 힘이 조금은 생겼습니다. 마음 같아서야 "이제는 일을 앞세우지 않아요!"라고 자신 있게 말하고 싶지만, 시간이 필요한 일이 있다는 것 역시 이 책을 엮으며 배운 교훈 중 하나입니다. 아무리 마음이 앞서도 기존의 방식을 벗어내고 새로운 방식에 익숙해지려면 시간과 경험이 쌓여야 합니다. 그래서 저는 이 책을 마무리한 뒤에도 그래닝, 그리고 자람 안에 함께 있기로 마음먹었습니다. 10년 뒤 누군가 저를 찾아와 다짜고짜 "아연님, 저 궁금한 거 다 물어봐도 돼요?"라고 하면, 그래님이 저에게 해주신 것처럼 저 역시 그러고 싶습니다. 그럴 수 있는 좋은 어른으로 자라겠습니다.

김아연

참고 문헌 및 기타 자료

- **통계청 「지역별고용조사」**, 2021
  Reason and Emotion in Psychotherapy, Albert Ellis | Citadel Press | 1994년
- **부모기의 6단계:** The Six Stages Of Parenthood, Ellen Galinsky, Addison-Wesley, 1987

- **섬 시인의 그림이 있는 정현종 시선집**, 정현종 | 문학판 | 2015년
- **상처받은 내면아이 치유**, 존 브래드쇼 저 | 오제은 역 | 학지사 | 2004년
- **아직도 가야 할 길**, M.스캇 펙 저 | 최미양 역 | 율리시즈 | 2011년
- **5가지 사랑의 언어**, 게리 채프먼 저 | 생명의말씀사 | 2010년

- 만화 삽화: http://www.incidentalcomics.com/2013/11/a-year-of-parenting.html